U0083286

古代歷史文化研究輯刊

三二編

王明蓀 主編

第11冊

晚清《啟蒙畫報》的圖像符號學研究

杜賽男 著

國家圖書館出版品預行編目資料

晚清《啟蒙畫報》的圖像符號學研究／杜賽男 著 -- 初版 --
新北市：花木蘭文化事業有限公司，2024〔民 113〕
目 6+196 面；19×26 公分
（古代歷史文化研究輯刊 三二編；第 11 冊）
ISBN 978-626-344-874-2（精裝）
1.CST：圖像學 2.CST：符號學 3.CST：啟蒙教育
4.CST：晚清史
618 113009480

古代歷史文化研究輯刊
三二編 第十一冊 ISBN：978-626-344-874-2

晚清《啟蒙畫報》的圖像符號學研究

作 者 杜賽男
主 編 王明蓀
總編輯 杜潔祥
副總編輯 楊嘉樂
編輯主任 許郁翎
編 輯 潘玟靜、蔡正宣 美術編輯 陳逸婷
出 版 花木蘭文化事業有限公司
發行人 高小娟
聯絡地址 235 新北市中和區中安街七二號十三樓
電話：02-2923-1455／傳真：02-2923-1452
網 址 http://www.huamulan.tw 信箱 service@huamulans.com
印 刷 普羅文化出版廣告事業
初 版 2024 年 9 月
定 價 三二編 28 冊（精裝）新台幣 84,000 元

晚清《啟蒙畫報》的圖像符號學研究

杜賽男 著

作者簡介

杜賽男，台灣國立政治大學傳播學院博士畢業，後進入政治大學教育學院博士班就讀。圍繞教育觀念，關注近代報刊思想史、圖像符號學。近年發表期刊論文〈晚清《啟蒙畫報》中的「兒童」圖像符號學分析〉（與孫秀蕙合著，2024）、〈晚清《啟蒙畫報》中的「女學」：一個圖像符號學的觀點〉（與孫秀蕙合著，2023）、〈作為「女人的人」還是作為「人的女人」？——《東亞摩登女郎：戰時的女性、媒體與殖民現代性》書評〉（2021）、〈打撈塵封的光影：發現晚清《啟蒙畫報》中的「兒童」〉（2019）。

提　要

早在晚清第一個新式學制——癸卯學制實施前，朝野外的文人就以辦報實踐蒙學，並推行幼兒教育由「私」入「公」的啟「蒙」觀念。本論以晚清新政時期（1901～1911），於北京出刊的第一份京話白話文教育刊物——《啟蒙畫報》（1902～1904）為分析標的，運用 Barthes 的圖像符號學分析法，從語詞與語言結構分析著手，試圖探究在「中」與「西」、「古」與「今」的多元情境裡，文本如何經由圖文符號的選擇建構近代兒童及其教育觀。在意識形態運作的符號規律中，研究發現：《啟蒙畫報》在以「借古喻今」與「以西比中」的圖文敘事策略中傳遞「崇古」與「求強」的教育競爭觀；在社會達爾文主義的意識形態影響下，文本從「性別」、「階級」、「國族」三個方面分別傳遞著「女學」、「折衷平等觀」與「愛國」的教育觀念；媒介作為教育編織的網，在晚清文人辦報興起之初，就擔起啟蒙文人內部與民間社會之責，若辦報人能整合家庭、學校、公共場所等諸多資源，打造並完善著媒介的教育學習環境，那麼，圖文教育刊物所建構的將會是一個起於教育但不止於教育，具有人文關懷，且能夠聯動、循環創生的啟蒙新視界。

目次

圖　錄

第一章　重啟「教育」意涵的討論

物生必蒙，故受之以蒙，蒙者物之稚也。《易經・序卦傳》

第一節　緣起

2000 年，剛入初中的我因不滿班主任按成績排坐而寫信表達意見，老師看過信後，以不尊師重道為名，要求我在教師辦公室、班級同學面前向她公開道歉。這件以轉學收場的求學生涯「變故」，讓我對自身所受的教育產生了疑惑：為什麼學生不能挑戰教育者的權威？教育的目的是什麼？是灌輸有答案的知識還是培養人獨立思考的能力？是拿一個高分數、好名次，還是要兼顧品行的養成？

個人感受與教育現場相違的衝突伴隨我從校園邁入職場，也在我成為一名教師後，覺知到它不僅是我個己的遭遇，更蘊藏在整個社會的結構性議題下：當學生被問及為什麼要來讀書，我得到的大多回答都是為了文憑或工作；每逢畢業走在校園，我總能看到學生以撕書為名發洩著對教育的不滿；即便高考結束後多年，仍聽聞有學生無法擺脫考試後遺症的夢魘。這些來自個人或他人的教育反饋，讓我不禁好奇人如何進入學校的啟「蒙」脈絡。

在現行的教育裡，作為公民的幼兒擁有不可剝奪的受教育權，家長作為年幼兒童的監護人，必須依照政府規定，將指定年齡的兒童送入學校，接受老師的統一管理和教導。在幾近相同的知識結構裡，兒童需按部就班地完成學業，通過聯考排名升入不同等級的中學、高中、大學，並最終獲取相應文憑以在社會中謀職。

然而，在政府保障兒童受教育權的近代學制裡，教育的目標是滿足個人內在的自主意志還是外在的社會、國家之需求？媒體引導人們關注的「教育成效」、「教育產能」將「教育」鎖定在「人才」培養的方向，可什麼是「人才」？「人」與「才」如何在智識與品行間裁定？教育的本質如何借助教育體制的確立，適用於人的成長？這些有關教育本質的思辨，在教育體制的給定後，隨著社會結構的穩固漸被置入存而不論的黑盒。

可若翻開歷史的扉頁，我們不難覺察，新式教育制度不過是百年前意識形態爭鋒的產物，「教育」一詞更是晚清西學東漸時從日本引入的新概念（熊月之，2011），這個與 education 相對應的詞彙，標示著晚清中國一段蒙學由私入公的過往，也有著近代教育體制與新式教育觀念的雙重意涵：一方面它是與科舉制相區別的官方新式學制，也就是近代學校制度；另一方面，「教」與「育」作為古詞新說，也包含著教育觀念古今對話後去蕪存菁的選擇。

中國第一個官方新式學制——癸卯學制（1903 年制定 1904 年 1 月實施）落實前，「教」與「育」在東漢許慎的《說文解字》中分別指向教學方法與目標：「教」為「上所施下所效也」，是以身示範與引導的學習模式；「育」為「養子使作善也」，將啟蒙導向道德教化的目的〔註 1〕。這份對「教」與「育」的理解傳遞著啟蒙兒童不僅需關注知識、學問，也應重視潛移默化的生活「教養」。

對德慧的重視，不僅是在古代的蒙養教育，也同樣適用於官員選拔。西漢察舉制曾將「孝德」作為政府招才納賢的基礎條件，但因「德」難以具體化為指標來考核，以致衍生了難以根除的賄賂風氣，這之後，人才選拔制度幾經更迭最終在科舉制（587～1905）中穩定下來，自此，將學問、讀書和做官綑綁一體的教育與選官制度成為了人才培育的主流（趙玉岩，2017）。

科舉制讓寒門庶族有了向上層階層流動的晉升途徑，也讓政府在「學以為官」的導引中不斷灌輸意識形態，用以維護社會思想的穩定，但「為官」、「為名」的外顯教育目標使教育的功利性愈加濃厚，到了清朝中後期，社會中「萬般皆下品，唯有讀書高」、「十年寒窗無人問，一舉成名天下知」等狀況層出不窮，科考之人對名利的嚮往、對治世的冷漠態度，叢生出「百無一用是書生」的社會問題，有先見之明的士大夫上疏奏請朝廷改良科舉（黃士嘉，2006）。

〔註 1〕《說文解字》（東漢，100～121），許慎，卷 15，9737。現可在「中國哲學書電子化計劃」中獲得，網址：https://ctext.org/shuo-wen-jie-zi/zh?searchu=教育。點閱日期：2023 年 5 月 2 日。

可隨著洋務運動與戊戌變法的相繼失敗，加上官派幼童赴美（1872～1875）的中途廢止，教育改良難獲安定調整的社會環境〔註2〕。直至1901年，晚清「新政」（1901～1911）的序幕拉開，清政府確立了廢除科舉制、建立新式學制的方向，文人士子也踴躍利用報刊關心時務，教育改革才在官方與民間的合力推動下有了催生的土壤和輿論建構的空間。

1904年癸卯學制的實施，掀起了近代教育的新篇章。原本在民間發展著的蒙學，從家庭、宗族的討論轉入社會公共視野，甚至成為銜接高等教育的基礎，這讓有關幼兒教育的機構建設、師資力量的培育、教育章程等，都成為新的體制萌生之際需要建構的新議題，在這期間，啟「蒙」隨著教育宗旨的扭轉而重塑，也由此浮現了近現代教育初創之時，還不穩定的教育觀念之雛形。

及至今日，中國幼兒教育已建置完成近百年，但啟「蒙」的功課仍在持續探索，以國際數學奧林匹克競賽（International Mathematical Olympiads，簡稱IMO）為例，它原是為激發少數兒童在特殊領域的天賦而開辦，但由於教育部有升學加分的優待而漸漸演化為「全民奧數」熱，意識到這一問題後，官方自1994 年起，就陸續主導並頒發停辦奧數學校、不能以奧數換加分的公文，但幾十年來，家長對政府「一刀切」的行為不但未予理解，更逆政策之風而上，使補教風潮在民間長盛不衰〔註3〕。

德國哲學家尼采（Friedrich Wilhelm Nietzsche, 1844～1900）曾將這種體制與觀念無法統合的挫敗歸於教育的功利主義，他在《論我們教育機構的未來》*Über die Zukunft unserer Bildungs-Anstalten* 一書中指出：

在近代，有兩股貌似相反，就其作用而言同樣有害、就其結果而言

〔註2〕「幼童赴美」原是長達十五年的留學計劃，但進行到第十年時，因美國西海岸出現「排華」浪潮，加之中國赴美留學生「洋化」、「未得其益反受其損」等傳言，使計劃遭致國內反對，「留美幼童」被強行提前召回。自此之後，留學計劃未被政府再度提及，直至戊戌變法時期（1898年6月11日～9月21日），將興辦學堂、官派赴日遊學納入政策，方始留學風氣再興。相關回憶錄可參見徐鳳石、惲鐵樵譯（容閎著）《西學東漸記》（北京：商務出版社，2021）；相關史料可參見李喜所，《近代中國的留美教育》（天津：天津古籍出版社，2000）。

〔註3〕可參見中國網2016年11月18日，《學而思等校外補習緣何瘋狂？政府與奧數博弈已半個世紀》，網址：https://kknews.cc/zh-tw/education/g25okq8.html，點閱時間：2020年5月11日。

> 終於匯合的潮流，統治著我們原本建立在完全不同的基礎上的教育機構：一種是盡量擴展教育的衝動，另一方面是縮小和減弱教育的衝動。按照前一種衝動，教育應當被置於越來越大的範圍中，另一種傾向的人則要求教育放棄它的最高的驕傲的使命，而納入為另一種生活形式即國家生活形式服務的軌道（Nietzsche, 1954／周國平譯，2019: 8）。

在尼采看來，教育的普及和細分使教育的內涵簡化成學校的知識、窄化為只求適應社會，這種迎合時勢之需的做法，不僅使教育淪為謀生的手段、學術的分工廠，更偏離了教育的初衷，使教育體制與觀念在脫鉤中，忽略了教育對象間的個體差異。

十八世紀，近代教育制度作為啟蒙運動中「觀念」（idea）建構的一部分，本是為落實和保障啟蒙精神成果，但在體制日趨完善中，教育觀念卻逐漸失焦，甚至導向了與之相悖的功利主義方向。中國補教之風長盛不衰，顯現的正是教育政策的制定者（國家）與教育落實者（師家長）在教育觀念上的矛盾，繼而牽涉出教育形式（制度）與教育本質（觀念）上相互掣肘、尚未整合的教育困境。

報刊、廣播、電視、網絡等媒介，作為資訊科技技術支持下迅速發展起來的領域，在十九世紀末二十世紀初開始，就一直在輿論觀念引導與官民意見交換中扮演重要角色。誠如中國當代歷史學家張灝（2004）在定義「思想轉型時代」（1895～1925）概念時指出，甲午戰爭後到清朝覆滅前（1895～1911）之所以被視為近代思想史的開端，其重要因由之一即是「報刊」作為新的訊息傳播模式所帶來的劇烈變動，與此同時，新式學堂與教育體系的相應發展，也為觀念的定型提供可行性樣本。

之於此，本論將研究背景設定在近代啟蒙觀念尚未定義一尊的晚清，並選定「新政」改革的十年（1901～1911）。作為近代教育轉型的發軔，其一，新舊教育制度在此以官方法令形式完成了替換；其二，官方與民間協力推動教育機構的建置，無論幼稚園、蒙養院、新式蒙養學堂、女子學堂等都得到一定程度的發展；其三，新式教材、教學法、章程等都在相對寬鬆的教育環境中以多元的形式呈現（戈公振，2003；張灝，2004，王汎森，2007；卞冬磊，2015；桑兵，2016；Douglas, 1993）。

在這場行將來臨的教育革新中，新式媒介——報刊中所集成的文本，作為建構教育觀念、傳遞意識形態的關鍵，如何理解並重塑教育的內涵與功能，不僅關聯著政府如何在公領域中定位「兒童」，也牽涉著教師與家長如何教導兒童，在這一觀念引導下，未來兒童的樣貌得以召喚出來。新的教育名詞從外湧入，為晚清教育類刊物的觀念建構提供可能，在「新」、「舊」、「中」、「外」等雜糅的意識形態下，多元教育觀點透過名詞概念的擇取獲得交流與對話的空間，經由報刊圖與文的轉化，教育觀念以文本形式呈現。

《啟蒙畫報》（1902 年～1904 年底）作為晚清教育觀念轉型的文本之一，是北方國人創辦的第一本兒童刊物，它將彼時文人士子的幼兒教育觀念融會，轉化為圖文並呈的「兒童」，而「兒童」作為意義建構與詮釋的符號，勾勒出創辦人與閱報人的「世界」，使複雜抽象的教育觀念能貼近閱報人的理解，這使有關知識的選擇、傳遞方式等能共構出一個在當時還未有答案的啟蒙教育面貌，誠如傅柯（Michel Foucault, 1926～1984）在回應康德（Immanuel Kant, 1724～1804）的《何謂啟蒙》*What is Enlightenment* 時所揭示：「啟蒙」之所以關鍵，在於它至少在某方面決定了我們是什麼，我們想的是什麼以及我們所做的是什麼（Ferrone, 2017）。

「教育」內涵中啟「蒙」的影響無遠弗屆。那段封存在兒童報刊中的教育觀念之博弈、爭鋒、矛盾與斷裂，在圖像與文字的編織中沉澱，繼而在時間的坐化下注入思想觀念的底層，成為生發近代教育體制的養分。探尋《啟蒙畫報》文本在「幼兒教育」由私（宗族）入公（政府）、由觀念至圖文的過程中給出了何種內涵，傳遞了什麼意識形態，不僅可以幫助我們在今日波譎雲詭的教育觀念混戰中，檢視與省思教育內涵，也可從教育與傳播的跨領域視角，透過歷史開顯出時空對話，驅動何謂啟「蒙」的思辨。

第二節　回到晚清近代教育的轉型

一、轉型前的教育環境

> 丙子（光緒二年，1876 年），受業於崑山王墨林夫子景翰。余七歲，始開蒙識方字，父自課之。八歲，讀蒙經。九、十等歲，讀《學》、《庸》。幼多疾，旋讀旋輟。至是年十三，四子（《大學》、《中庸》、《論語》、《孟子》）甫畢業。（彭翼仲，1913: 81）

上述文字擷取自《啟蒙畫報》創辦人彭翼仲（1864～1921）的自傳。作為親歷並參與晚清近代教育轉型的人，彭翼仲對轉型前自己所受的私塾教育，以古典經書名稱為序，呈現出以家中父輩為主導的教育景象。

如彭翼仲在自傳中所言，他七歲在父親教導下開始識字，十二歲時跟隨一名夫子（老師）學習。《百家姓》、《三字經》、《千字文》等「蒙經」屬於他的啟蒙課本之列，由父親教導完成。這之後，他所學的內容在難度上有所提升，但知識結構都圍繞儒學典籍等文史領域。由於幼時多病，他的課業根據自身的身體狀況，有著斷續進行的調適空間，及至十三歲，四書學習的結束宣告他一個教育階段的完結。

在新式學制建立前，教育作為權力與文化位階的體現，並不是每個兒童都能享有。大多情況下，兒童能否接受教育，去哪裡接受教育的主導權都由父家長或宗族長老掌握（徐梓，1996）。兒童作為勞動力和父母的私有財產，在經濟不濟的情況下，不是跟隨大人下田種地、外出打工謀生，就是要在家中照顧弟妹、操持家務，能夠進入私塾或家塾，學完四書五經的通常都是出身位階較高的書香門第，彭翼仲就是因身處官僚世家，才有著知識上較為完整的私學體驗。

私學作為在民間發展起來的，因應社會所需而逐漸形成的教育體系，它不像官學（國子監、翰林院等）有著統一規劃與規範，而是跟隨市場需求因時因地調整，單是分類，就有按教學程度區分的蒙館與經館，和按辦學地點分的家塾、鄉塾與義塾等（周愚文，2001；蔣純焦，2017）。

這些教育目標多元的私學，在招收生源、課程設置上有著相當大的彈性。具體而言，學生的入學條件不受年齡限制，能否入學，讀何種書目通常是根據家長或宗族長老的意願，結合私塾先生的意見編排給兒童；同時，學生和老師的關係沒有什麼實質保障，學生學多久、老師教多久都是依據自身的狀況與感受協商（劉彥華，2010；龐釗珺、楊進紅、李玉芳，2016）。到清朝時，私學已有千餘年的文化累積與演進，而蒙學讀物作為古代教育觀念的承載與知識的重要來源，是啟迪童蒙的主導教材。

二、轉型前的教育媒介

蒙學讀物發展到清朝時已有近一千三百餘種，它的編撰群體上至理學家、心學家，下至講經、講學的名儒或私塾先生；蒙書的題材更涉獵以識字為導向的字書，注重倫理教化的道德類、歷史類蒙書，強調日常行為規範的學規、學則，訓練兒童習字、做對或指導經學入門的工具書等（喻岳衡，2005），這些通行全國或於特定地區流傳的傳統蒙學讀物成為交通不便、資訊不發達時兒童認知社會的重要途徑（張倩儀，1998）。

傳統蒙學讀物在知識生產上偏重人文領域。具有百科全書性質的蒙書《幼學瓊林》，在類目上包含：天文地理、歲時節令、朝廷皇宮、文臣武職、祖孫父子、兄弟夫婦、師生賓朋、婚姻婦女、老幼壽辰、身體衣服、人事交往、飲食日用、貧富貴賤、疾病死喪、文事科舉、製作技藝、訴訟牢獄、釋道鬼神、鳥獸花木等三十三項之多，它幾乎囊括了明清時期傳統知識的所有類型，也體現了古代士大夫期許兒童瞭解的所有知識，這其中不僅包含了厚重的倫理道德意識，也傳遞出對現有秩序的維護與服從（徐梓，1996: 98）。

可以說，教育轉型前的蒙學讀物不但是啟蒙兒童的教材，也是教化民眾的資源，它的內容相比官學裡的儒學經義，有著世俗化、通俗化的實用取向，比如明清時期的《教兒經》（也稱《訓蒙必讀教兒經》）中就有許多易於實踐和檢驗的語句：「買賣不成仁義在」、「打虎還要親兄弟　上陣還是父子兵」、「遠水難救近處火　遠親不如左右鄰」、「一寸光陰一寸金　寸金難買寸光陰」等；而對於有參加科舉考試需求的兒童，蒙學讀物中也有為後續經學奠定基礎的讀物，比如《論語訓蒙口義》就是為了幫助兒童掌握《四書集註》的基本概念與觀念所撰。

蒙學讀物的知識反映著社會發展過程中人們對教育功能的不同構想，儘管其編修不在政府的教育規劃內，但它的知識結構與科考應試內容在知識體系上卻有內在一致性，這讓家庭教育、私學和官學有著相輔相成的互動。在教育觀念的穩固中，兒童學習的知識無論深淺，無論是在家庭還是私塾，無論是為求職還是為做官，個人受教育的目的都能和政府鞏固思想基礎、維護社會穩定的期待相一致。

學者吳剛（2002）將這種知識型態的根源歸入到「崇古重老」的傳統和對古籍經義傳承的熱忱。他以《隋書．經籍志》的「注經」活動為例指出，唐朝時已發展出傳、故、籤、註、說、微、通、章句、條例、集註、集解、集釋、集義、撰等多種體例，在吳剛來看，中國歷代讀書人的「知」與「行」正是通過經義研讀中的自省與自查，才逐漸使儒學成為指導人們思想、參與社會行動的生活方式。

但到了清朝中晚期，以科舉為導向的知識結構漸成不合時宜的學問。為了應對科舉取士的繁冗程序〔註4〕，快速取得秀才的資格，不論是講求經學與科考的經館、書院，還是教授基礎知識的一般學塾，都朝向應試和功利導向啟蒙兒童，並將文章的寫作侷限在儒學經義的記誦與八股文文體的訓練中〔註5〕，同時，為了在短時間識字及熟讀科舉要求的課程，私學重視背誦、寫字，不怎麼講解，無論教師或家長，都相信嚴是好的，所以體罰很普遍（張儀倩，1998）。

《儒林外史》曾描寫清朝科舉制對人生活的影響，其中一個章回裡，敘述了一位應試二十餘次，終於在五十四歲中秀才的人物——範進。在這則故事中，范進起初是窮困愚陋、呆頭笨腦、卑怯懦弱的書生形象，除了讀書，他沒有其他生存技能，於是受盡親人嘲諷與鄰居白眼，甚至淪落到以乞討為生，但他中舉後，不但家人一改傲慢態度，開始前倨後恭，鄰居們更巴結逢迎，提著禮物前來敬賀（吳敬梓，2013）。〈範進中舉〉的故事雖為虛構的文學作品，但卻影射了清朝科舉制度下教育的僵化與功利，這種唯科考馬首是瞻，將學問限縮在聖賢經傳中的做法使知識的生產陷入保守與單一的閉環中。

面對科舉制引發的社會問題，道光九年（1829），龔自珍撰寫〈上大學書〉，強調教育應培養實務人才，以使國家長治久安；民間也有新的蒙學書籍，強調啟蒙兒童應「善誘導、莫匆匆、戒體罰」，如《父師善誘法》、《傳家寶》等（熊秉真，2019），但個別的警示與反思在當時的社會還未成燎原之勢，他們對科舉制影響下的主流教育觀念也難構成社會衝擊。

在鴉片戰爭中，親臨戰場的林則徐、徐繼畬等士大夫因親眼見證了中西軍事的差距，而開始向西學探索（熊月之，2011）。西學作為後來與儒學爭鋒的學問以此進入朝廷士大夫的視野，但最初他們提出西學的方向僅是從軍事上「富國強兵」為考量。直到1861年，馮桂芬在《校邠廬抗議》中提出的「以中國之倫常名教為原本，輔以諸國富強之術」建議被採納，自上而下的洋務運

〔註4〕清朝的科舉考生在經歷鄉試、會試、殿試之前，需先通過各省學政主持的地方科舉考試——童生試，童生試包括縣試、府試和院試三個階段，院試合格方能成為生員，獲得參加科舉的身份。接下來，生員需接受官方教官的管教，通過月課與季考後，才能成為秀才，而這僅是功名的起點。有關內容可參考黃士嘉《晚清教育政策演變史（1862～1911）》，（臺北：心理出版社，2006）。

〔註5〕八股文是清朝科舉的應試文體，它嚴格將段落劃分為「破題、承題、起講、入題、起股、中股、後股、束股」八個部分，並要求題目必須出自四書五經原文、後四部分每部分必需有兩股排比對偶，通過文體規範，執政者意圖禁錮士子文人思想，此部分內容可參見白文剛，《應變與困境：清末新政時期的意識形態控制》（北京：中國傳媒大學出版社，2008）。

動才開啟更大範圍的西學，只是受限於多數官紳的「天朝上國」心態，「制夷—悉夷—師夷」的思路轉變中都將西學視為一種次級學問，屬於「夷學」的範疇，這種對外來學問的偏見使得西學的推行只能停留在語言、西方技術與器物層面（沈葆楨，2017）。

1895 年，甲午戰敗的訊息傳來，士子文人的上國心態再次受到劇烈震盪和衝擊。《馬關條約》的簽訂使晚清帝國越來越深入地捲入世界秩序，群情激憤要會試的舉人聯名「公車上書」，朝堂內外尋求自上而下改革，為挽救民族危亡的士子文人被描繪為維新派，他們不僅在京城倡議變法救國，也在各地積極創辦新式報刊來參與政治、時局與學問的探討。

此時，物質與技術的進步，使報刊作為訊息傳播的載體而被華人漸次熟悉。十九世紀初，傳教士雖將這一新的出版形式帶入中國，但在甲午戰爭前，大多數文人只將報紙視為一種由下等文人生產的、不登大雅之堂的瑣聞屑談（戈公振，2003；李仁淵，2013）。甲午戰後，《萬國公報》刊登康有為〈公車上書〉，而使士子文人意識到，報刊不僅可以作為知識生產的媒介，更能幫助他們實現參政議政的目的。1884 年間作為副報發行的《點石齋畫報》（1884～1898）更以「選擇新聞中可嘉可驚之事繪製成圖，並附事略」作為辦報方針。由於當時中國人民識字者並不多，這種以圖像向讀者告知要聞的方式，使閱報的群體擴至一般社會大眾（李焱勝，2005；卞冬磊，2015）。

新式媒介的變革影響著社會傳播的形態，使報刊作為新將形成的傳播媒介，將分散在各地、處於各階層的獨立個人集結起來，從而凝聚成公眾輿論的意見，與此同時，報刊對「幼兒教育」投以的關注，也讓其成為教育轉型的重要媒材。

三、報刊呈現的幼兒教育「新」主張

在以新派文人〔註 6〕為核心發展起來的國人辦報風潮中，「教育轉型」的

〔註 6〕「新派」的稱謂是相對於當時的「舊派」所言。晚清社會的「新派文人」可分為兩代，第一代由官僚士大夫組成，第二代則由文人士子構成。自 1860 年洋務運動開始後，以曾國藩、張之洞、李鴻章為代表的官僚士大夫，意識到學習西方技術的重要性，他們從傳統儒學的經典要義中分化出來，一面保有儒家的正統觀念，一面則主張從現實出發，跟隨時代腳步靈活學習西方以「自強」，這便是第一代「新派」。但隨著時勢變化，意識到這一趨勢的不僅有官場中的有識之士，更有政治體制之外的文人士子，1895 年，康有為帶領要會試的舉人聯名「公車上書」後，尋求自上而下改革、倡議變法救國的文人透過創辦報刊參與政治、時局、學問的探討，由此營建了一個打破時空疆界的平台，這屬

議題是在政治危機與知識危機的雙重困窘下開展的。1897 年梁啟超（1873～1929）於《時務報》中連載〈論幼學〉，痛斥晚清教育體制的落後，他將教育與國家命運相連結，呼籲清政府改革科舉並開展基礎教育的建設。為此，梁啟超（1989/1902/2011）比照日本「教育次第」理論制定了「教育期區分表」（兒童身心發達表）和「教育制度表」，以介紹和宣傳日本幼兒教育模式。

1898 年，上海大同譯書局刊行康有為撰寫的《日本書目志》，書中第十卷〈教育門〉介紹了日本的教育書目，並引入「幼稚園」、「教育學」等日本轉譯西方的詞彙，用以傳遞「兒童應送去幼稚園／學堂讀書」、「學習西學」等新式教育觀念（張曉麗，2009）。在康、梁的宣傳與倡議下，仿效日本、建立近代幼兒教育成為報刊關注的焦點，《新知報》、《湘學新報》陸續發表的〈論課蒙宜有次序〉、〈常昭試辦小學堂條例議〉、〈幼學通議論（續）〉等文延伸著如何開設基礎教育的話題〔註 7〕。同年十一月，擁有科舉出身，又具備國外留學經歷的汪康年、曾廣銓等人組成蒙學公會，通過創辦《蒙學報》將分科、分齡等近代教育觀念以報刊的形式加以實踐（梅家玲，2011；張梅，2016；蕭怡萱，2020）。

這份教育革新的訴求後來也成為戊戌變法的內容之一，但「能變則全，不變則亡；全變則強，小變仍亡」的維新思想卻被朝廷內的保守派視為激進，從而招致「寧可亡國，不可變法」的強烈反對，在雙方「全變」與「不變」的爭鋒間，張之洞於《勸學篇》中總結前人思想，給出「中體西用」的折衷改革觀念。

「中體西用」思想強調改革應將傳統的倫理道德知識看成是「體」，其他文明的知識限制在「用」（實用知識與技術）（劉小楓，1998: 139）。以民族性

第二代「新派」，他們是甲午戰爭後至清朝滅亡前改良與改革、乃至民間啟蒙的中堅力量，本論所指的「新派文人」正是第二代「新派」的代表，此部分內容可參見王銳、吳展良等編寫，《重構傳統．再造文明：知識分子與五四新文化運動》（台北：秀威資訊，2019）。

〔註 7〕1898 年，梁啟超發表〈論幼學〉後，《新知報》發表〈論課蒙宜有次序〉呼應其「循序漸進」的幼兒教育主張，並呼籲興辦幼學堂教授格致化學淺理，同時兼顧教養與身體健康。同年 8 月 8 日，季亮時發表〈常昭試辦小學堂條例議〉，參照梁啟超的幼兒教育論述，要求教育幼兒的老師應遵循其方法，如文章載道：「梁啟超自言教學童嘗口授俚語令彼以文言達之其不達者削改之初受粗淺之物漸授淺近之議論初授一句漸三四句以至十句兩月之後可至三十句此西人教法也宜於學生讀撮要論畧等書時依法行之」。之後，《湘學新報》再度發表〈幼學通議論（續）〉，用以持續傳播梁啟超的幼兒教育思想，晚清狀元、光緒帝師孫家鼐也在《奏譯書局編纂各書請候 欽定頒發並請嚴謹悖書疏》中提出開設學堂，重視幼兒教育的主張，並強調從課本上開始對教育進行改革。

價值理念抵制西方經驗理性的做法，是晚清多數文人在會通中西、權衡新舊後可接受的選擇，梁啟超（1920/2012: 79）直言「『中學為體，西學為用』者，張之洞最樂道之，而舉國以為至言」。

雖然後世學者對「中體西用」不乏抱持批判觀點，認為其不合社會發展趨勢。但在晚清思想轉型之初，這一思想主張卻在多數文人士子的支持下，為教育轉型帶來了可能，誠如勒龐（Gustave Le Bon, 1841～1931）在論述信念對集體心靈（Gestalt Collective）所發揮的影響時指出：

> 即使當一種信念已經搖搖欲墜時，根據它建立起來的制度還是會保持一定力量，不會迅速滅亡。在最後，當信念的餘威消失殆盡時，一切建立於其上的東西很快也會消亡。迄今為止，還沒有哪個民族能在沒有下決心破壞其全部文明因素的情況下更換它的信仰。這個民族會繼續這一轉變過程，直到停下腳步接受另一種普遍觀念為止，在此之前它會一直處於一種群龍無首的狀態中。（Le Bon, 1895／吳松林譯：127）

上述文字揭示了思想轉型的持續與循環，換言之，任何一個觀念的誕生和消亡都不是「新」與「舊」的截然二分，新舊觀念的遞變是連續變動、此消彼長的往復過程。儒學道統在中國上千年的發展歷程中，已成為指導人們思想與實踐的宗教般的信念，當晚清的文人士子面向人們業已成形的習慣和傳統發起挑戰，就需在原有的思想根基上開闢出一個可以對話的空間，以平衡人們心理所要面對的衝擊，這既是顧及人們很難擺脫傳統羈絆的心理所做的調適，也是在傳統衰落的過程中，快速為新觀念的立足找尋契機的方法。

但戊戌變法的失敗，再次宣告教育改革的嘗試中止，隨之而來的社會問題進一步擴散、糜爛，加速了晚清教育轉型的進程。1900 年，被執政慈禧太后在猶豫、狐疑間接受的「義和團民」促成了庚子團匪之變（1900 年春～1900 年 9 月 7 日），立場不同的朝廷命官反覆被以罪責殺，加上天災頻仍、列強割據，地方上由於宗教衝突日多，局勢多變，東南各省地方要員紛紛聯省以求自保〔註 8〕。

〔註 8〕「聯省自保」也稱「東南互保運動」。參見林世明，《義和團事變期間東南互保運動之研究》，（台北，台灣商務印書館，1980），東南互保運動是慈禧不顧五大臣反對向十一國宣戰後，長江流域一帶的總督為避免捲入戰火，維繫局面安定與西方簽訂的互保條約，趙鳳昌於《人文月刊》發表的〈庚子拳禍東南互保之紀實〉（1931，2 卷 7 期），詳述他與上海的大理寺少卿盛宣懷偽造聖旨促成合約簽訂、穩住東南地區和平安定的過程。

在忽而拳民、忽而洋兵的輪流劫掠中，朝堂內的士大夫、南方沿海一帶的文人士子，以至保守風氣濃郁的北方形成共同的心理群體特徵，這些特徵既包含鴉片戰爭以來在挫敗、憤怒、仇恨中凝結的愛國情懷，也是梁啟超、康有為、張之洞等各階層文人個人經驗的累積，在當時共同的感情、利益和思維方式作用下，晚清形成了日趨龐大的集體心靈圖景。

在這個群體裡，每個人的生活方式、職業、性格或智力並不相同，但當他們變成了一個群體就獲得了一種集體心靈，使得他們的感情、思想和行為變得與他們獨自一人時反應的頗為不同（Le Bon, 1895／吳松林譯：17）。《啟蒙畫報》創辦人彭翼仲作為其中的一分子，在庚子事變前夕，仍遊走在時局之外，並未把富國強兵的重任加諸己身，但在拳匪燒家、洋兵劫掠、父親於變故中離世的激化下，他意識到個人與民族命運的深切關聯，在「強國強種」的感懷中，他與不同地域、身份、階層的文人形成心理共鳴，並產生辦報投入教育改革的實踐。

1900 年 2 月 10 日，持續宣傳變法的梁啟超在《清議報》中發表〈少年中國說〉，借助教育兒童的表徵呼籲「少年中國」的誕生（沈雲龍，1986），加上庚子團匪之變後，朝廷內外革舊圖新的聲浪迭起，清政府決議推行「新政」以維護統治，其中，對近代教育影響最為深遠的便是科舉制的廢除（1905）與新學制的建立（1904）。在那個官民相對一致但各有主張的教育轉型中，關注兒童的教育類雜誌——《啟蒙畫報》於觀念鬆動，社會急遽變遷中建構著未來教育可能的圖景。

第三節　實踐教育「新」觀念的《啟蒙畫報》

一、《啟蒙畫報》的創辦人與編創歷程

彭翼仲（1913／姜緯堂、彭望寧、彭望克，1996: 81）作為《啟蒙畫報》的創辦者，在自傳中曾經對教育轉型前後的變化給出「苦樂不均 何若是其相遠也」的感觸和評價。作為在舊式私塾中接受過教育的兒童，又是創辦新式蒙養學堂與教育雜誌的報人，他的一生充滿著「變中求生」的色彩。

彭翼仲（1964～1921），出生在江蘇的名門望族，祖父彭蘊章（1792～1871），曾在咸豐年間任武英殿大學士軍機大臣領班。儘管在自傳中他感嘆少時讀書的無趣、呆板與費力，但受儒家教育與官僚世家的身份影響，年輕的彭

翼仲也曾以科考為志：1882 年他開始學習八股文，並在 1885 至 1894 的十年間多次參加科考，但都未金榜題名。為此，1894 年彭翼仲曾捐官獲得了通判虛銜，1898 年，又接獲江西通判實職，由此開始他的仕途生活。

然而，到江西還不足三個月，彭翼仲便反感於官場醜態，在檄照批文未領取的情況下，決定棄官從商，從海路販運南米至天津販售。1900 年初，正值為父慶生之際，義和拳運動興起，京津鐵路交通斷絕。彭翼仲的家庭先後遭受拳匪、洋兵侵害。先是由於彭翼仲不配合拳匪運動，致使義和團成員夜晚向家裡涼棚縱火，幸得及時撲滅沒有人員傷亡。之後七月又遭逢洋兵入城，慈禧、光緒奔逃出走，京城大亂，到處都是搶劫、燒殺擄掠的現象。

未過多久，洋兵消滅了義和團。自此，巷弄之中，家家閉戶，彭翼仲卻無所忌憚照常出門，時常遇到洋兵在家門前走動。一日，美國四名士兵因入門避雨，而對彭家財物心生歹意，彭家由此屢屢遭劫。一次一名洋兵為試探彭翼仲而持槍入彈，抵在其胸前，威嚇他拿出幫友人保管的銀元，彭翼仲挺胸前湊，雖以性命相拼躲過一劫，但經此一役，本就體弱的父親因洋人恐嚇受驚，未過多久就離世了。

國難、家難雙雙並至使彭翼仲無法在動盪的時局中再置身事外，他意識到義和拳野蠻排外、國幾不國的原因一方面是領頭人的盲目迷信、昏聵無知；另一方面則是人民無教育，不懂得愛國之道。於是，1902 年春，他和他的堂弟達成默契，認為若要解決時下所遇到的國難問題，必須從根救起，至此，二人有了創辦兒童刊物的意願。

從當時北京的社會氛圍來看，辦報實屬新興事業，在風氣保守的北方社會不但接受度不高，更需仰賴資金支持。為此，彭翼仲的堂弟彭子嘉（1864～1921）不惜變賣資產為畫報墊付約兩千金，更在初期參與著《啟蒙畫報》的撰稿工作，後來因家裡急需資金，彭翼仲設法籌還後便開始獨立運營。為維繫報刊生存，彭翼仲不惜變賣永光寺的房屋、典當衣物，在難以為繼之時，更有過輕生之念，幸得友人無償資助二百金，才使他度過難關（彭翼仲，1913／姜緯堂、彭望寧、彭望克，1996: 113～114）。

《啟蒙畫報》的發刊時間在 1902 年 6 月到 1904 年底，這是清政府猶疑之間頒布壬寅學制、癸卯學制的前後。作為「秦嶺—淮河以北」的北方地區的第一本兒童刊物，畫報開創了官方頒布教育政策之外的另一論述空間，圖、文符號作為媒介建構意義的主要形式，讓靜態的文本得以突破既有教育體制與觀念的束縛，在相對自主地表述中拓展啟蒙途徑，並以新的知識樣態呈現辦報人豐富且自由的教育擬想。

為落實自身的教育主張，彭翼仲在辦報之余也開設蒙養學堂。設在一處（前門外五道廟路西）的報館與學堂，在知識上捨去了古代蒙學中的四書五經，代之以上海澄衷學堂的《字課圖說》、《地球韻言》、《格致讀本》等新式蒙學教材；在生源上，也主張男、女一同入學就讀，期望帶動教育風氣的移風易俗（梁漱溟，2015）。

為了擴大啟蒙的基礎與聲量，彭翼仲也積極支持茶館、講報處、閱報處的設立。當時北京第一批講報人鳳竹安、卜廣海、王子真等，常將《啟蒙畫報》、《京話日報》、《敝帚千金》等各種新聞報與白話報彙整起來，去東新街萬來軒，或是東南城角的立興茶園、北馬路的天聚茶樓等閱報處或茶樓宣講報紙內容（李孝悌，1992: 76）；同時，為降低求知的門檻，彭翼仲也推動著漢字拼音方案，以讓啟蒙的文化階層不斷下移〔註 9〕。這些在今日來看已成熟的啟蒙策略，在當時的晚清社會都可稱之為具有前瞻性的教育實踐。

1904 年底，從「開蒙智」偏重到「開民智」的彭翼仲，有感童蒙教育緩不濟急，加上辦報資金與精力難以負荷兩份報刊的營運，而不得不對《啟蒙畫報》做停刊處理，轉而專注用於「開民智」的《京話日報》。但在講報人的傳播下，淺顯易懂、便於吸收的《啟蒙畫報》仍是啟迪下層民眾的教育素材。

統合彭翼仲的辦報歷程，他中年加入晚清辦報救國的行列，在《啟蒙畫報》、《京話日報》、《中華報》三份報刊的發行中形成了「開蒙智」、「開民智」與「開官智」的由下至上的啟蒙格局。《啟蒙畫報》作為彭翼仲「啟蒙」志業的開端，在思想轉型與近代教育建立的洪流中，面向著涉世未深的「兒童」展開的新式教育構想，為後世理解晚清教育改革，提供了官方之外的參照。

此外，由於《啟蒙畫報》寫在北方文化啟蒙的前沿，也走在新式蒙養學堂創辦的一線，讓文本建構的教育觀念及其潛藏的意識形態，不僅具有理論聯繫實務的本土和在地特色，也有著和社會現實連動、持續調和的教育省思脈絡。

〔註 9〕這套由清末王照於天津發明的漢字拼音改革方案，又叫「官話合聲字母」，是中國第一套漢字筆畫式的拼音文字方案，這套方案以官話方言為基礎，在清末北方推行十年之久，簡稱為「官話字母」。它採聲、韻雙拼制，仿日本假名取漢字偏旁為字母，共有聲母五十個，韻母十二個。

二、《啟蒙畫報》的研究意義與價值

報刊出現之前，由於交通不便、各地語言不通，人們極少出門，也鮮少關注自身生活以外的事物，以致知識傳播的格局無法形成體系，兒童只能從傳統蒙書、儒學經義裡學習一些道德倫理、政治、社會規範以及個人的行為準則等教育內容，物理、化學等實用知識，體育、美術等專業課程幾乎從未出現在蒙書或是官學、私學的課程安排裡（張倩儀，1998）。

戊戌變法後，社會進入思想轉型時期，「啟蒙」、「蒙學」借助新式報刊成為被建構的關鍵詞。金觀濤、劉青峰教授曾在 1997 年啟動一項數據庫研究計畫，其名稱為「中國近代思想及文學史專業數據庫」，這個數據庫彙整了 1830 年至 1930 年間的中國近近代報刊、雜誌、傳教士與西方著作的中譯本等各種文集，同時也為研究者提供數據挖掘及重要關鍵詞意義的統計分析，以把握中國近代觀念如何在西方衝擊下起源與形塑。研究者曾以「啟蒙」、「蒙學」為關鍵詞，在數據庫中檢索後發現：1900 年前後的十年是社會討論「蒙學」與「啟蒙」的爆發期（圖 1-1、圖 1-2）。

圖 1-1 「啟蒙」的爆發期

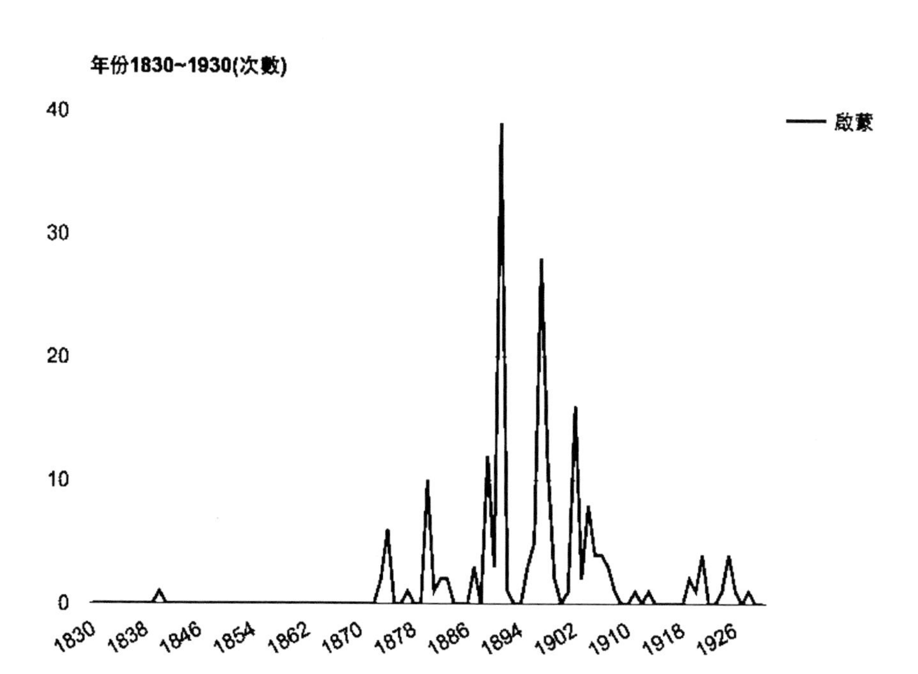

資料來源：中國近近代思想及文學史專業數據庫，2019 年 2 月 13 日，取自 http://digibase.ssic.nccu.edu.tw/?m=2105&anyKey=fulltext%3A 啟蒙+&chk=&pqc=。

圖 1-2 「蒙學」的爆發期

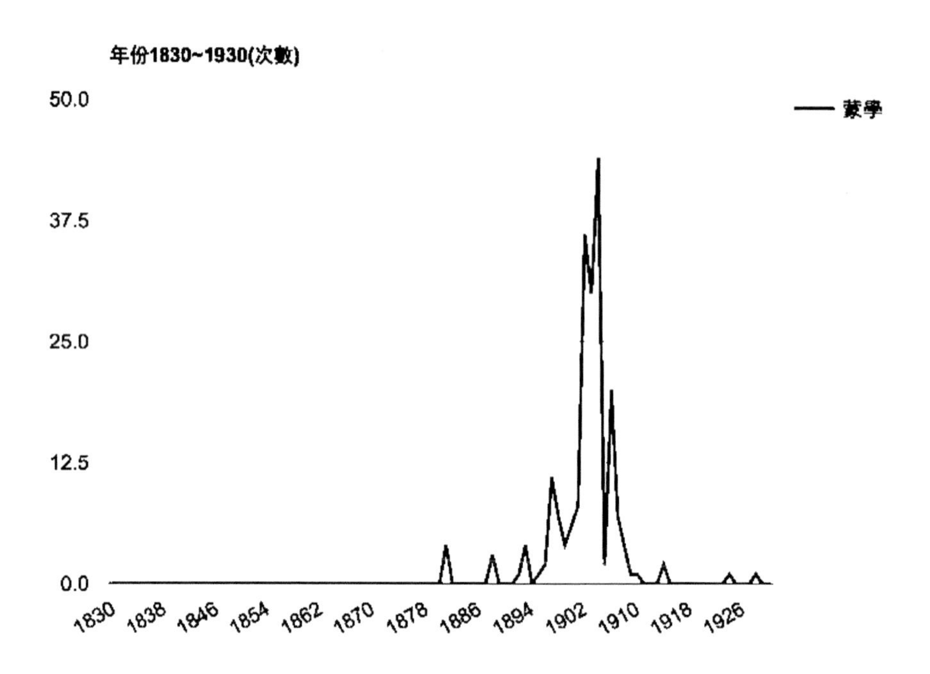

資料來源：中國近近代思想及文學史專業數據庫，2019 年 2 月 13 日，取自 http://digibase.ssic.nccu.edu.tw/?m=2105&anyKey=fulltext%3A 蒙學+&chk=&pqc=。

具體來說，甲午戰爭前「啟蒙」一詞還聚焦於傳教士編譯的西學書籍中，甲午戰敗至癸卯學制頒佈前（1895～1904），「啟蒙」、「蒙學」則成為國人熱議的焦點。這期間，以上海《澄衷蒙學堂課圖說》為代表的新式蒙學讀物表現出了向近代小學課本轉化的傾向，兒童的專刊《蒙學報》、《啟蒙畫報》、《童子世界》等也以報刊形式傳遞不同從前的新式教育觀念。

值得考究的是，在「啟蒙」、「蒙學」被熱議的時段（1895～1904），晚清「新政」在 1901 年給出漸進取締科舉的政策導向，1902 年官方雖試圖推行壬寅學制，但受朝廷保守勢力的阻擾，這一學制並未予落實，直至 1903 年癸卯學制頒佈、1904 年 1 月實施，才真正確立了學校系統、課程設置、學校管理的具體措施（黃士嘉，2006）。壬寅學制與癸卯學制頒佈與落實的徘徊時期，新式學制漸成未來教育的大勢所趨，兒童在從私塾或田野間走入新式學堂的轉變中，有關教育的內容、教學法、教育目標等都成為了有待商榷與建構的公共議題，而此時發刊的《啟蒙畫報》剛好在政府的猶疑、踟躕間給出一個新式教育可能的方向。

作為新興媒介，辦報人還無法明確區辨傳統蒙學讀物與報章雜誌的書寫風格，以致有「以書寫報」的過渡特色。上海《蒙學報》的書寫就沿襲著課本的一貫模式，但與傳統蒙書不同的是，它引用近代分科的觀念，將知識分成文學類、算學類、智學類等板塊，內容上《蒙學報》也從日本直接翻譯過來東文修身書、東文學堂奇話、東文讀本書等，以豐富兒童學習與閱讀的範疇。

《啟蒙畫報》作為同期北方兒童刊物的代表，也受到日本教科書編制的影響，劉先飛（2015）曾對比《啟蒙畫報》第 1 冊與日本《小國民》第 13 號（1889）的欄目，他指出兩本刊物在倫理、地理、歷史、數學、物理五個欄目規劃上一致，這表明兩本刊物所建構的知識體系是相近的。但《啟蒙畫報》在近似分科的教科書式欄位之外，也在發刊過程中不斷增添「時聞」、「雜俎」、「述說」、「遊戲精神」等欄，用以傳遞辦報人對時下教育問題的關注與思考。這些不受限於教科書的欄目編排與觀點表達，讓《啟蒙畫報》兼具教科書與雜誌的特性，以此使研究者從結論或評論語中更能明確文本所傳遞的教育觀念與意識形態。

與此同時，《啟蒙畫報》有關「教育」議題的鋪展涉及了教育機構的命名、教育模式、教育內容等多方面。諸如〈家教文明〉、〈賃孩公司〉、〈花園學堂〉、〈記音標新字〉、〈地底鐵路〉等文本都是新概念與社會現象連動的表現。學者王汎森在清末民初的思想史研究中曾提及，我們雖將晚清、辛亥到五四新文化運動視為一個連續遞變的格局，但這個所謂的延續卻並非簡單的連續：

> 近代人的「後見之明」每每把歷史中一些頓挫、斷裂、猶豫的痕跡抹除，使得思想的發展看起來是一個單純而平整的延續。各種以 origin 為題的思想史研究，很容易加深這種單純延續的印象。另外，各種《選編》，各種資料集，也往往給人一種印象，以為特定議題是單純的前後相連，這些文章原來分散在各種刊物、分刊於不同時間，但是選編或資料集裡往往去除了這種零散感。（王汎森，2020: 209）

這段文字提醒我們注意那些在歷史中容易被輕忽的細節。觀念建立過程中，雜糅著諸多思想的挪移、斷裂與逆反，正是經由詞彙間的爭鋒、對立、跳躍，才使當時的社會隱然浮現出一個連續的方向。恰如韋伯（Max Weber）所言明「直接支配人類行為的雖是物質上與精神上的利益而不是觀念，但是由「觀念」所創造出來的「世界圖像」，常如鐵道上的轉轍器，決定了軌道的方向，在這軌道上，利益的動力才推動著人類的行為」（Weber, 1905／于曉等譯，2008: 17）。

借助《啟蒙畫報》中呈現的新名詞，我們可以探求晚清兒童雜誌如何在形而上的幼兒教育觀念與形而下的教育行動中建立起說服與溝通的策略，以讓新式教育達成改良社會的目標，此為《啟蒙畫報》的研究意義。

再從《啟蒙畫報》的研究價值來說，其一，京話白話文作為畫報的書寫文體，使其從晚清刊物中脫穎而出。在清朝，讀書人通用的書寫文體是文言文，即便是晚清早期的報刊也多是文言文撰寫而成，但為了「啟蒙」更多識字不多的民眾，「新政」前後湧現了一些從文言文到白話文轉的報刊文體變革，但如何定義白話文的語言風格旋即成為新的難題。

在清朝，「京話」是政府公職人員為往來方便所定立的官話，但對非公務體系且出行有限、交通不便的百姓來說，則是不同地域間說著各自的方言，這使得以秦淮一帶以南方方言為書寫文體的白話文報不如北方的京話白話文更具語言優勢（朱孟庭，2012；夏曉虹，2015）。

以上海蒙學公會創辦的《蒙學報》（1897 年 11 月 24 日～1899 年 4 月）和愛國公社興辦的兒童日報《童子世界》（1903 年 3 月 6 日～1903 年 6 月 6 日）來說，《蒙學報》在介紹植物「松」時寫道：「植物類字釋名 釋松 曰字義，松為百木之長，猶公為諸侯之長也，故字從木公聲。」〔註 10〕，《童子世界》在「學說」一欄中寫道：

> 山河公共器，羡廢子傳賢，陶唐妙理。禹湯錯算計，把國民公產，兒孫私據，千祀萬禩，淘多少梟雄閒氣，到如今故紙紛紛，何限秦頭漢尾。（轉引自胡從經，1982: 118）

相較於《蒙學報》的宋元白話和《童子世界》的艱深字彙，《啟蒙畫報》在介紹「野百合」時寫道「野百合 生於山原野地 宿根留土中 次年復生 五六月間開花」〔註 11〕。因創刊地在北京的地緣上優勢，《啟蒙畫報》在文體探索與變革上受制因素較少，也更容易在前期就降低閱讀門檻，使報刊的傳播範圍少受方言、地域所限。上海開埠以後出版的第一家英文報刊，也是近代中國出版時間最長、發行量最大、最有影響力的外文報紙 *The North-China Daily News* 曾特別關注《啟蒙畫報》的創辦，如圖 1-3 所示：

〔註 10〕（清），《蒙學報》，1989 年，第 38 期，頁 42。
〔註 11〕（清），《啟蒙畫報》，1903 年，第七冊（下），頁 48。

圖 1-3　外文報刊對《啟蒙畫報》的關注

WE have received the first number of the "Illustrated Children's Educator" (北京啓蒙畫報), a daily newspaper that has just made its appearance in Peking. It has been started in the interest of the children; the style is, therefore, very simple mandarin, similar to that of the "Peking Mandarin Paper" published in the Capital. The daily paper is bound up in book form once a month, and issued in that form. It is printed on Chinese paper in good bold type, and is well illustrated. There are no leading articles, but the contents are very varied and interesting, and we expect to see this new venture become a great success. The monthly subscription is 50 cents, including postage.

資料來源：*The North-China Daily News*，1902 年 8 月 29 日，第四版。

《啟蒙畫報》將自身定位於「畫報」，因而在圖說方面較以往的《小孩月報》與《蒙學報》更多，《啟蒙畫報》常常一文一圖，不但藉由「圖說」傳遞新知，其圖像更反映了清末北京兒童的生活風貌（陳平原，2018）。圖 1-4 記載的是 1901 年於上海創辦的《選報》，特別提及《啟蒙畫報》，稱讚其在北方「開蒙智」中的作用，文字指出，畫報原本印刷是交由北京公報館代印，因「出報以來銷場暢旺漸推廣茲聞 該報主筆彭君 擬精益求精 自辦印字機器刷印 所謂童蒙求我 教育改良誠非虛語也」，以此說明畫報在民間的傳佈與讚譽。

圖 1-4 《啟蒙畫報》的社會讚譽

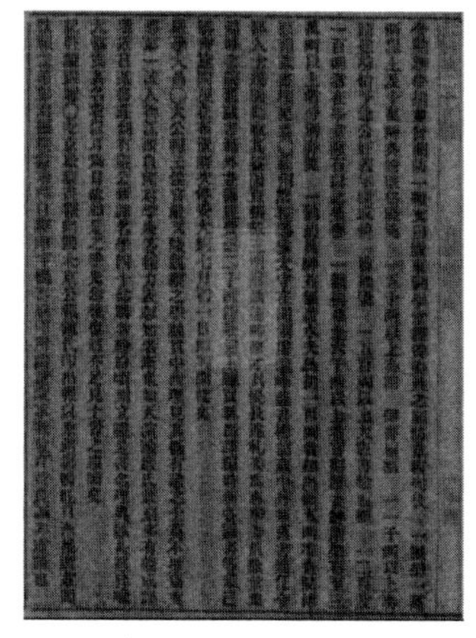

紀啟蒙畫報 北京啟蒙畫報向歸北京公報館代印 出報以來銷場暢旺 日漸推廣 茲聞該報主筆彭君 擬精益求精 自辦印字機器刷印 所謂童蒙求我 教育改良誠非虛語也（空格符號為研究者為閱讀方便所作斷句）

資料來源：《選報》之「文學小史：紀啟蒙畫報」，1902 年，第 25 期。

其二，《啟蒙畫報》是一份受到辦報人、執政者、閱報人三方好評的啟蒙讀物。除上述提及的他刊讚譽，畫報也在發行一年後受到皇室注意，圖 1-5 的「癸卯年十二月進程」字樣，記錄著畫報成為進呈至宮廷的事件，也說明《啟蒙畫報》已為傳統象徵的權貴士人階層接受，成為步入新興時代的皇室讀物。同時，《啟蒙畫報》的封底也刊載了當時刊物的發行路網，圖 1-5 右側顯示出畫報北至遼寧錦州，南至廣東汕頭，東到浙江杭州，西到四川成都等的 50 個銷售據點，這樣的行銷通路正可闡述刊物後來為何影響深遠的物質基礎（杜賽男，2019: 81）。

圖 1-5 《啟蒙畫報》的頁首與封底

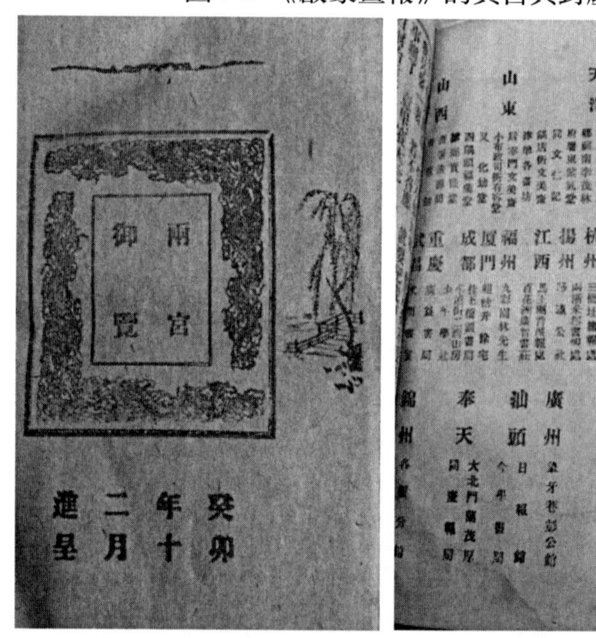

資料來源：《啟蒙畫報合訂本七》（第二年第五冊下，1904），頁 IV 與 121。

從受眾角度而言，《啟蒙畫報》以教科書或課後讀本的知識樣態對晚清兒童發揮作用。新儒大師梁漱溟（1893～1988）在回憶錄中提及《啟蒙畫報》對他童年的啟迪作用，特別是以科學的視角解釋自然現象的敘事方式，讓他記憶猶新（梁漱溟，1990/2014）；新聞學家薩空了（1907～1988）也提及《啟蒙畫報》合訂本是他七八歲時最喜歡的讀物，諸多科學知識，如，瓦特因為水沸發明蒸氣機，世界人類的分類、五大洲的形狀，薩空了都是藉由《啟蒙畫報》而知曉，他更盛讚「《啟蒙畫報》在北方是一個中國畫報史中值得大書特書的畫報」（薩空了，1895: 94）。

從這些名人回憶來看，《啟蒙畫報》的圖文特性、知識編排對當時與後世社會都產生過影響，但從歷史演進、媒介技術更迭、史料考證等方面對《啟蒙畫報》考證（陳恩黎，2012，張梅，2016；吳果中，2010/2017；李焱勝，2005；周利成，2011），或對畫報形制、圖文、文本性質的考據，以豐富我們對畫報改版、改良過程的認識（姜緯堂，1895；姜緯堂、彭望寧、彭望克，1996；吳果中，2010；彭蘇望，2013；張梅，2016；陳平原，2018），這些歷史核查與媒介研究的方向在肯認《啟蒙畫報》於思想轉型、教育轉型時期的地位時，也釋放出了媒介建構「教育」，以報刊形式傳遞教育觀念的學術價值。

但目前的學術成果表明，《啟蒙畫報》的研究還未成體系。陳平原和梅家玲是最先對《啟蒙畫報》投以關注的學者。陳平原（2018）曾以《點石齋畫報》、《啟蒙畫報》、《時事畫報》等為樣本，探討畫報在清末興起的背景以及技術革新和思想浪潮下的文化轉型，而「兒童」作為當時啟蒙的對象，也成為他關注的一個面向，但他對兒童的考察是在「圖像啟蒙」的敘事框架下，對兒童、教育觀念的建構過程並不是他文章涉獵的核心；梅家玲（2011）是既關注畫報也重視晚清教育議題的學者，她曾從南北蒙學刊物的對比中意圖揭示晚清童蒙教育中的文化傳譯、知識結構與表述方式，她指出，《蒙學報》與《啟蒙畫報》作為南北方兒童刊物的重要代表，在清廷頒布各項學堂章程、編訂各類正規教科書之前，已起到「流動的學堂」的作用，但她對兩份蒙報的探討，主要著力在刊物欄目、文本內容的比較，對於文本中的語言深層結構，特別是如何建構教育觀念的過程並不是其學術關懷的重心。

在學位論文方面，以《啟蒙畫報》為核心的研究僅有簡敏如（2014）的〈晚清《啟蒙畫報》中的域外知識〉，她以圖表形式彙整了晚清時期發行的畫報，直觀呈現出晚清媒介啟蒙的格局，同時，論文對《啟蒙畫報》編創團隊及兩次改版欄目的變化做出精細整理，為研究者瞭解畫報的刊印歷程，進行歷史資料的蒐集提供了諸多便利，但簡敏如從「域外地理」知識探討「啟蒙」的書寫特色，傾向的是對文本文學性、歷史性的意義考察，這與本論意在討論思想轉型時期的媒介如何傳遞一個還未普及的啟「蒙」教育觀念，有著不同的進入文本研究的立場，兩種不同學術視角，可以藉由研究成果的對話共同豐富著《啟蒙畫報》的學術意義與價值。

儘管《啟蒙畫報》的專書專論有限，但晚清兒童刊物近年來的研究正在慢慢拓展。蕭怡萱（2020）曾以《蒙學報》為研究對象，對刊物的產製脈絡、社會影響、內容等進行分類爬梳，用以說明晚清教育之於近代教育發展的重要性；李佩師（2017）將《小孩月報》區分為「宗教倫理」與「知識見聞」兩個層面，用以揭示兒童形象背後建構出的傳教意涵；徐禎苓（2015）和 Shih-Wen Sue Chen（2019）皆採比較分析的方法，前者將報刊中與醫事相關的圖像和英國傳教士合信所著的醫學教科書《全體新論》做對比，後者則將畫報與原典相對照，徐禎苓發現，畫報在建構一套衛生觀的論述體系時潛移默化地灌輸基督教義；Shih-Wen Sue Chen 則揭示，《小孩月報》並沒有像西方宗教內部刊物一般建構出帶有福音特徵的兒童形象，而是透過塑造熱愛科學、旅行、知識淵博的兒童形象來弱化中西差異，委婉的傳教。

這些研究成果一方面肯認了報刊文本裡的圖與文所潛藏的意識形態，另一方面，也提示研究者注意文本敘事的時間與空間之情境，也就是研究者需回到文本產製的文化境脈中去理解與評估教育觀念與意識形態的意義與價值，而非以今日的教育定見評說百年前的教育思想，由此才能為古今迥異的教育環境提供觀念間對話的契機。

值此，本章從教育何為生發出「蒙學由私入公過程裡教育觀念如何建構」的探問。《啟蒙畫報》作為本論的文本分析目標，囊括著新式教育大局未定之時社會、文化、教育的多重意義轉型，在這份充滿著教育思辨的文本世界，教育的內涵經由新名詞與新概念，在教育觀念與意識形態的傳遞中轉化為文本的圖與文。

第二章　意識形態、近代教育與媒介

第一節　意識形態的流變

一、觀念：作為形而上的啟蒙

希臘哲學家柏拉圖（Plato，西元前 429～西元前 347）在《理想國》*the Republic* 一書中曾用洞穴之喻（The Allegory of the Cave）來說明他對知識抱持的觀點（the notion of knowledge）。故事講到：一群手腳被綁縛的囚徒因在黑暗洞穴中無法轉身，而誤將花草雜石的影子看作真實，直至有天，一個解開枷鎖的人轉過身去，發現花草影子的假象，繼而循著光源走出洞口外，發現一個嶄新的真實世界。

柏拉圖用黑暗洞穴的譬喻意在揭示：在一個持續變動、可見的經驗世界之外，還有一個屬於心靈、心智層面的更真實的世界——Nous，它的存在物被稱為 Eidos，希臘文被寫作 idea，在中譯著作中常被譯作「觀念」、「型態」、「理型」等，本論為與後續晚清的討論做區隔，也為凸顯 idea 的形而上、流動性的特質，暫將歐美 idea 的源流統一為「觀念」一詞以做論述（Plato, 2017）。

柏拉圖將觀念（idea）置於哲學的討論層面，認為它是不變的知識（epistem），是人類用以探求真理的核心。但如何抵達真理，揭開枷鎖、走出封閉洞穴？柏拉圖遵循他的老師蘇格拉底（Socrates，西元前 470～西元前 399）提出的「精神助產術」（maieutics，也被譯作「產婆術」），這一方式主張人們不以說服他人為前提展開對話，通過提出問題引導自己發現真理，其中，「引導」

一詞在希臘語中被寫成educe，它正是英文字彙education（教育）的字源（Prior, 2019）。中國的第一本書——《易經》，有〈蒙卦・篆辭〉以「蒙以養正，聖功也」強調開蒙的要義乃是引導人們走向正確的道路，但如前文所述，education被譯為「教育」，成為新式教育的指代是十九世紀末二十世紀初的事，這說明，在近代教育體制出現之前的漫長歲月裡，各地域對「啟蒙」、「教育」都有著相近卻也不同的文化衍生脈絡。

歐洲啟蒙運動史前與運動開展的早期階段，有關「觀念」的討論放置在形而上的哲學層面，以辯證的思維區辨。十六、十七世紀，英國唯物主義與現代實驗科學的始祖——培根（Francis Bacon, 1561～1626）在探尋真理的這條路上發現，「觀念」不僅紛繁且常有謬誤，他將這些錯誤觀念概括為「種族假相」、「洞穴假相」、「市場假相」與「劇場假相」四種，編入《四假相說》一書中。這之後，英國哲學家洛克（John Locke, 1632～1704）承繼了培根與英國政治哲學家霍布斯（Thomas Hobbes, 1588～1679）的唯物主義傳統，對古希臘哲人視「觀念」為不證自明的真理抱持懷疑，洛克在批判了「天賦觀念論」（innate idea）後提出「白板說」（tabula rasa theory），他認為人出生時心靈如同一塊白板，要在這其中記載知識就需借助外面的感官作為媒介，以此才能形成觀念，在這基礎上，他將「觀念」進行哲學闡釋，提出「觀念」是人所意識到的心理現象，在轉化為知識的過程中，「觀念」可分為初級觀念（simpe ideas）和複合觀念（complex ideas）兩個層級，初級觀念指的是經反省即能獲得的感覺經驗，複合觀念則是將初級經驗經過結合、聯繫與分離所組成的觀念，這種對知識生產過程的拆分使Locke意識到人的本性中便有理性，教育應以「經驗」填充人心靈的空白，從而使「本有意志」得到適當的發展（Locke, 1890／關文運譯，1959）。

洛克的「白板說」將人們對教育的關注從「成人視角」轉入到「從兒童出發」上來，但在十七世紀的英國，「兒童」仍被視為「不完美的成人」（Heywood，2001），學校教育以死記硬背、灌輸大量且密集的知識和普遍體罰的形式展開，洛克在此背景下提出以人為本、尊重個體差異、注重品德教育等主張。

進入十八世紀的啟蒙運動，「觀念」被拉入社會革新的浪潮中以思考如何實踐。十八、十九世紀之交，法國成為繼英國後的啟蒙運動重鎮，此時誕生的「意識形態者」（ideologues）領袖特拉西（Destutt de Tracy, 1754～1836）希望建立正確觀念的系統，形成促進社會進步的有用知識，於是，「意識形態」

（ideology）作為觀念的集合體被提出，即指「觀念之學」（Science of ideas）（于治中，2013: 9）。新學派認為政體的變革必須建立在社會的改革之上，而社會改革的意識需要新思想的培育，為此，以特拉西為代表的新學派主張給予更多人受教育的機會，通過建構超越既有的知識體系的方式創立全新學科，從而達成透過教育體制進行思想領域革命的目的，這即是西方近代公共教育制度的先河。

二、意識形態：作為精神的實踐

特拉西為與以往形而上學的「觀念」作區隔，以「意識形態」（ideology）來指稱其學說。在他看來，「意識形態」是啟蒙運動精神的實踐，因為人類無法認識事物本身，只能認識對事物的感知所形成的觀念，如果我們能系統地分析這些觀念與感知，就能為一切科學知識提供堅實的基礎，並得出更為實際的推理。為此，他吸收法國哲學家孔多塞（Marquis de Condorcet, 1747～1794）的觀點，想通過教育讓人類日臻完善，在這過程中，藉由對觀念和感知的謹慎分析，意識形態會使人性可以被認識，從而使社會與政治秩序可以根據人類的需要與願望重新加以安排。

特拉西的「意識形態」在提出之初被皇帝拿破崙一世（Napoléon Bonaparte, 1769～1821）部分吸取以制定新的憲法，但隨後也因為擔心新學派對其稱帝野心構成威脅，而將其定位在脫離政治權力現實的、抽象的推測性學說（Williams, 1983）。拿破崙批駁新學派將啟蒙時期的原則視為意識形態是不對的，因這種民主制度將民眾的地位提升到無法行使主權的境地，這是不切實際的空想與激進理論，這之後，ideologist（特定意識形態者）一度被視為 revolutionary（革命者），在十九世紀的保守派思想家眼中，意識形態成為貶義詞。

「意識形態」在政治舞台的流轉，使其含義發生了改變，也讓它被重新擲回形而上的哲學中，但此時的「意識形態」不再只是指「觀念學」，也開始指觀念本身，也就是那些據稱是錯誤的、脫離政治生活實際的觀念的主體。這種將「意識形態」規約到不證自明的再現系統中，直至馬克思（Karl Marx, 1818～1883）透過討論才又重新將其拉回現實。

在馬克思看來，「意識形態」是每一個時代佔支配觀念的系統，反映的是某一特殊階級的利益，也因此，意識形態不僅不能正確地反映一個現代的政治、社會的真實情況，也會以特殊的偏見來扭曲社會之真相，正如恩格斯

（Friedrich Engels, 1820～1895）所說，持有意識形態的人自認為已瞭解社會的真實狀態，殊不知他所持的觀念或意識僅是一種歪曲的假象（Resnick and Richard, 1996）。

十九世紀時，在馬克思與恩格斯的發展下，意識形態被劃分為由人的意識與社會結構構成的一組互動概念，但由於他們認為下層基礎決定上層建築，也就是政治、經濟等因素決定了意識形態，以使意識形態本身成為存而不論的部分。

可以說，有關「意識形態」的討論從特拉西到馬克思和恩格斯，仍延續著對啟蒙運動精神加以實踐的思考，只是在實際操作中，如何運用「意識形態」實踐的看法已然不同。在特拉西來說，這種實踐的方式是直接而顯明，觀念是卓越的科學，它促進人類事務的進步；對拿破崙來說，它是不能言明的和對抗的矯飾的哲學，只以抽象說理為基礎試圖決定政治與教育原理，從而煽動反叛；馬克思則將其結合到啟蒙運動精神的理論框架和政治綱領中，將「意識形態」視為一種批判手段和新的理論體系的一個組成部分。

三、意識形態的文化匯流

Ideology 一詞誕生於啟蒙運動的後期，民國期間又經由日本傳入中國，在當時有一派仿日譯「意識形態」，另一派則譯「意底牢結」，「牢結」二字，正好說明「意識」會結成牢獄之災，後又改為「意締牢結」與佛學「所知障」相呼應，亦即，人們易被原有的知識與學問所蒙蔽，而產生先入為主的觀念，並在這個觀念框架下，做出自以為是的批判，從而遠離了身心的直接體驗（余英時，1987；林毓生，1998）。

雖然「意識形態」屬於外來詞彙，但它也常被運用到華人社會的相關研究中。余英時（1987）強調，ideology 雖然具有普遍性，但因文化根源不同，對這一概念的理解也會有所偏差。比如說，歐美有著重思辯的傳統，所以在邏輯與知識論上發達，更擅長抽象與系統的思考，ideology 便是形而上的延伸；但中國的文化傳統是「寓思於學」，也就是比較重視實際而具體的學問，對思想系統的建構並不講求邏輯與知識論，因而，ideology 在中國不只有學術思想方面的根源，還有社會脈絡的發展作為基礎。簡而言之，意識形態在中國被理解為是一種受到社會文化因素影響的觀念或價值系統，它的主要功能就是對一般人（或某些社群）產生說服力，以導向共同的社會行動，它是一種思想，一種信仰，一種行動的綜合（余英時，1987: 163）。

無論歐美還是中國，在沒有將「意識形態」中的意識與社會結構明確區分開來之前，意識形態的討論都會遭遇難以具體化的困境。為此，阿圖塞（Louis Althusser, 1918～1990）部分吸取了馬克思的思想，使意識形態的討論處於上層結構如何約束的形塑力量，與此同時，他也提出意識形態具有相對的自主性，並非完全受制於生產關係，阿圖塞認為可以透過對意識形態本身的解析，將其具體化。不同於馬克思將意識形態的性質歸結為虛假意識（false consciousness），阿圖塞認為意識形態的判准取決於意識形態背後所代表的階級利益。

由此，阿圖塞從上層結構，即意識形態本身提出洞見，他將國家管控意識形態的方式稱之為「國家機器」，並將其分兩類。一類是壓制性國家機器（The Repressive State Apparatus），意在使用暴力方式運作，也就是直接摧毀人類肉體的武力行為，這其中包括軍隊、警察、法庭、監獄等；另一類是意識形態國家機器（The Ideological State Apparatus），主要是指那些軟性、無形而又不易察覺的壓制，比如家庭、教育、教會和大眾媒體等社教化場所（Althusser, 1971）。

在「意識形態與意識形態的國家機器」（*Ideology and Ideological State Apparatuses*）一文中，阿圖塞將意識形態置於現代教育體制中進行討論，他指出，學校作為教育的場域，已不是推進社會改革與進步的力量，而是維護社會既得利益再生產的代理機構。作為意識形態的國家機器，學校成為政治化的重要單位，那些權力擁有者依據自身階級利益，將知識進行分類與規範，並以是否合法制定符合執政者利益的價值體系與教育藍本，使學校成為意識形態的製造工廠（Althusser, 1971）。

在這一情狀下，學生到學校接受教育的過程，便是塑造成為某一意識形態承載者的過程：現代化的學校透過教育體系的建立制定所謂的正確價值導向，也透過課程與教科書對學生施以教育，以此將主流意識形態傳遞出去，培養學生對當下政治合法性的認同，進而影響學生們日常生活世界中的實踐。

阿圖塞對意識形態的劃分，實則呈現了社會秩序的構成條件和統治的一般技術，也由此使意識形態從觀念轉入實踐話語的討論，進而進入社會結構的批判中。借此，阿圖塞宣稱只要有社會存在就有意識形態，因意識形態本就牽涉了思想、信仰與力量，它為人們提供對過去與現在的詮釋，也驅使人們對未來展開願景，進而產生改變環境的力量（Althusser, 1974/1990）。

四、晚清的脈絡：概念─意識形態

十九世紀末二十世紀初的晚清，面對帝國霸權的擴張與欺凌，清政府的政體不再穩固，過去被視為正統的儒家文化也遭西學、東學挑戰。在意識形態的鬆動期，新名詞、新概念建構了一個新的知識場，也開啟了一個文化啟蒙與思想革命的新時代，但我們不能由此判定此時的轉變已上升至新舊意識形態的層面。學者鄭文惠（2013）曾將意識形態的形成視為一個連續運作、不斷累積、轉變的歷程，她將其拆解為概念（concept）到觀念（idea）再到意識形態（ideology）的遞變。鄭文惠指出，晚清的革新是從「新詞新語」與「舊字舊話」的角力開始的，這時「字」的釐清屬於「概念」層面，它僅反映著一種理解世界的思維圖式，呈現的是「經驗事實與價值意義的關聯性」；而「觀念」是在「概念」的累積中發展出個人自我意識與社會價值，晚清報刊中的文人士子論述即佐證了這一看法，如1903年〈教育私議〉中指出：

> 夫社會之必當改良，與今日欲救危亡，當先從改良社會入手。……大凡一種族或一國之人民，與他種族或他國之人民，其優劣不可知，要必有其特異之點。所謂性質，性質者，感之於地理，受之於歷史，本之於風俗，胎之於思想，積數千年來之觀念之習慣，漸漬浸潤於人人之腦中，以養成一種之慣性。〔註1〕

這其中，「觀念」即指源於風俗、醞釀於思想，進而養成的發自內在的覺知與情感。雨塵子在〈近世歐人之三大主義〉一文中也提到「既非同族，則何從而愛之；既無歷史之觀念，則何從而起感情，是中國所以終亡也夫。」〔註2〕這意在說明，「概念」透過個人的運用形成個體觀念，相同的個體觀念不斷凝聚情感、激發認同，進而進入社會價值的面向，達到意識形態化的觀念系統，由此才能支配著社會制度，指導著文化行動。

在這一學術視野下，鄭文惠、邱偉雲（2016）將報刊看作一個巨型文本結構體，提出從概念分群的結構中，以數位技術與統計方法處理語料，再從概念的集群性中探求文本的論述主題模型。這種對報刊裡共現詞彙的考察有助於幫助我們從「量」的趨勢變化中掌握概念運用的頻次，也經由資料整理得以讓概念所觸及的論述系統的各個構面予以呈現。

〔註1〕（清）沼胡，《江蘇（東京）》，1903年，第5期，頁35～43。
〔註2〕（清）雨塵子，〈近世歐人之三大主義〉，《新民叢報》（日本橫濱），1903年3月27日，第28號，頁28。

但對於晚清思想轉型時期湧入的新詞彙，它的意符（signifier）與意指（signified）尚未在社會文化中形成相對穩定的共識，因而以資料探勘的統計方式將概念分群，可能會忽略對概念本身多義性的探問，以此讓概念在使用中，其內在意指（signified）的不斷變化細節隨之劃過；同時，在概念向觀念轉的過程中，概念的型態不僅是文字也可以是圖像（晚清傳入的新畫法），當它們進入到人們的觀念體系裡，所經歷的並不是非此即彼的替換，也不是「概念—觀念」由量變到質變的數量疊積，而是在個人思維中從無到有，新概念與舊觀念間如何互動與融會的有機體關係，易言之，使用概念的行為背後，可能隱藏著不同觀念交鋒後的融合，這使得晚清時期對同一新字彙的運用下，可能潛存著中西有別、個人有別的對於觀念建構的差異。

研究者將「概念」到「意識形態」的運作繪製如圖 2-1 所示，在「Concept-Ideology」的運作中，概念與意識形態是循環往復的概念，即「概念—觀念—意識形態—概念—觀念……」的過程，在每一個階段裡，人們對「概念」與「觀念」間的捕捉未必是不斷趨新，而是新與舊循環往復的有機整合，以此產生適用於自身社會行動的觀念與意識形態。

圖 2-1 「Concept-Ideology」的運作示意圖

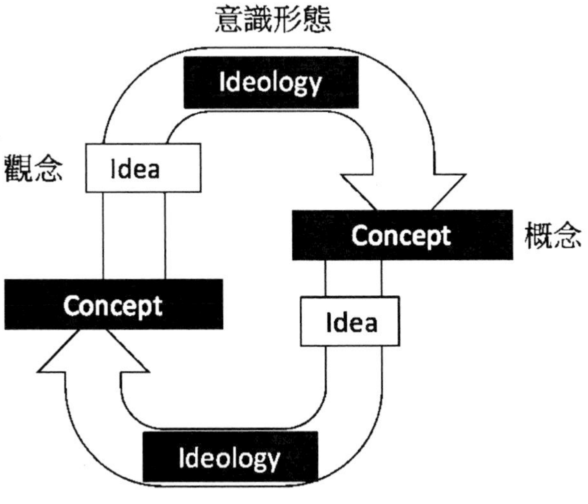

意識形態
Ideology
觀念
Idea
Concept
概念
Concept
Idea
Ideology

資料來源：本研究整理

比如，晚清的教育文本裡，鐵是導熱體，白色反光度強不易吸熱等都屬於物理概念，這些概念經由文本敘事可能形成了有關尋求事物規律的西學教育觀念，而西學被放置在何種角度加以介紹和說明則受制於文本的意識形態影響。因而，若我們從文本分析角度揭示教育觀念與意識形態的互動，就需回到語言的深層結構，從概念運用的脈絡探究文本建構觀念的符號策略，再從觀念被放置的書寫位置，揭示潛藏的意識形態為何。金觀濤與劉青峰指出：

> 要理解意識形態解體後的思想形態，最可行的方法是考察那些組成思想體系的基本要素，即那些經歷了一次又一次意識形態建構和解構、仍然存在而且相對穩定的思想碎片。（金觀濤、劉青峰，2008: 2）

觀念作為人類思想的底層，是在認識世界的長期過程中形成的，這意味著文本意識形態的生成是與既存社會意識形態互動的結果，故此，在進入文本分析之前，我們也需對中國古代教育體系中主流的意識形態加以釐清，以為在文本分析之後，對文本中的意識形態與文本產製的社會意識形態能夠區辨，進而運用批判思維把握超越文本時空的教育內涵。

五、中國古代教育體系中的意識形態

在古代中國的文化體系裡，自漢以來，儒學就是正統思想。在儒學中，「孝」作為基本的道德要素，被視為最高道德——「仁」之「本」，在這一觀念驅動下，封建社會建構了「帝皇專制—父權高壓—儒學體系」為核心的「君—父—聖」的意識形態。其中，「君」為「宰制性政治連結」的最高頂點，「父」為「血緣性自然連結」的最高頂點，「聖」為「人格性道德連結」的最高頂點，這三者構成了「血緣性的縱貫軸」（林安梧，2016）。

與此同時，傳統的宇宙觀也將人類的秩序納入「天命」、「天道」或是「天理」之中。在「天」的統攝之下，自我、社會與宇宙共同構建了一個統一的、有意義的德性世界。這種宇宙認知圖式的世界觀充當了中國古代社會的價值基礎，也構建起一個與天相通的內在超越的心靈秩序（段煉，2015）。

天人、物我、人己三者的統而為一，讓文化比政治具有更為深遠且恆常的向心力。當滿洲貴族的馬蹄入主中原，成為新王朝的統御者，他們也不遺餘力強化「君—父—聖」意識，通過「孝」強化父權，凸顯男性中心的社會日常，並將「三綱五常」作為箝制思想、教化萬民之工具，藉由儒學的表述與政治手段使其合法化、自然化，而「教育」作為執政者利用既有文化有導向地意識形態輸出，是維繫思想穩定、掌控社會秩序的慣用手段。

清朝執政者為使意識形態的控制力量最大化，建立了一套完備的教育體系。在中央的權力機構中，清朝設置禮部，不僅負責國家禮儀的制定與執行，也負責科舉取士，以從中央操控意識形態的方向。禮部之外，又有理藩院、翰林院、詹事府、太常寺、光祿寺等中央國家行政機構配合意識形態的宣傳，在地方的省、府和州縣等地，清政府也設置了相應機構對民眾進行思想控制，如總督、巡撫、知府、縣令等職務都分擔著灌輸官方意識形態之責（白文剛，2008）。

在教育機構上，漢代的學校制度是之後兩千多年中國封建學校制度的基礎。漢朝通過設立「太學」，在太學中授予老師「五經博士」之官職，而將「教育」之權收歸至統治者手中。再通過對師生、教材、教育機構的把控，政府巧妙地掌控了知識的分配與近用，使那些經過官方認定的儒家文化成為科舉應試者必須學習與掌握的知識內容（郭齊家，2011；趙玉岩，2017）。

教育制度和學校制度的結合，以更明確的人才培養目標強化著官方的意識形態之正確。例如，清朝府州縣學、國子監等傳統學校，所教授的知識不僅由官方指定，且多以科舉應試為目的。其中，國子監通過制訂和執行相關學規、傳授欽定教科書等方式向生員灌輸官方意識形態，有時，皇帝也會親臨講學。康熙、雍正年間，曾頒布《上諭十六條》、《聖諭廣訓》等文稿，這些文字訓諭世人守法、重人倫、宣傳以孝治天下的政治思想綱領。國子監、府州縣學等學府不但要求官學生員逢初一、十五宣講、記誦學習，更將《上諭十六條》、《聖諭廣訓》做為例行考試時必須背誦默寫的文稿，如不能順利通過，其科考中獲得的舉人資格便會被剝奪（劉錦藻，2000）。

在封建帝制「君—父—聖」的意識形態中，中國封建社會建構了一套以儒學「仁」、「孝」為核心，以科學制、學校制緊密結合的，為官方輸送做官人才的培養方案，在這套嚴密且封閉的官方教育體系中，師生的揀選、教育內容的設定與編排等皆受到統治者的嚴格限定，學生若想進入中央官學、府學、州縣學等官方教育機構學習，必須通過艱難的考試，只有合格者，才能進入官學的教育體系中受教，那些未經考試或落榜的考生，有很大一部分群體成為民間私學的師資力量。

私學作為民間辦學機構的統稱，雖不受官學體制束縛，卻有著和官方教育體系相同的儒學文化內核。於私學中擔任教師的人，要麼是半工半讀的科舉備考生、要麼是落榜或無意科舉的儒生、或是當地有名望的碩儒，這些人所接受的教育，使他們的知識體系紮根在儒學的價值觀念中，加上私學的課本來源以儒學知識品類最多、內容最為多元，所以前來私學就讀者，無論出於何種讀書目的，所學內容常圍繞愛、敬、忠、順、誠、義等文化觀念。官學與私學在文化觀念上的一致，讓民間私學雖不受政府干預，但官方的政治意識形態卻能透過社會結構進入到私塾、學塾等教與學的現場，透過倫理道德等知識的傳遞，輔助社會思想的安定。

「家」作為民間私學得以發展的基礎單位，其思想召喚力的源泉是「宗族」。宗族興起於三國兩晉南北朝時期，在宋朝時已成為有體系的社會組織，他們通過制定家訓、族規與開展祭祀活動，完成家庭教育中的意識形態灌輸與控制任務。由於宗族的思想核心與「君—父—聖」的封建帝制相吻合，因而，宣揚封建的綱常名教，教育子弟和族眾嚴格按照三綱五常、三從四德的道德規範來進行自我修養，做封建社會的忠臣孝子和貞節烈婦，是宋以後家訓族規的主要內容和指導思想（徐揚傑，1995：390），進一步說，宗族作為「意識形態國家機器」之一，儘管由地方的族長掌權，看似屬於意識形態的私領域部分，不受統治者管控，但宗族領袖不論是獲得過科舉功名之人，還是族內最為富庶、具有權勢的成員，皆屬於封建社會的既得利益群體，為合理、合法化其領導地位，宗族長老們在宣傳和維護官方意識形態上常不遺餘力，由此，教育體系、儒家倫理道德與政治認同在維護封建綱常中形成合謀，成為鞏固主流意識形態的民間基礎。

至此，封建社會建構出一套相對閉合的意識形態教育體系。在這套體系的運作過程中，政府藉由知識的分配與近用，給出事物評判的標準，並以科舉制規範答案，形塑應試者的人生觀、價值觀，進而把控知識群體的觀念走向，與此同時，統治者也將儒家的孝德教育理論融入到日常生活的實踐，以規範無心科舉的下層民眾與兒童，統治者通過推行「仁」、「孝」的政策並親身示範，在民眾間製造一種意識傾向，促使人們以官方所需的方式去行動和思考。

這種統治階級可以不直接依靠暴力來穩固統治地位的能力，被葛蘭西（Antonio Gramsci, 1891～1937）稱為文化霸權。文化霸權（cultural hegemony）最初是為解釋馬克思理論在現實發展中所遇到的困境，按照馬克思的預測：當工人階級在資本主義的剝削中覺醒，並在數量上較其僱主佔有絕對優勢時，工人階級革命將會發生，但讓葛蘭西疑惑的是，革命條件充足的西歐並沒有獲得成功。葛蘭西經歷了法西斯墨索里尼（Mussolini）迫害與鎮壓，並從遭受武力鎮壓的工人、農民階級逐步接受、支持專制統治的過程中，意識到意識形態在社會中的作用，於獄中提出文化霸權概念（Entwistle, 1979）。

葛蘭西（Gramsci, 1971）從常識（common sense）與意識形態的區辨中理解文化霸權，他將兩者都視作世界觀，所不同的是：「常識」是歷史不斷發展的過程中人們對現存社會的普遍認識，它是不加批判的世界觀，由於常識與生活有著緊密結合，因而在不同階層和不同時代下生活的人們所形成的常識是有所差別的；「意識形態」也是一種世界觀，但它比「常識」具有更高的抽象層次，也具有不同階層間的一致性，它是更恆常的、更有社會統一的精神力量。

葛蘭西將「常識」特別標示出來，意在喚起人們對既存文化與社會秩序的反思，他希望調動知識分子在政治和道德上的宣傳和教育力量，能夠把科學批判思維引入到大眾的日常生活，讓固著在世界觀中的常識和意識形態有一個鬆動、可以討論的空間，以防人們陷入政府意識形態操弄的圈套。

葛蘭西的「霸權」（hegemony）與阿圖塞的「國家機器」從解套與制套兩個方向對國家權力的形成做出概述，相比阿圖塞，葛蘭西更強調意識形態與文化資本的動態運作過程（Gramsci, 1971）。也就是說，儘管某一團體在一定時期內，相對於其他團體具有在國家或文化上的優勢與統治地位，但並不能否定其他意識形態的存在，所不同者，前者是要維持既存的秩序，後者則要打破舊秩序而代之以新的秩序。在封建社會的教育體系裡，主流意識形態是由官方欽定的儒學知識生產與傳承，其他非官方的意識形態只能在這種傳承的夾縫中艱難地展開。由於知識、學校與為官的緊密結合，使儒學的繼承性活動不斷豐富，如前述《隋書・經籍志》的記載，傳、故、箋、註等著作體例在唐代以前都已齊備並少有更改，即已說明這一特性。

運用葛蘭西的觀點，儒學作為教育上文化霸權的體現，已經在與封建政體並行不悖的千年運作間，形成了意識形態化了的「常識」，中國的選官制度與教育制度——科舉制，以外在激勵的方式，強化著人們的思想，甚至主導知識的傾向性。

但阿圖塞在分析意識形態時也指出，統治階級的意識形態佔統治地位，並非是無條件的。一種意識形態能夠穩定地居於統治地位，根源並不在於它是否有統治階級竭盡全力地維護，而在於它能否真正為大眾所認可，從而具有強大的社會整合力量（Althusser, 1974）。易言之，當社會制度符合封建社會發展時，它使地方仕紳與統治階層合謀，由此建立了以中央禮部與地方各級衙門為主，教育、學校、宗族為輔的意識形態網絡。

在「政教合一」的教育體系中，主流的儒學意識形態得以貫徹實施，並有效地發揮箝制思想、教化萬民的功用。「兒童」作為被教育的對象，在統治者給定的科考書目中不斷被「召喚」（hail）與「質問」（interpellate）（Althusser, 1971: 174），以使自己符合「學而優則仕」的社會期待，他們依據古籍、蒙學讀物中的論述，反省、設想並表現出符合「女慕貞潔，男效才良」的行為舉止，在「孝悌之道」、「三綱五常」的倫理框架下，無條件的服從、服務於成人，滿足成人的意志需求，在這基礎上，即便是私人開辦的書院、私塾、學塾，也難逃政治意識形態的控制和干預（陳伯璋，1988；陳文團，1999）。

但從意識形態的構成來說，它所反映的社會現實又常是繁複的，整個社會結構、階級與社群利益以至於個人的特殊社會地位都可以是意識形態的現實來源（白文剛，2008），這表明意識形態具有多元和流動的特性。在清朝初建之時，面對思想異動分子，清政府通過大興文字獄而肅清思想，規範官方意識形態並使其成為社會主流，與此相反，當社會面臨挑戰或發生劇烈動盪時，官方的思想文化控制力會減弱，統治階級的意識形態能否佔到主導地位，則關鍵在於其意識形態能否及時調整，能否有效地整合變動的社會階級，為社會發展提供希望。

明清時期，教育制度的弊病逐漸顯露：以科舉為歸依的學校制度，使教育充滿了功利性，大量的落榜生因只關注書本，農工商等知識皆無，成為百無一用之人。這些制度上的弊病，因無法滿足社會進步所需，而誘發有識之士對教育體制進行反思，提出改良教育的觀念。最初，這些主張經由書籍、奏章表述出來，其傳播範圍僅限朝堂，甲午戰爭後，國人辦報漸成風潮，教育改革的主張不再是朝廷要員的議題，也成為報章雜誌建構的新論域，而在存亡絕續中誕生的兒童刊物，在萬國的格局中形成了其自身發展的脈絡。

第二節　承載意識形態的媒介

Medium 一詞源於拉丁語 medius，本指「中介機構」、「中間物」，但這種說法現在已捨棄不用，原因在於語言、書寫、演說或表演都已被視為一種實踐（primary practice）（Williams, 1976: 203），這一認識的加深表明媒介在傳播系統中不僅是工具、是訊息載體，更是文化形塑的基礎。媒介不僅決定了傳播的形態（訊息承載、傳遞能量的大小，傳播活動的流程），也影響著社會行為的模式。「學富五車」最初指戰國時期以手抄方式用竹簡貯存訊息、獲取知識時，能在閱讀量上累積「五車」就已是學識淵博之人，但這個數字換算到今日，只是一個二十寸的行李箱都塞不滿的幾十本書，其知識量可能連基礎教育的水平都達不到，媒介印刷技術的變遷對於知識生產的影響可見一斑。

中國古代教育體系裡，媒介在文化中的實踐受主流意識形態的控制。秦始皇以「書同文」政策建立書寫標準，以此實現政令的上通下達和疆土的鞏固與統一；西漢董仲舒將儒學典籍注入教育，並和做官結合以籠絡新興的「士」階層，使馴化優良的儒學子弟有機會進入政治體系中任職，從而為統治階級服務；同時，封建統治者也通過焚書、搜書等方式進行思想檢查，並透過控制書籍的保存與流通等方式，不斷強化儒學的正統地位。清朝時，儒學經義、執政者頒布的《上諭十六條》、《聖諭廣訓》等文稿，皆是科舉應試者備考的重要內容。

十九世紀二十世紀初，隨著石印機與鉛字機的引入，晚清紙質媒介的印刷速度、印刷量大幅攀升，戈公振曾言「咸同間，始多鉛印，但印機甚陋，每小時只印一二百小紙；光宣年間，石印機與鉛印機輸入日多，報紙每日可出數千大張」（戈公振，1955: 357），加上蒸氣機、郵局等運輸系統的設立，使訊息傳遞的速度、影響的範圍遠勝從前。

在這一媒介技術支持下，於甲午戰敗後掀起的國人辦報高潮，讓執政者在意識形態中的絕對領導地位受到挑戰，面對歐美殖民侵略的加深，局勢危殆中尋求民族出路的文人士子，將目光轉入到兒童身上，以此，承載著國人轉型思想的兒童刊物應運而生。但此時，兒童刊物發展的境脈已不再是相對封閉的儒學知識體系，面對歐美、日本幼兒教育觀念和西學知識的湧入，晚清兒童刊物也需在國際局勢中明辨自身。

整體觀之，十七、十八世紀的歐洲和十九、二十世紀的亞洲都處在兒童刊物形態未定的探索期，此間出現的兒童刊物，也由此承載不同社會文化的意識形態。作為兒童刊物的首發地，歐美早在十六世紀，就根據閱讀能力的差異，將「兒童」從成人的閱讀群體中區隔出來（Postman, 1982/1994），在印刷文化的發展中，法國神職人員編寫的《堂區學校》*L'Escole paroissiale*（1654）一書，是較早的歐洲兒童教材；學校之外，英國也有清教徒率先以兒童為對象，進行的文學創作（Becchi and Julia, 1998／申華明譯，2016）。

這些從宗教而來的兒童印刷文化探索都為啟蒙運動時期，兒童刊物的發行奠定了基礎。被譽為英國「兒童文學之父」的紐伯瑞（John Newbery, 1713～

1767）和德國啟蒙運動領袖之一、兒童文學奠基人威斯（Christian Felix Weisse, 1726～1804）都是早期的代表人物，而他們創辦的《小人國》*Lilliputian*（1751～1752）、《小孩之友》*Der Kinderfreund*（1775～1782）皆以上流社會的兒童為讀者，因為在十八世紀的歐洲，只有社經地位高的家庭才不需要孩子工作，家長才能供養孩子接受教育並從事休閒活動。也由於雜誌在文類特性上與傳統教科書尚未做出區分，其表現形式和內容仍與書籍相似：以文字為主，內容既教授知識也用來培養品德。所不同的是，為了獲得經濟效益，兒童雜誌已開始關注受眾的特質和需求。

進入十九世紀，歐洲兒童雜誌已將閱報群體進行階級與性別上的細分，如，中產階級的女性兒童雜誌《年輕女性雜誌：關於神學、歷史、哲學和其他知識》*Young Ladies' Magazine of Theology, History, Philosophy,and General Knowledge*（1838）、《茱蒂阿姨雜誌》*Aunt Judy's Magazine*（1866～1873）、《高等聖公會月刊》*High Anglican Monthly Packet of Evening Readings for Younger Members of the Church of England*（1851～1898）；中產階級的男性兒童雜誌《男孩週報》*The Boy's Own Paper*（1879～1967）等。

與此同時，新興的美國為增進認同，在兒童雜誌的創辦中走向了多元且具地域特色的路徑，像是兼具美國地理風貌和道德、體能教育的《帕利雜誌》*Parley's Magazine*（1833～1844）、刊登連載小說、戶外運動、打獵、傳記及大自然報導的《金色阿戈西》*The Golden Argosy*（1882～1888）、美國反奴隸制協會（American Anti-Slavery Society，簡稱 AASS）為兒童創辦的反奴隸制雜誌《奴隸之友》*The Slave's Friend*（1836～1838）、由美國禁酒協會（American Temperance Union）發行，用漫畫、歌曲與詩歌等形式引導青年人遠離酗酒，並指出飲酒危害的青年兒童刊物《青年的節制倡導者》*Youth's Temperance Advocate*（1839～1860）等（鄭雪玫，1989）。

歐美兒童雜誌在相對和平、穩定的政治、文化環境中醞釀與發展，在宗教的奠基下，與兒童文學緊密互動中，歐美兒童雜誌成為啟蒙運動精神的一種實踐，「兒童」作為與成人有別的個體被討論，歐洲教育家，如盧梭（Jean-Jacques Rousseau, 1712～1778）〔註3〕、斐斯塔洛齊（Johann Heinrich Pestalozzi, 1746

〔註 3〕盧梭是十八世紀法國啟蒙運動的領袖之一，在其著作《愛彌爾》*Émile:ou de l'éducation* 一書中，他以「瞭解兒童」為口號，呼籲社會重視「兒童」的個人人格發展，主張以自然引導的方式教育、認識「兒童」。有關其主張可以參見魏肇基譯《愛彌爾》（台北：台灣商務，2013）。

～1827）〔註 4〕、福祿貝爾（Friedrich Wilhelm August Fröbel, 1782～1852）〔註 5〕正是在這樣的文化氛圍下提出近代教育主張。

相對歐美，日本與中國的兒童雜誌則誕生在「富國強兵」的政治訴求中。十九世紀末，歐美在亞非拉等地進行殖民擴張，透過傳教士，他們將先進的印刷機、科學知識帶入到了被侵略的國家，在文化輸出的過程中，報章雜誌漸成改革教育、傳遞新觀念的一環。

1890 年（明治 23）日本發佈天皇的教育敕語，確立了以「仁義忠孝」的價值觀念與教育方針，教育制度也在科目與教材編排中形成相對穩定的系統。伴隨學校制度建立，兒童的時間逐漸被分為「課內」與「課外」，為提升兒童識字率同時滿足社會奮鬥向上的求知熱潮，兒童雜誌為學生開闢了課外生活的新領地（柄谷行人，1980 / 趙京華譯，2006）。

日本兒童雜誌的發展建基在「教育興國」的時代需求下，投身教育出版業的人多擁有教育相關經歷，面向的對象也是學校里的兒童，比如山縣悌三郎創辦的《少年園》（1888～1895），便以高等小學生及尋常中學生為擬想讀者，雜誌的創辦人認為，教育體系應由學校、家庭、社會、書籍構成，雜誌是學校教育的補充，起著「間接教育」的功能（朱自強，2015）。

晚清兒童報章雜誌的誕生晚於日本，儘管鴉片戰爭前後，已經有外洋報刊進入有識之士的視野，但「兒童」並沒有引起改革弊政的官紳士大夫們注意，直至戊戌變法、庚子義和拳匪之亂前後，面對民族危急存亡的時局，「兒童」在強國強種下被召喚出來。梅家玲（2001）在爬梳中國近代新式教育的歷程中揭示：晚清呈現出一種「本末倒置」的教育進程，因其改革最初著眼的是器用技術方面的革新，設置語言學堂是教育改革的發端，接下來洋務運動陸續興辦了軍事學堂、實業學堂、大學學堂，最後才是初等教育、中等教育，童蒙教育

〔註 4〕斐斯塔洛齊是十九世紀承繼盧梭教育思想的教育家，他在民族主義興起之際，將公民訓練的教育核心議題與盧梭的教育思想相結合，並將偏鄉視為兒童教育的實驗場，提出國民教育觀念與循序漸進的教學主張，有關討論可參見 Elliott, P., & Daniels, S. (2006). *Pestalozzi, Fellenberg and British nineteenth-century geographical education*, Journal of Historical Geography, 32(4), 752～774.

〔註 5〕福祿貝爾綜合前人與自身的兒童教育經驗，認為教育也可以像其他自然科學一樣，經由日常生活的參與、累積經驗，從而引導出理論或思想的認識，就像礦物結晶學原理一樣，教育深藏規律性，「兒童」通過有系統的活動，經由「內」、「外」合一的歷程便可完成「人」的教育工作。有關其思想的具體內容可參見李中文譯《人的教育：教育、教學和教導的技藝》（台北：暖暖書屋，2019）。

反而最晚，與此同時，晚清不像歐美和日本，先由政府頒布規章、政策制度，自上而下地推動，而是先由各地方、各部門甚至民間自發進行，經過了近四十年，才由國家頒布統一的學制和課程。

這一近代教育建置的倒敘脈絡潛藏著晚清兒童報章雜誌的被動與主動。一方面，晚清兒童報章雜誌是被強國強種的民族救亡運動而推上了時代的風口浪尖，其背後承載著社會意識形態鬆動下的動盪不定與不安；另一方面，兒童報章雜誌作為先於政府出現，對「兒童」、「教育」進行建構的媒介，又搭建著民間文人士子企圖打破傳統知識的權威，積極重塑兒童所學、所知、所用的改革思維，誠如阿圖塞強調的知識無法不辯自明，只有當知識有助於社會發展時，因其合目的性，它才可以被視為「正確」的（Althusser, 1971）。晚清兒童報章雜誌主動創造出的討論空間，既是教育觀念的重塑，也是對千百年來古今中外教育內涵的重新審視與自查。

綜觀近代兒童刊物在歐美、日本與中國各自衍生的脈絡，它們都先後經歷了一個制度、生活、技術、文化的轉型，特別是日本與中國，在捲入被殖民的浪潮裡，固有的、傳統的歷史進程被扭斷，被迫進入一個新的發展方向，而此時出現的媒介，在人們的運用下改變了以往認識世界的方式，報章雜誌中的新觀念、新知識湧入人們的日常生活，在媒介建構的「擬態環境」（pseudo-environment）裡，人們的認知視野逐步擴大，而閱讀者，也不再滿足於目所能及的客觀環境，而是期望借助擬態的訊息環境，把握更廣闊的身外世界（the world outside），在這樣的時代共振中，近代幼兒教育成為社會思想轉型的縮影，在多元意識形態的影響下，教育觀念在各國之間成為一個相互作用、似是而非且不統一的統一體（unity）（Lippman, 1922／閻克文、江紅譯，2006）。

如今，晚清交錯複雜的近代學制建立，已隨著政治意識形態的再度穩固而封存在歷史兒童刊物的圖文符號裡，若想揭開特定文本中意義世界，我們還需借助文本分析的工具，用以細敘從頭。

第三章　圖像符號學的文本分析與應用

第一節　結構主義符號學的源流與基本概念

早在公元前一千年，哲學思想家就已經運用符號形成了把握自然、社會及歷史的系統理論，並使之凝聚在一套獨特的思想話語之中，但那時對符號的定義傾向於記號（sign），與之相關的討論也常被混入到邏輯學、修辭學的領域中。二十世紀初，歐美哲學從「認識論」轉向了現代的「語言轉向」（linguistic turn）（懷宇，2016），這使人們從對世界本質的探尋，轉而思考我們如何知道世界的本質，此時，語言作為表述我們所知曉的世界之媒介，受到各學門的注意，瑞士語言學家索緒爾（Ferdinand de Saussure, 1857～1913）便是開啟這一轉折的巨擘。

索緒爾將以往廣義的記號（sign）帶入語言學中，並在完形主義（Gestaltenheit）影響下，主張從語言的結構、系統及功能等對語言學展開研究〔註 1〕。透過對語言系統（language）的分析，索緒爾強調客體是由它們之間的關係確定的，而不是由某種本質確定的，以此揭示符號是由什麼構成的，受什麼規律支配，他將這門由語言學發展出來的新學科命名為符號學

〔註 1〕完形主義又稱格式塔，它起源於德國心理學，這一派別主張：在研究時，應將研究的對象視為一個「有機的整體」，並可進一步拆散為部分或感覺的內容，而不是由基本的、零散的、不可還原的印象所構成。索緒爾在提出語言系統的劃分之前，語言學發展已陷入困境：當時的語言學家多採用實證主義觀點，主張從心理方面去研究個人言語中的各種事實，以此使人感覺語言學的對象是一些彼此毫無關聯的東西。為了解決這個問題，索緒爾吸收了格式塔的觀點，將其用於解決語言學問題，從而提出了一種系統的或結構的研究視角，強調語言諸元素的整體關聯，把語言也視為一個完形，進行語言與言語的劃分。

（semiology）。1913 年，當索緒爾的學生巴利（Charles Bally, 1865～1947）與賽海（Albert Sechehaye, 1870～1946）根據課堂筆記編寫成《普通語言學教程》*Course in General Linguistics* 一書時，大西洋彼岸的美國實用主義哲學家皮爾斯（Charles Sanders Peirce, 1839～1914）從邏輯學出發，也提出了與 Semiology 相似的 Semiotics 概念，以為新學科描繪藍圖（孫秀蕙、陳儀芬，2011/2017）。

儘管他們提出符號學的文化背景與學術脈絡不盡相同，但兩位符號學先驅卻都指出語言之於符號系統的特殊性，如同利科（Ricoeur, 1975/1978）所說，語言在索緒爾和皮爾斯看來都是眾多符號系統中的一種，但因語言是表達系統中最具複雜性和普遍性，同時也是最具特色的，所以，語言學也是最高級的符號學科學，也就是，其他符號系統雖有其特性，但也都會以某種方式歸結於語言。

二十世紀下半葉，索緒爾的符號學觀點已與現象學、詮釋學、分析哲學等學術思想相結合，成為理解人類自身的工具（Culler, 1986／張景智譯，1992）。與此同時，在索緒爾「意符」（signifier，或譯能指、符號具、符徵）、「意指」（signified，或譯所指、符號義、符指）〔註 2〕、任意性（arbitrary）、相對穩定性（immutability）〔註 3〕等概念啟發下，結構主義（structuralism）思潮興起，繼而提出一種研究取徑上的新思維，也是看待世界的新方式，後世將持有這一

〔註 2〕索緒爾認為，語言由符號組成，符號由「意符」（signifier，或譯能指、符號具、符徵）和「意指」（signified，或譯所指、符號義、符指）構成。「意符」是符號的外在、具體形象（image），「意指」則是一種抽象的心理概念（concept）。以一棵樹為例，它的「意符」是某一音響形象，如漢語的 shu、英語的 tree、法語的 arbre 等，「意指」則是大地上生長著的那些實際樹木的心理形象，此部分概念可參見孫秀蕙、陳儀芬《結構符號學與傳播文本：理論與研究實例》，（新北：正中書局，2011），頁 18；張景智譯《索緒爾》，（臺北市：桂冠，1992）。

〔註 3〕索緒爾在「意符」與「意指」的概念基礎上也強調「意符」與「意指」的聯結不是自然的，而是武斷且不可論證的，具有任意性（arbitrary）。比如，我們用「child」這個「意符」來指稱那些有別於成人、發育尚未成熟的群體，但這並不意味著這一字彙比其他字彙更適合表達我們心裡的「兒童」概念。如果社群的同儕同意，lover、kind、funny 或任意詞彙都具有同樣的作用。但之所以我們能夠聽到 child 便想到兒童，則是因為，在每一範疇中，意符與意指具有變化中的暫時穩定性，使各範疇間的詞彙轉譯成為可能。符號所具有的任意性和穩定性，決定了為什麼語言是最複雜、最廣泛、最富有特點的表達系統，也正是在這個意義上，語言學被索緒爾視為特殊的系統，可以成為整個符號學中的典範。此部分概念同樣可參見孫秀蕙、陳儀芬《結構符號學與傳播文本：理論與研究實例》，（新北：正中書局。2011）；張景智譯《索緒爾》，（臺北市：桂冠，1992）。

派的學者們歸到結構主義符號學的麾下，他們認為，世界並不是由獨立存在的、可被覺察的客體組成，因為任何感知方式都包含著一種固有偏見以影響我們的認知。

這一思考的轉型，使研究者的關注點從客體轉入對關係的研究，亦即對表意過程（signification）的探求。由於人用語言、文字、符號來表達所感知的世界，因此結構主義符號學探討的是符號間的相互關係，關心的重點是人所建構的世界觀，而非真實的世界本身。俄國語言結構學家雅各布森（Roman Jakobson, 1896～1892）、人類學家李維史陀（Claude Lévi-Strauss, 1908～2009）、法國文學批評家與符號學家羅蘭．巴特（Roland Barthes, 1915～1980）等皆是這一學派的貢獻者。

結構主義符號學認為結構的組成部分受一套內在規律的支配，這套規律決定著結構的性質和結構各個部分的性質。因而，他們將尋找文本內的深層結構視為終極目標。在他們來看，結構並非靜態，因支配結構的規律是活動著的，就如一個語言系統下地方方言的差異一般，語言作為人的基本結構，在使用中不僅受限於特定的語言系統，同時也會以在地化形式進行再整理與加工，以此形成新話語，並將這些話語帶入到特定的結構。

不僅如此，結構也是自我調節的，但這種調節是為建立內在規律，將與之無關的排除後建立一個相對封閉的系統，就像是「自行車」、「法蘭西」、「美利堅」等名詞，在進入晚清社會前就以客體形式存在，但直至這些詞彙進入晚清，它們才在中國的語言系統中取得作為名詞的內在結構地位。這也就是說，語言不是通過參照現實的模式來構詞，而是根據自己內部的自足的規則來構詞，即便是新名詞、新術語，它們的功能也不是源自它們作為客體的現實地位，而是人們賦予了它們作為名詞的意義與價值。

故此，結構主義符號學者提出用「構連」（articulation）的概念探求意符、意指間是如何建立關係的，這裡的構連在索緒爾看來具有雙重性，因其應用到言語中，既是說出來的語詞鏈，也是被區分為有意義單元的意義鏈，在這樣的觀念下，尋找文本中的最小單位成為揭示符號運作規律、探求結構本質的重要分析步驟。

最小單位的找尋與文本特性息息相關：在語言學分析中是音素（phoneme），在文字的使用與表達上則為詞素(morpheme)，在敘事結構上則是敘事單位（narrateme），這些最小單位通過分節的運作不僅規定了意符、意指間的秩序化方式，也給出一個意義域的基本構成形式以影響表意結構，建構意義。比如二進制的 0 與 1 運算法則，不僅決定了電腦程式語言，也決定了計算機網絡呈現出的虛擬世界和我們與之溝通的方式；在文化層面上，漢語拼音／bō／與台灣注音ㄅㄛˋ雖在發音上相同，但由於它們處在不同的基本單位系統裡，以致影響著人們與人互動交流的模式與看待事物的思維。

正是結構主義符號學意識到尋找最小單位與分節的重要，所以他們強調從具體的符號現象入手，從微觀的分析中揭示符號的構成要素以及它們所顯示的意涵，而這一有待被分析的符號集成，即為文本。

第二節　文本中的圖與文

「文本」（text），原義是「編織品」（something woven），在巴特前，它專指文學中的文字文本，此時的「文本」有個空間和語義的邊框，像標題、序言、出版資訊、註解等都不是早期「文本」的研究範疇（Lotman, 1977），巴特在《從作品到文本》*From work to text* 中提出圖像之中、之下、周圍也總有文本，以此使「文本」研究的視野拓展至人所賴以生活的符號世界。

俄國結構主義符號學者洛特曼（Juri Lotman, 1922～1993）對文本的關注從文學到文化，他提出文化文本（cultural text）的概念，將文本視為文化的基本單位，於洛特曼而言，每個文本都是「積分符號」（integral sign），是完整意義和功能的攜帶者，其個體本身就能形成信息生成、傳遞與記憶的鏈條，所以文本與文本的交互影響、持續發展即是整個文化史（Lotman, 1977），俄國文學理論批評家巴赫金（Mikhail Bakhtin, 1895～1975）贊同洛特曼對文本與文化關係做出的解讀，但他更強調將文本視為思維和經驗的現實，認為透過文本，我們能從圍繞文本的文化中找尋一系列固有結構，從而去理解文學對話的深意（Todorov, 1981: 17）。

洛特曼與巴赫金從文本的構成和本質的討論中揭示文本之於文化、思想的深遠作用力，而物質載體（文字、圖像、語言等），經由媒介（medium）的保存成為後人得以回觀與檢視的路徑。

本論所指的「文本」──《啟蒙畫報》，是以雜誌為體裁，以圖、文形式呈現的一個符號集合，它指向著媒介與文化、社會共生的互動關係，圖像與文字作為文本建構觀念的兩種語言，也是兩個符號系統，各有其不同的符號特質。

從文字系統來看，巴特將謄稿（轉錄稿）與文學創作作為口語與書寫的代表進行比對，他認為書寫所展示的是一種精心修飾的新的想像，它代表著一種相當篤定的姿態，為了輸出觀點，書寫者必須對無名的讀者進行有策略的宣言以擺明自己的立場或進行觀念性的論辯。

圖像作為符號架構裡的另一個常數，與文字爭奪文本主導位置的鬥爭可謂漫長。圖像在中國古已有之，但卻沒有發展成一種大規模的傳播方式，因繪畫曾一度被視為一種意境的追求與身份的象徵，對底層的民眾來說，圖像僅是庇佑、警示與教化作用的體現，威廉姆也直指，Image 一詞在十三世紀時指的僅是人像或肖像（Williams, 1983）。及至啟蒙運動時，人們對 Image 的認知仍是一種再現，是理解現實的、完美的、透明的媒介。

但對現代批評家來說，圖像的本質與語言一樣，都被視為需要解釋的謎團。貢布里希（Gombrich, 1982/1994）從語言角度質疑圖像的真實，他認為不存在沒有目的的視覺，天真的視覺是盲目的。米契爾（Mitchell, 1980）也將圖像視為語言，他認為在圖像自然、透明的外表下，實則掩蓋著一個不透明的、扭曲的和任意的再現機制，也就是意識形態神秘化的一個過程。

Image 一詞的含義在歐洲有三層意涵，這三層意涵也分別對應著我們對圖像、意象與形象的解釋。早在古希臘時，由於那時哲學家都以「看」的方式思考世界，因而他們將人眼看過去產生的視覺影像視為客觀物體的真實映像（圖像），與此同時，他們也意識到這種呈現是在人的感知中產生的（意象），也會經由主客體互動，以藝術形式呈現出來（形象）。這種對 Image 的解讀也沿襲到了歐洲，學者張法曾以德國為例說明這一語意的承繼：

> Image 在法語中的拼法不變，其詞義仍在（古希臘）的三個義項之內。……在德語中，bild 的基本義項還是這三項：（1）人、物、事的外貌、樣子、景象；（2）心理中的關於人、物、事的想像、情景、印象；（3）通過藝術或技術對人、物、事的描繪而來的油畫、素描、印刷、塑像以及影視影像。（張法，2000: 17）

對 Image 的細分，啟發我們在看待文本中的圖時，應從更本質的視角思考客觀圖像背後所呈現的心理意象，及其經由技術媒介而組成的形象。「形象」作為符號頻繁運作的結果，實則折射的是觀念或意識形態的建構過程，所以今日作為「形象」的 image 也常被解釋為「可感知的名聲」（perceived reputation），例如，商業中的「品牌形象」（brand image）或政治家選舉中的「形象」（image），在文學及繪畫中，「形象」（image）因極具辨識，也被視為電影分析的基本構成單位（Williams, 1983: 270），對「形象」一詞的技術性應用，彰顯出「形象」在符號化運作中隱性、不易察覺的特質。

從圖、文的性質上看，二者是分屬於不同表意系統，有著各自不同的類型、表現與描繪方式，「圖」通過捕捉人、事、物來偽裝成自然的直覺和在場；「文」則透過任意的能指將觀念與立場策略性地傳達。值得一提的是，不同文化時空背景下，符號系統都有其因時因地的產製脈絡，這使得我們對文本所建立的分析模式，需要考量到文本生成的傳播情境，並依照文本特性打造文本分析的工具箱。

第三節 《啟蒙畫報》的文本特性

畫報承載了各種不同的訊息，這些訊息依據欄位的不同，傳達的內容也有所差異。俄國語言結構學家雅各布森（Jakobson, 1896～1982）將索緒爾的語言學核心概念與結構分析運用到文學與藝術作品的研究中，在探討語言的使用及其效用的過程中，他建議在處理文本時，應從口語傳播（verbal communication）中，釐清傳播要素與語言功能層面的關係。由此，雅各布森在口語傳播模型（verbal communication model）中歸納傳播構成的六要素，這六要素作為一種分析工具，不僅適用於口語傳播，也有助於符號學研究領域的學者在面對不同特性文本時，有效確認目標文本的特質與可深入的研究方向（孫秀蕙，陳儀芬，2011），其六項元素如圖 3-1 所示：

圖 3-1 雅各布森傳播構成六要素

	CONTEXT 時空環境 MESSAGE 訊息文本	
ADDRESSER 發話者	————————	ADDRESSEE 受話者
	CONTACT 媒介 CODE 符碼	

資料來源：*Word and Language* (p.153), by Jakobson, 1971, Paris: The Hague.

在這六項元素中，雅各布森認為不同的訊息會呈現諸多效用不同的次序分配（a different hierarchical order of functions），亦即，訊息會特別強調某一特定效用，每一元素與其對應的傳播功能如圖 3-2 所示：

圖 3-2　雅各布森口語傳播模型中六要素之效用

REFERENTIAL　指示的

POETIC　詩學的

EMOTIVE　情緒的 ―――――――――― CONATIVE　意圖

PHATIC　交流的

METALINGUAL　形上語言的

資料來源：*Word and Language* (p.357), by Jakobson, 1971, Paris: The Hague.

綜合圖 3-1 與圖 3-2 的內容可得知，發話者發揮情緒功能，傳達發話人的態度、語氣等訊息；受話者則發揮意圖功能，從發話者所傳達的語彙、圖像等理解訊息內容；時空環境的指示功能則在強調訊息指涉的外在環境；訊息文本則帶有詩學功能。「詩學」（poetics）一詞常用於文學研究，是語言藝術的一種體現，但在雅各布森看來，詩學不僅屬於語言學，也應是符號學的一部分，因為語言作為人類文明中最重要的符號系統之一，它與其他符號系統仍有許多相通之處（Jakobson, 1971），而詩學效用（poetic function）指的則是在索緒爾提出的系譜軸到毗鄰軸上的一條拋物線，亦即，訊息文本的詩學功能所指涉的是在遣詞造句進行序列組合過程中，訊息的選擇機制；而媒介要素，所扮演的是交流功能，強調發話者與受話者間溝通的管道（channel）；符碼的形上語言功能則是指包裹在溝通過程中或經由符碼組合傳遞出來的某些概念或觀念。

雅各布森認為，這六大功能並非互斥，但因文本特性不同，每個訊息著重的功能與比重也將有所差異，現以六項傳播構成要素檢視《啟蒙畫報》文本，如圖 3-3 所示：

圖 3-3　《啟蒙畫報》的傳播構成六要素

1.情境：社會面臨亡國滅種之危機；科舉制待廢、新學制未落實

3.發話者：以彭翼仲為代表的編輯群 ―――――――――― 4.接收者：識字的中國人

2.訊息：與兒童、啟蒙、教育相關的內容

5.媒介：平面印刷（除封面部分著紅色，大部分內容均為黑白，文字鉛印，圖為木版印刷，四眼線裝裝幀）

6.符碼：文字（白話文）、圖像（雕版木刻到機器鉛印）

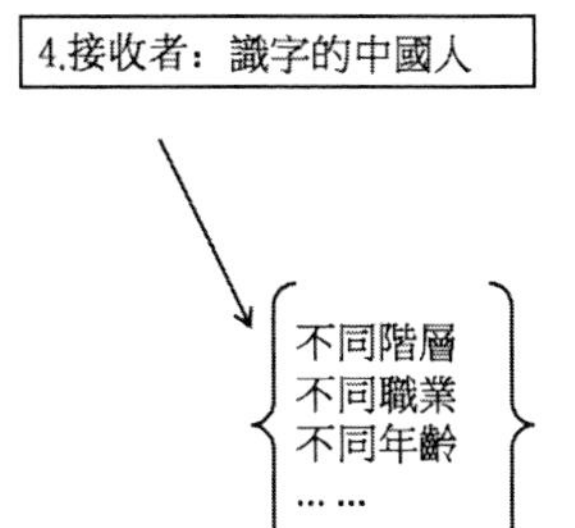

資料來源：本研究整理

上圖 3-3 呈現的《啟蒙畫報》六要素裡，發話者是以彭翼仲為代表的編輯群，新政時期，民間辦報獲得了清政府的支持，由於報刊仍屬方興未艾的新事業，行業內的管控較少，報刊的編輯具有更多自主權。畫報的封面、目次、欄目內容等都是在無需政府刊前審查下順利刊印而成，這使得《啟蒙畫報》的文本更為集中地反映編者的教育觀念。

在編者群體裡，彭翼仲與堂弟彭谷孫〔註 4〕、其妹婿杭辛齋應是參與內文編寫的主要撰稿人，彭谷孫在畫報創辦的前期有大量撰稿，且提供經濟支持，杭辛齋隨後加入（姜緯堂、彭望寧、彭望克，1996）。

在畫報的受話者方面，雖彭翼仲在自傳中強調以十歲左右的童蒙為閱報對象，但在報刊發行過程中，凡具識字能力且有經濟能力購買者都可成為閱報群體，所以所有識字的中國人都可說是畫報的潛在讀者。

文化情境上值得關注的是，畫報發刊之時北京剛遭逢庚子拳匪之亂（1899 年 11 月 2 日～1901 年 9 月 7 日）的餘溫還未消散，在內憂外患時局下，《啟蒙畫報》在壬寅學制到癸卯學制未予落實的徘徊期間創刊與發行，這為我們探尋蒙學由私入公提供了官方之外的一個文本視窗。

訊息方面，創辦人最初擬定的閱報對象是兒童，相關幼兒教育是報刊的內容基礎，也由於社會思想轉型的情境，畫報觸及的內容也會與更廣義的啟「蒙」議題相關。

媒介形式上，《啟蒙畫報》的印刷文本是《京話日報》（1904～1906）版式與規格的基礎，後因《京話日報》成為北京第一個銷售過萬的報紙，也是北京銷路最大、影響最廣、聲譽最隆的報紙（英斂之，1907），而使彭翼仲在辦報中摸索出的篇幅、格式與印刷秩序等，成為之後北方報刊的標準而不敢稍有更張（丁守和，1999）。特別的是，《啟蒙畫報》也以「書」的思維進行排版，讓讀者累積到一定張數即可以用線裝形式編訂成冊，從《啟蒙畫報》「冊」的命名方式即可看出畫報在創立之初「書」的編定思維，這使得文本在媒介特性上也具有介於書籍和報刊間的過渡特性。

最後，從符碼的形上看，《啟蒙畫報》為降低閱讀門檻，在文字上有著從

〔註 4〕彭谷孫為貢生出身，官至二品銜奉天候補道；杭辛齋為晚清小說家，浙江海寧人，早年間曾在杭州正蒙義塾讀書，光緒十六年，他到北京學習曆算、法國文學肄業，甲午戰爭後，他因上書主張維新變法而受到光緒賞識，但卻拒絕了內閣官職，轉而投身報業，《啟蒙畫報》、《京話日報》都有他的積極參與，其中，廣為知名的《豬仔記》即是他的代表作之一。

文言文向白話文過渡的特點，圖像也有著改良年畫的表現形式。畫報的美編與畫師劉炳堂〔註5〕，是與彭翼仲合作《啟蒙畫報》、《京話日報》的北京知名的風俗畫家。1903 年，彭翼仲率先提出「改良年畫」的倡議，「年畫」作為民間古以有之的「畫」，以前表現的多是去兇避邪、歌頌美好、祈願祥瑞等題材，彭翼仲則希望賦予年畫「可以輔助教育」的現實意義，《啟蒙畫報》中的「畫」，即是劉炳堂實踐著「改良年畫」的成果（梁綢，2005），它著重反應時局與時事，並帶有揭露社會、傳遞新觀念的導向。

本論專注於《啟蒙畫報》文本中的圖文符號，試圖從文本本身的深層結構出發，探究轉型時期兒童雜誌兼教科書所建構的教育觀念，因而結合雅各布森的傳播六要素分類，我們可將文本所產製的情境、訊息、媒介與符碼四個要素凸顯出來，並作為本論文本分析關注的重點，在這一基礎上，本論將從《啟蒙畫報》的發行與改良、內容編排、圖文特徵等細節進一步釐清文本的符號特性。

《啟蒙畫報》在北京五道廟街路西創刊。統計畫報日刊、月刊時販售的合訂版本與半月刊的上、下冊，現在可見的共有四十四期。具體來說，1902 年至 1904 年的發刊中曾有兩次改良，1902 年 6 月 23 日第 1 號（光緒二十八年五月十八日）至 1903 年 2 月 18 日（光緒二十九年正月二十一日）為「日刊」階段，此時，《啟蒙畫報》採雙面印刷的方式，每期有四開紙張，每面四版，各有版框。版為縱十六開，版框之間有空白騎縫，雙面合計八版。此時欄目有倫理、掌故、地輿、算術、格致、動物、附張，每欄一版，加上頭版共八版。日刊階段，畫報發行張數累積到一定，便由報館加工製作合訂本，畫報也會在報頭版左下方刊出告白，對合訂版的編號與冊數進行說明，今天中國國家圖書館中文縮微文獻數據庫中的《啟蒙畫報》便是其合訂版，其中，合訂版的一至七冊為畫報的日刊階段文本。

1903 年 3 月 28 日（光緒二十九年二月三十日）至 1903 年 7 月 24 日（光緒二十九年六月初一日）《啟蒙畫報》改為月刊發行，月刊以縱十六開本的形式（近教科書規格），按冊刊行，每冊二百頁上下，冊數接續之前的合訂本，從第八冊算起，共出刊五冊，至十二冊止。封面版框上方均印有「初次改良」字樣，在這五冊中欄目常有微調，如，畫報第八冊，在以往七個欄目之上，增加了「加

〔註5〕劉炳堂，直隸永清人，自幼生長在北京，與彭翼仲的辦報理想一拍即合而參與創作，在彭翼仲創辦的《啟蒙畫報》、《京話日報》中皆擔任美編與畫師，名聲大噪後被學部尚書嚴修禮聘為教科書畫插畫。

附小說」一欄；第九冊則以「海國軼事」替換了「掌故學」；第十冊裁掉「倫理學」，增設「小歷史」、「掌故學」；第十一與十二冊又增設「譯件」、「述說」、「附件」等欄目。在十二冊發行後，畫報又聲明停刊並進行「第二次改良」。

《啟蒙畫報》第二次改良從 1903 年 9 月 21 日（光緒二十九年八月初一日）開始至畫報終刊（1904 年底至 1905 年初），畫報採用了半月刊形式，規格多為三十二開本，但第二年前四期的規格為 15.5cm×22cm，大於今日的三十二開本，自第二年第四冊後，與今日三十二開本規格（近似 A5，約 2.1cm×1.48cm）相同。畫報於每月初一與十五發行，以「上半冊」與「下半冊」區分，每月上、下兩冊合為序號一冊，並在前面冠以「第二年」三字。在欄目上，第二年增設了「教育精神」、「妖怪談」、「課蒙喻言」、「各國新聞」、「笑林」、「游戲法」等十幾項。

整體來說《啟蒙畫報》在兩次改良中調整了印刷版式的大小，印刷方式也從早期的雕版木刻改為機器鉛印。從文本的呈現上看，畫報一直以「版」為媒介物，它是透過版中繪畫創造出來的複製藝術，而印痕、印跡作為版畫特有的語言標記，在印刷過程中，將顏料通過印版轉移到紙面上形成印跡，同時由於壓力的作用，使印版凸凹不平的肌理壓印在紙上形成印痕，如圖 3-4 中展現的石印與木版畫，都以橫、豎組合的線條留下了「版」的物理特徵，也由此使圖、文創作限制在「版」所規定的有限空間內。

圖 3-4　石印與木版畫的差異

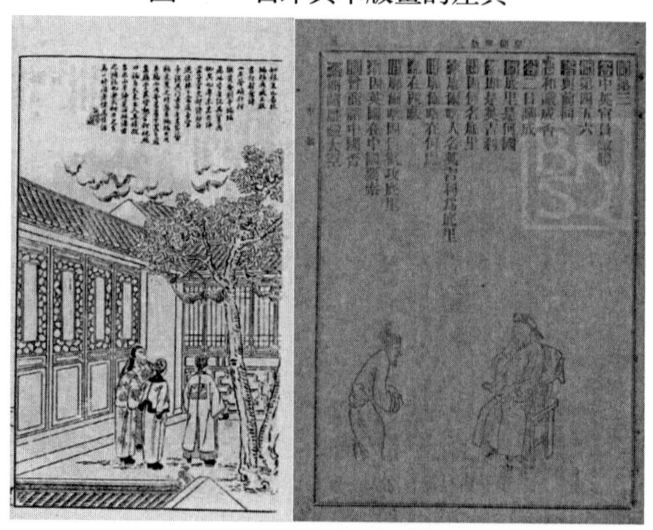

資料來源：圖左出自《點石齋畫報》406 號，光緒二十一年三月中；圖右為《啟蒙畫報合訂本二》（第二冊「掌故」三〈皇朝掌故〉，1902），頁 73。

由於印刷媒材與印刷方式不同，印版的肌理質感也有差異。比如，凹版印刷的銅版畫與平版印刷的石印，擅長表現精細的線條和豐富的層次；凸版印刷的木版畫則擅長表現大面積的裝飾色塊和簡潔明快的形象。研究者陳琦（2008）強調，版畫一方面是印刷過程中畫家理念物態化的產物，另一方面也是畫家刻意追求的印刷效果，因印刷方式、印刷材料、繪畫語言的不同，皆會產生不同性格特徵的印痕與印跡，這使我們在分析時，首先需留意圖像中潛藏的印刷技術與繪畫技法。

如圖 3-5，版內的編排以文字豎向排版、圖文並呈為主要特色，雖圖像的繪畫風格遠不及同時期上海《點石齋畫報》的細膩程度，但《啟蒙畫報》運用簡單、凝練的線畫、線條，簡潔的構圖仍能傳遞文本寓意，再結合當時通俗易懂的京話白話文，使文本極具北方特色；其次，在圖文配比上，畫報以文居多，文字占篇幅 2/3 或 3/5 的版面。

圖 3-5　《啟蒙畫報》的圖文配比

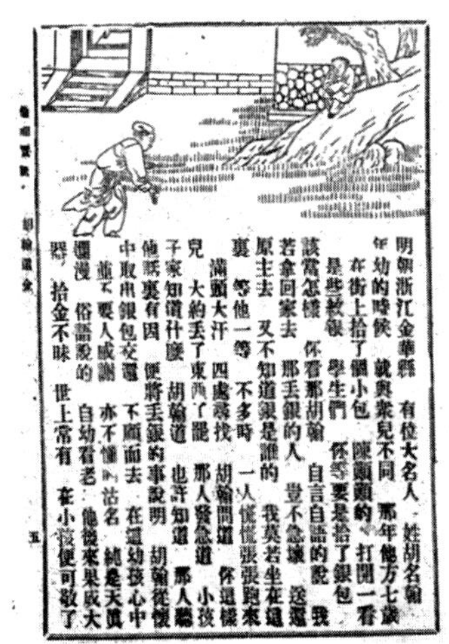

明朝浙江金華縣 有位大名人 姓胡名翰 年幼的時候 就與衆兒不同 那年他方七歲 在街上拾了個小包 顛顛顛的 打開一看 是些紋銀 學生們 你等要是拾了銀包 該當怎樣 你看那胡翰 自言自語的說 我若拿回家去 那丟銀的人 豈不急壞 送還原主去 又不知道銀是誰的 我莫若坐在這裏 等他一等 不多時 一人慌慌張張跑來 滿頭大汗 四處尋找 胡翰問道 你這樣兒 大約丟了東西了罷 那人發急道 小孩子家知道什麼 胡翰道 也許知道 那人聽他話裏有因 便將丟銀的事說明 胡翰從懷中取出銀包交還 不顧而去 在這幼孩心中 並不要人感謝 亦不懂得沽名 純是天真爛漫 俗語說的 自幼看老 他後來果成大器 拾金不昧 世上常有 在小孩便可敬了

五

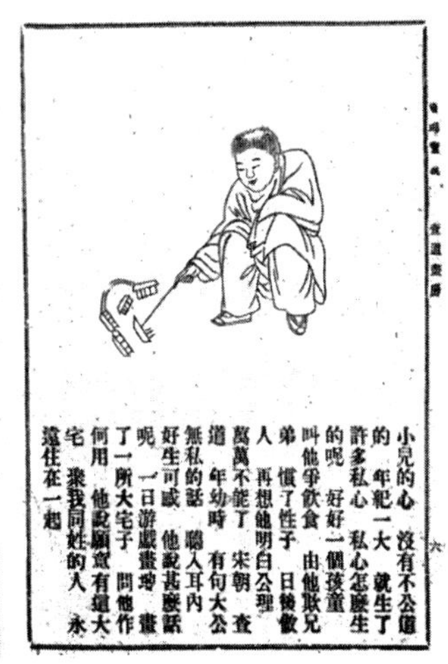

小兒的心 沒有不公道的 年紀一大 就生了許多私心 私心怎麼生的呢 好好一個孩童 叫他爭飲食 由他欺兄弟 慣了性子 日後做人 再想他明白公理 萬萬不能了 宋朝 查道 年幼時 有句大公無私的話 聽入耳內 好生可感 他說甚麼話呢 一日遊戲 畫地 畫了一所大宅子 問他作何用 他說願意有這大宅 聚我同姓的人 永遠住在一起

六

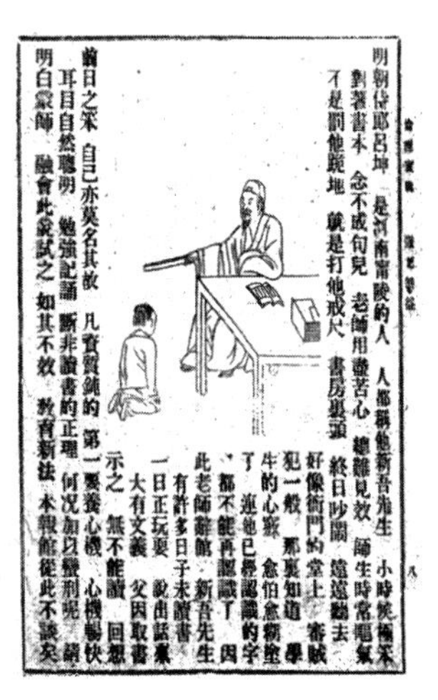

明朝侍郎呂坤 是河南甯陵的人 人都稱他新吾先生 小時候極笨 對著書本 念不成句兒 老師用盡苦心 總難見效 師生時常嘔氣 不是罰他跪地 就是打他戒尺 書房裏頭 終日吵鬧 遠遠聽去 好像衙門的堂上 審賊犯一般 那裏知道 學生的心竅 愈怕愈糊塗了 連他已經認識的字 都不能再認識了 因此老師辭館 新吾先生 有許多日子未讀書 一日正玩耍 說出話來 大有文義 父因取書示之 無不能讀 回想前日之笨 自已亦莫名其故 凡資質鈍的 第一要養心機 心機暢快 耳目自然聰明 勉強記誦 斷非讀書的正理 何況加以體刑呢 請明白蒙師 融會此說試之 如其不效 教育新法 本報館從此不談矣

八

資料來源：《啟蒙畫報合訂本一》（第一冊「倫理實說」五、六、八，1902），頁 7、8、10。

其三，版內的圖像常運用木刻版畫的印刷技法，明暗套色法便是其中之一，如圖 3-6 即為畫報模仿碳精棒素描而發明出來的明暗套色，透過油墨運用的深淺或刻白，不僅讓場景或人物更有立體感或光線感，也可讓畫面在明暗、光影的對比中凸顯圖像的視覺核心（小女孩與將軍的互動）。

除此之外，晚清時期外來繪畫技法——透視和光影畫法也成為畫師表達情緒、營建空間效果的手段之一，如圖 3-7，呈現的是畫報中的雨，它和日本浮世繪中對雨的描繪有幾分相似，都以俯瞰的角度呈現驟雨，這種由不同大小、遠近細節所表達出的透視感，推估是歐洲傳入亞洲的風格轉化而成。

圖 3-6　明暗套色法的運用

海國軼事　北美女俠

是小孩能幫助的嗎　唉　人不在大小　有見識的　舉動自然不凡　一日雅麗手提小筐　放著幾個熟鷄蛋　親去拜見華將軍　高聲說道　將軍為了我等民人　血戰多日　實在勞苦極了　敬備幾個鷄蛋　奉獻將軍　又找補了兩句孩子話　說是此中有美味　請打碎了外殼細嚼　且莫囫圇吞了　華盛頓感謝的落淚　那時借有法兵　法兵在旁　同聲嗟歎

十　七二

資料來源：《啟蒙畫報合訂本七》（第二年五冊下「海國軼事」十〈北美女俠〉，1904），頁 72。

圖 3-7　外來繪畫技法的引入

格致　雨為蒸汽

一日大雨　學生問先生說　這樣大雨　不知道有多少龍　在那海裏取水　先生笑了笑　說道你這話　從那裏聽來的　以後不可亂說　龍取水的話　是些老婆婆瞎說　今日不同你論龍　先同你論雨　地上的水　受了太陽的熱　其氣上升　名叫水蒸氣　升在空中　遇著冷氣　就結成雲　雲是無數的小水珠兒　一粒一粒的團成一大塊雲　散開之後就是雨　雨名四時不同　有春雨　梅雨　時雨　淅瀝等名　到了春夏　雨的功用最大　滋潤土地　萬物發生　最能洗刷塵土的穢氣　每逢雨後　所以格清爽也

十四

資料來源：圖左，《啟蒙畫報合訂本一》（第一冊「格致」十四〈雨為蒸汽〉，1902），頁 116；圖右，《大橋安宅驟雨》（歌川廣重，1857）。

版畫的繪畫語言都透過點、線、面、光、色、形等視覺元素組成，但因社會需求與文化影響不同，使畫報在圖像語言上呈現了不同的特徵。中國的木刻版畫受傳統繪畫工筆和寫意的影響，常用線條表現物體外形的輪廓、物體的質感和繪者意圖，歐美報刊的圖像則受追求客觀再現的寫實繪畫體系影響，這兩種繪畫技法在《啟蒙畫報》中皆有體現：透過繪者點線面、筆觸粗細、深淺的編排，它們也成為傳遞畫者精神信息或思想內涵的符號，但也如前述改良年畫中所提及，文本在圖像上最為特出之處是在看似與以往無異的刻制方法與內容中，融入對時事的關注。

文字符號上，畫報的內文印刷字體採用的是宋體字。宋體字出現在明朝萬曆年間，「明季始有書工，專寫膚廓字樣，謂之宋體（賀聖鼐，1957: 262），這種字體是伴隨活字印刷而出現的產物，為了便於寫版又美觀實用，它以中國文人的偏好為標準，將書法名家的風格糅進來，以形成橫輕豎重的字體特徵。與此同時，「白話文」作為晚清新推出的書寫文體，與文言文相比，有了以空格斷句的方式，也有為閱讀便捷、版面美觀所產生的圖文版式，在文本「一事一文」的搭配中，版框內外的圖文如何互動，圖文敘事策略如何展開都成為文本建構意義的一部分。

針對上述《啟蒙畫報》的圖文特徵，我們可以將其文本特性概括為：以京話白話文為表述方式、輔以簡單線條畫，以「啟蒙」為基礎內容導向並帶有敘事功能的教育文本。就圖文並置的文本特性，法國符號學者巴特的圖像符號學分析法為研究者在分析步驟的編排提供了借鑑與參照。

第四節 《啟蒙畫報》的分析步驟

索緒爾對語言系統與現實生活的觀察與思考，啟發了巴特對語言學之外的文化系統做出區分，他參照所需的「語言」（langue）和「言語」（parole），認為潛藏在大眾文化與日常活動背後的規則為符碼（code），電影、戲劇、廣告等大眾媒體的表現形式為訊息（message），「符碼」與「訊息」就像「語言」與「言語」一樣，影響並充斥著我們的生活（Barthes, 1964/Jonathan Cape, 1986：41）。

循此，巴特把生活的世界視為符號的世界，各種形式，如繪畫、寫作、服裝、禮儀等都視為是整個文化的部分表現，他將索緒爾的「意符」視為符碼的表達面（expressions），「意指」視為符碼的內容面（contents），並強調意義的產生既不在多變且不穩固的「意符」（表達面），也不在具有暫時性的「意指」（內容面），而在於從表達面到內容面、從意符到意指的結合過程，即表意（signification）（1984/Howard, 1986: 6-8）。下圖 3-8 即是巴特符號系統運作的展示。

圖 3-8　符號系統的運作示意圖

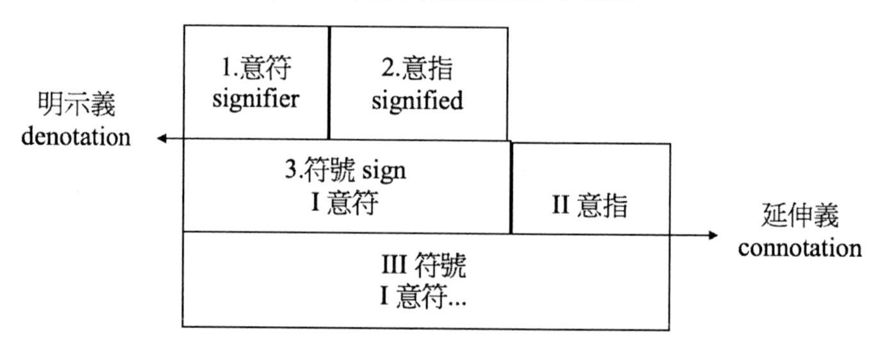

資料來源：*Mythologies* (p.113), by Barthes, 1957/2009, UK: Vintage Classics.

巴特將符號的運作過程從語言結構上分層，且每一層次都賦予符號新的意義，明示義（denotation）與延伸義（connotation）是意義的兩個層次，在他看來，延伸義代表明示義的換擋加速，當那個從先前的意符／意指關係中產生的「3. 符號」，成為下一個關係的「I 意符」，並與新的「II 意指」在更大的符號系統中結合時，延伸義便產生了，也就是：明示義是顯而易見的字面含義，延伸義是隱而不彰的附加含義，它會蘊含符號如何與使用者的感覺或情感、及其文化價值觀互動（Barthes, 1984／Howard, 1986: 16）。

巴特認為，符號學者的目的即是深入到語言領域，關注那些以語言文字所組成的材料，並運用語言學知識分析其中的表意過程，進而揭露符號背後的深意，以對意識形態展開文化批判（Hawkes, 2003）。但不同的媒材（圖像、文字、CD 等）實則具有不同的符號特性：以文字組成的文本，將語言作為符號的承載與「意象的構成」(the composition of a image)，它是一組意義指涉的複合物（a signifying complex）；但同在文本中的照片則由光影、形象、線條組成。為此，巴特從圖像的符號特性著手，提出了圖像符號學分析的程序與方法。

巴特（1977／Heath, 1997）以新聞照片和廣告為例，展示了兩種不同媒材的圖像分析方式。根據新聞照片的產製他提出六個分析程序：造價效果（trick effects）、人物姿態（pose）、拍攝對象（objects）、攝影技術（photogenia）、美學（aestheticism）與系列照片的串構（syntax）。前三項與第一層明示義相關，後三者則與第二層延伸義相關。接續地，Barthes 提出借助文字，對照片第二層的延伸義加速理解，因文字雖有淬取或合理化影像的意義，但通過刻意的遣詞用字，文字也有遮蔽真實的危險，甚至在與照片結合、創造文本表意的過程中，使文化上的意涵自然化，從而構成某種現代迷思（myth）。

對廣告圖像，巴特將廣告的本質定位為有意圖的傳播，因廣告的表意過程注重意指的表達清晰，所以廣告圖像為有效傳遞訊息達到宣傳目標，其使用的符號是充足的（full），它所運用的圖像是坦白的（frank）。

據此，巴特（1984 / Howard, 1986）從共時性呈現（時間性上考量圖像取自連環動作中的哪一格）、顏色的選擇、物件的組合、與其他圖像的互相參照等四個分析觀點來探討廣告圖像的延伸義訊息，並提出圖像文本表意系統的三要素：語言訊息（the linguistic message）、製碼的圖像訊息（the coded iconic message）、非製碼的圖像訊息（non-coded iconic message），用以強調語言式訊息在圖像中所扮演的功能；同時，他也指明語言訊息之於圖像訊息有兩種功能：預設意義功能（anchorage）與情境（意義）功能（relay），以此揭露圖文表意的運作過程。

在提出圖像符號學觀點時，巴特是以廣告、新聞照片為藍本的，但《啟蒙畫報》作為晚清時期的兒童教育類文本，無論在文化情境、訊息、媒介還是圖文特徵中都帶有著過渡的文本特性，這使得我們在辨識圖文符號時，不僅需要關注表達面（expressions）到內容面（contents）間的表意過程（signification），也需要注意符號在文化層面上的新與舊，內與外的特質。

此外，廣告與新聞照片在符號敘事策略中，有時會透過混淆虛實的邊界，達成說服讀者的效果，比如，在義大利麵廣告中，以新鮮的蔬果掩蓋加工品的事實；以黑人與白人共同歡慶的照片掩飾種族歧視的現實等。《啟蒙畫報》作為晚清教育轉型時期的文本，當然也有著對觀念 / 意識形態的合理化包裝、自然化的處理，但與廣告、新聞照片的文本特性所不同的是，「兒童」符號作為新興的角色有著強烈的未來指涉，如果說今日的報刊是在混淆兒童的虛實界線，那麼，晚清報刊中的「兒童」符號則是刻意強調現實社會與理想社會的距離與落差，以此才能在觀念的鴻溝中合理建構新的教育意涵，這一文本特性讓研究者在分析時，需注意文本所給出的裂痕是什麼，經由這些裂痕，符號又是如何潛移默化地進入觀念的形塑，進而與社會的意識形態發生互動。綜上所述，本論對分析對象提出以下分析步驟：

（一）分類型案例分析

1. 辨識版框外的欄目、標題與版框內的圖文關係。
2. 辨識版框內圖像的繪畫語言（技法、筆觸等點線面運用），尋找視覺中心。
3. 辨識圖像中的文本表意系統三要素：語言訊息(the linguistic message)、製碼的圖像訊息(the coded iconic message)、非製碼的圖像訊息(non-coded iconic message)。
4. 辨識圖文之間的關係是否含有預設功能（anchorage）或情境功能（relay）。
5. 辨別圖文符號的明示義與延伸義。
6. 結合文本發行的社會情境，判斷圖文傳達的觀念為何。

（二）符號意義的分析

將文本建構的教育觀念進行彙整，進一步揭示觀念之後的意識形態

（三）歸納符號特色與運作規律

歸納文本中意符到意指的表意過程，以闡明文本符號意義及意識形態運作的方式。

第五節　《啟蒙畫報》分析對象選擇

本論意在探討《啟蒙畫報》這一歷史文本所建構的教育觀念及其背後潛藏的意識形態為何，「兒童」作為文本在創刊之初即關懷與建構的符號，是本論挑選分析對象的重要參照指標，但同時，研究者也發現，由於畫報的文本特性帶有過渡與轉型的特徵，因此文本雖以「畫報」為刊名，也有著「圖文並置」的媒介實踐，但在傳遞教育觀念的功能上，仍是以文字為主，圖像為輔，因而，為豐富教育意涵的討論，本論也加入了圖像中沒有兒童，但在文字中包含教育概念的文本作為分析對象的延展。以下，研究者對納入分析的兩類文本舉例說明：

一、具教育意涵的「兒童」圖文符號

圖 3-9 呈現的是兒童與同儕之關係。兒童是圖像的視覺中心，版框外的文字「兒童遊戲」作為主題，鎖定了圖像的詮釋空間，並預設了內文「遊戲」之意涵。作為圖、文皆涉及「兒童」符號的案例，本論將此類納入分析之列。

圖 3-9　抽樣舉例一

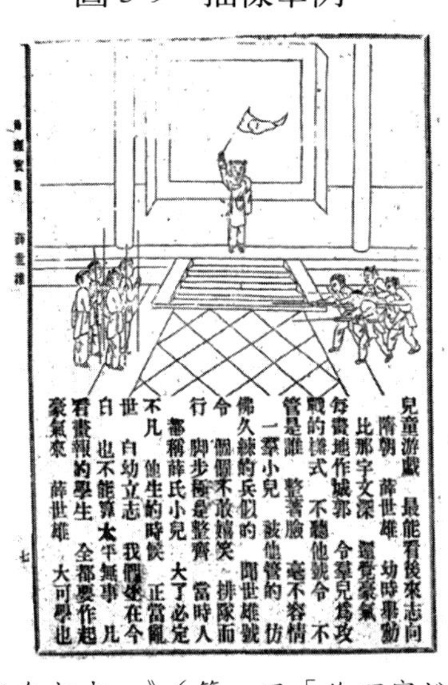

兒童游戲　最能看後來志向
隋朝　薛世雄　幼時舉動
比那宇文深　還覺豪氣
每嘗地作城郭　令羣兒為攻
戰的樣式　不聽他號令　不
管是誰　整著臉　毫不容情
一羣小兒　被他管的　彷
彿久練的兵似的　即世雄號
令　個個不敢嬉笑　排隊而
行　腳步極是整齊　當時人
都稱薛氏小兒　大了必定
不凡　他生的時候　正當亂
世　自幼立志　我們生在今
日　也不能算太平無事　凡
看畫報的學生　全都要作起
豪氣來　薛世雄　大可學也

資料來源：《啟蒙畫報合訂本一》（第一冊「倫理實說」七，1902），頁 9。

二、文本脈絡中與教育相關之意義符號

如圖 3-10，圖像呈現的是兩名女子與兩名男子的互動，僅從圖像觀之，我們無法判定是否屬於「兒童」圖像的範疇，但結合文本中的「女奴婢」、「文明」等詞彙，卻可以適度推測文本與教育意涵相關，因而，本論也將這類文本納入分析的範圍。

圖 3-10　抽樣舉例二

時聞
◉家教文明
風氣難開　這一句話　也
成了一句口頭語　彷彿是
中國的風氣　從此混沌下
去　今生今世　不能再開
的了　作報的人　卻大不
以為然　有何所見　敢說
這樣話呢　說出來很不稀
奇　細細的一思想　可是
確有關係　今年正月十二

資料來源：《啟蒙畫報合訂本七》（第二年之第六冊上「時聞」一至二，1904），頁 197。

依循上述步驟，本文最終挑選符合條件的文本共計 136 則，這些主要以「兒童」為中心所組成的教育文本，所建構的觀念比照之前的私塾、之後新式學制的學堂有何異同，是本論進行文本分析的切入點。

因此，文本在進行分類整理的過程中，參照了英國教育社會學家伯恩斯坦（Bernstein, 1918～1990）的符碼理論（code theory）。這一理論運用去脈絡化的符號學觀點，試圖揭示在學校體制裡，「教育」在知識傳遞的過程中是如何建構意識形態的。伯恩斯坦將「教育知識」視為是探索觀念運作的重要一環，「教育知識」是塑造課程、教學和評量的主要原則，其背後折射的便是教育制度中規約知識的分類與架構的社會原則，亦即意識形態的體現（Bernstein, 2009）。為此，他將「教育知識」劃分為三個訊息系統：課程、教學與評量。

課程、教學與評量對應著學校體制中知識傳遞的三個環節：選擇、運作與成果，也潛藏著「概念—觀念—意識形態」的遞變脈絡，這與教育轉型時期的歷史文本在議題建構與教育導向上有著近似之處，但《啟蒙畫報》作為體制尚未明確之時於政府控管之外出現的刊物，它在「課程」、「教學」與「評量」三個訊息系統的呈現還沒有明確的區分界線。

為此，本論結合晚清的社會情境，將「課程」具體化為：在新式學制尚未設立之時，知識的內涵如何調整，也就是什麼被視為有效的知識；「教學」作為知識的傳遞樣貌，在晚清表現在觀念如何落地與生根，這涉及著對新式教育機構的建置、教學法、教育對象的建構三個主要面向，屬於知識的運作；「評量」作為訊息傳遞的結果，在成熟的教育體制中可透過量化或質化的方式予以評估，但對於初創期的文本而言，只能透過文本裡的知識如何實踐，亦即，文本在知識的目的導向上給出了何種教育傾向。

依循上述標準，本論將 136 則文本具體劃分為：課程類文本 48 則；教法類文本 58 則；評量類文本 30 則。繼而依照同類文本間的意義符號對比，本論從中揀選最具意義符號代表的 37 則予以分析，首先，本論將從文本的知識選擇、分配與運用三個面向歸納文本的符號運作規律；接下來，結合文本所處的社會情境，探討文本傳遞的教育觀念為何；最後，研究者將文本置入晚清思想轉型的脈絡下，用以揭示文本潛藏的意識形態為何。現將這一文本分析架構圖繪製如下：

圖 3-11　文本分析架構圖

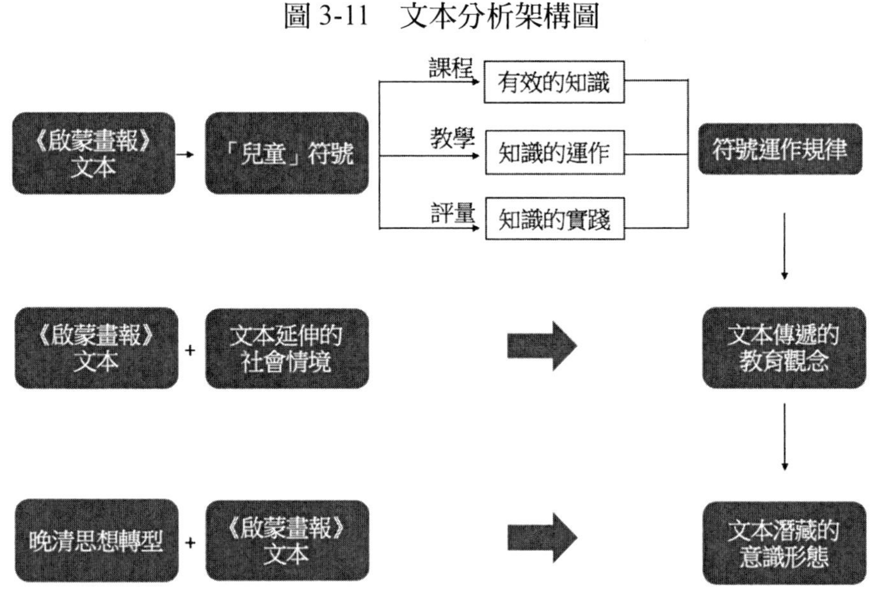

資料來源：本研究整理

據此，本論以「兒童」符號為核心，提出三個問項：

（一）圖文兼具的《啟蒙畫報》文本之符號運作原則為何？

（二）《啟蒙畫報》的文本傳遞了何種教育觀念？

（三）《啟蒙畫報》在教育觀念背後傳遞了何種意識形態？

第四章　文本分析

圖 4-1-1 〈小英雄歌〉

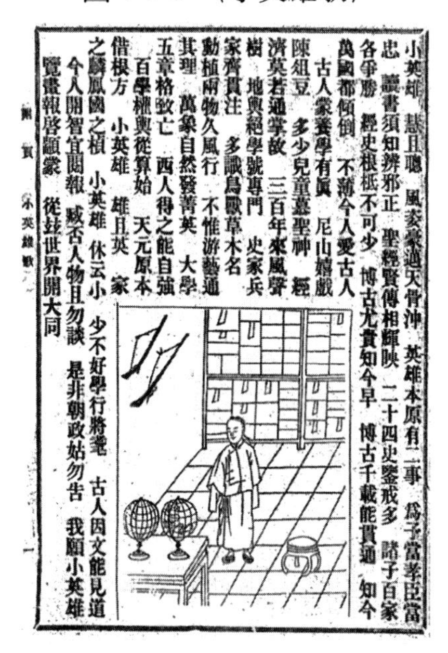

小英雄 慧且聰 風姿豪邁天骨沖 英雄本原有二事 為子當孝臣當忠 讀書須知辨邪正 聖經賢傳相輝映 二十四史鑒戒多 諸子百家各爭勝 經史根柢不可少 博古尤貴知今早 博古千載能貫通 知今萬國都傾倒 不薄今人愛古人 古人蒙養學有真 尼山嬉戲陳俎豆 多少兒童慕聖神 經濟莫若通掌故 三百年來風聲樹 地輿絕學號專門 史家兵家齊貫注 多識鳥獸草木名 動植兩物久風行 不惟遊藝通其理 萬象自然發菁英 大學五章格致亡 西人得之能自強 百學權輿從算始 天元原本借根方 小英雄 雄且英 家之麒麟國之楨 小英雄 休云小 少不好學行將耄 古人因文能見道 今人開智宜閱報 臧否人物且勿談 是非朝政姑勿告 我願小英雄 覽畫報啟顓蒙 從茲世界開大同

資料來源：《啟蒙畫報合訂本一》（第一冊「附頁」一，1902），頁 153。

上圖〈小英雄歌〉是《啟蒙畫報》的創刊號，後被編入合訂本第一冊的附頁一欄。從排版的形製來看，版畫的印刷線框將文本劃分成框內、框外兩個部分，框外左側豎版印刻的文字訊息「附頁 小英雄歌」交代了文本所處的欄位，並預設著框內圖文的主題，將整則文本的詮釋空間落在「小英雄」的意涵。

版框內的圖像置於文字下端的正中，以簡明線條勾勒出的「兒童」可說是視覺中心，「兒童」身穿清朝時期的交領右衽長衫、梳著金錢鼠尾辮，背靠藏書櫃站在由桌、凳、地板所組建的室內空間裡，但從製碼的圖像訊息：「兒童」身前的兩個地球儀、身側牆壁以全油墨的技法突出的兩枚長槍來看，人物所處的空間又並非一般家庭，他身處何處還需結合圖像之外的文字進一步解讀。

開篇「小英雄」錨定了圖像中兒童的身份，通過將「兒童」從社會群體中分離，在「兒童—小英雄」間給出一個有待說明的敘事空間。「慧且聰」、「風姿豪邁天骨沖」分別從內在心靈與外在氣質兩個方面勾勒出「小英雄」的個人形象，「英雄本原有二事」將敘事的視角從「個人」轉入到社會中，並以「本原」為時間標識，代出古代「小英雄」的責任——「為子當孝臣當忠」。

「家」與「國」作為古代「兒童」成為「小英雄」的實踐場所，將「孝」與「忠」的目標導引出來，也宣告「兒童—小英雄」的途徑是「讀書」。那麼，如何透過讀書實現「孝」與「忠」？文本指出讀書的目的是「辨邪正」，在此之下的學習內容也就是圍繞倫理道德的古代儒學典籍「聖經賢傳」、「二十四史」、「諸子百家」、「經史」等教材。

但隨著「博古尤貴知今早」的時空轉變，「知今」所扮演的重要意義在「知今萬國都傾倒」中強調出來，「萬國」將「兒童」學習知識的目的從「家」、「國」提升至與他國競爭的視野裡，「傾倒」作為一種結果的指涉，蘊涵著智識多寡可成為與他國競爭的適切手段。就此，文本在兒童博學多聞的明示義中，傳遞以知識強國的教育延伸義。

當以「當下」為中心給出「博古」與「知今」並重的知識結構，文本隨即將問題轉入「如何學」以及「學什麼」。「古人蒙養學有真」首先肯定了古代蒙養教育的價值，通過引述儒家創始人孔子少時遊戲成聖人的事蹟，名正言順地使「遊戲」成為兒童學習知識的途徑；「掌故」作為倫理道德、歷史等傳統蒙學的核心知識，在此被賦予「經濟」的導向。需說明的是，「經濟莫若通掌故」中的「經濟」一詞在這裡並不是源自日本的譯詞 economy 所指涉的生產、消費、交易等活動，而是在古已有之的中文語境裡「經世濟俗」或「經國濟民」

的省略語，也就是服務社會、國家的意思〔註1〕。「經濟莫若通掌故」意在強調傳統蒙學所具有的社會實踐功能。

除了人文領域，「鳥獸草木名」、「動植兩物」也將知識導入生物學、植物學等自然知識範疇，以具體事物表達抽象學科，一方面拉近了知識與日常生活的距離，另一方面也從實用的角度為本不受重視的自然知識爭取著學習的話語權。

在教學內容更迭之下，與之適配的教學法也不能再固守書本之中，「不惟遊藝通其理　萬象自然發菁英」即給出「遊戲」之外，以生活情境就地取材，從兒童興趣著手，從周圍事物的觀察、體驗中探索知識的培育模式。

在對傳統蒙學改良之後，文本也從萬國對比的視角提出知識的新增。「格致」與「算術」作為沒有受傳統蒙學重視的學問，在此被重申。「大學五章格致亡　西人得之能自強」，以格致「亡」與得之「強」的反差強調學習「格致」的意義。作為《大學》「右傳之五章」裡「格物窮理」學問的延續，「格致」在「意符（signifier）—意指（signified）」的轉化下與國家「自強」進行武斷連結，以產生知識具有富國興邦的延伸義，類似的「算術」也是中國古已有之的學問（「天元術」與「借根方」），但在萬國的大趨勢中，作為他國基礎知識的「算術」卻沒有受到晚清蒙學的重視。

本國、他國（東西洋先進國家）對待「格致」與「算術」的差異，卻導致國家「強」、「弱」不均的結果，教育競爭與政治地位的意義聯結，讓文本在知識救國的強化下再次引入「小英雄」的身份以呼應開篇「古代小英雄」形象。

作為與「古代小英雄」的對照，結尾處的「雄且英」扣合著「慧且聰」，將對「兒童」的關注，從個人的身心發展轉入到社會活動的參與。「家之麒麟國之楨」與「為子當孝臣當忠」相呼應，讓「小英雄」的使命昇華到「國」的層面。從語言結構上看，「麒麟」、「楨」將兒童的重要性與意義擴大了：「古代小英雄」只需服從既有文化觀念做到「孝」與「忠」，但「當下小英雄」不但要在過去的「家」中負起更多責任，擔任家族興旺的中堅力量，更要挑起「國」的重擔，在「萬國」競爭中使國家富強。

〔註1〕東晉時期葛洪在《抱朴子・內篇》中寫道「經世濟俗」，意為治理天下，救濟百姓；隋朝王通在《文中子・禮樂篇》則提出了「經濟」一詞：「皆有經濟之道，謂經國濟民」，於是後人以「經濟」一詞作為「經國濟民」的省略語。網址：https://ctext.org/wiki.pl?if=gb&res=542621&searchu=。點閱時間：2023年5月9日。

以此，「兒童」在「當下小英雄」的指涉下給定了一個高遠的志向，並被期待以「休云小」的超越形式，突破自身身體、智識上的侷限，在「少不好學行將耄」的導向下，盡早接受啟蒙教育、學習知識。

因著「當下小英雄」的意涵改變，兒童是否接受教育的主導權也從「父家長」躍升至主宰國家與社會發展趨勢的政府手中，為發展幼兒教育實現育才興國，過去無緣接受教育，如在家中勞作、社會務工、田野中玩耍的兒童行將成為國家教育的對象；在家塾、私塾等私學體系中學習儒學經義的兒童，因教育內容、教育目標無法再滿足國家需求，也需要轉入新式學堂。

以此，我們可以進一步判定圖像中的「小英雄」是當下的「小英雄」，他正身處中西知識雜糅的教育環境裡，準備接受新知。結合文字，當下「小英雄」求知的路徑已經在「古人因文能見道 今人開智宜閱報」的表述中，從「讀書」轉入「閱報」。如果說，古代的蒙養教育偏重兒童的書寫、作文能力，那麼，今天的蒙養教育卻在「開智」的需求下結合了更多實用知識，以趨近「世界開大同」的教育宏願。

圖 4-1-2 「小英雄歌」的敘事結構

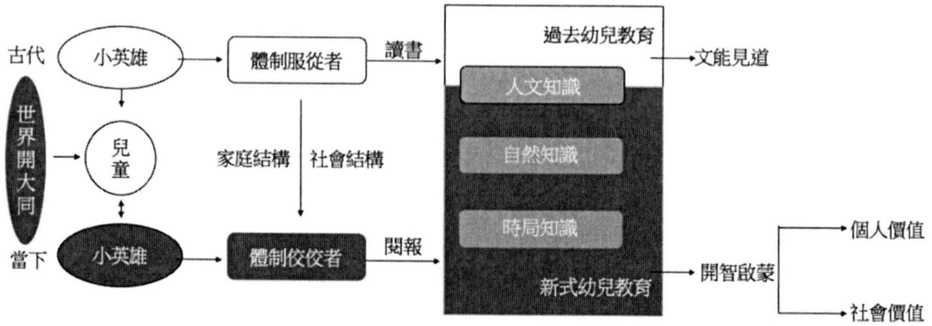

資料來源：本研究整理

「小英雄歌」的敘事體裁沿襲著古代蒙書的編寫方式，以兒歌形式，通過簡短、淺白且押韻的語言風格，使讀者朗朗上口、易於記誦。研究者將「小英雄歌」的敘述結構呈現在上圖 4-1-2 中，從這裡我們可以看到「兒童」在「小英雄」的建構下有著「古」到「今」的轉變，可這一變化並未讓「兒童」從古代的家庭與社會結構中解放出來，反而以責任與義務疊加的方式讓「兒童」在「強國」的使命召喚下有著更多社會賦予的期待。

「英」、「雄」二字在古文獻典籍中原是以兩個單音節詞的方式分開使用，它們共同指向社會人物中的「傑出者」，在東漢班彪《王命論》中「英雄」一詞被運用後，它多被賦予將軍、武將這類成年人身上或是亂世中對特出菁英的指代，清末以前「英雄」主要透過虛實相雜的小說加以想像和創作（李佩蓉，2012），《啟蒙畫報》的創刊號，以〈小英雄歌〉命名，可說是畫報應時勢所需，在創辦宗旨與目的上提綱挈領的表達。文本以「小英雄」的社會身份讓「兒童」在教育轉型中現身，透過形塑「兒童」，文本期望這些身軀弱小，但智識潛力無限的新生命能以知識報國的方式力挽時代的狂瀾，以達「英雄救世」的目的。這一感召讓「兒童」作為未來社會的表徵而備受矚目，也同時使「兒童」在蒙學由私入公的轉變背景下有著更多可被輿論建構的空間。

為此，「閱報」作為新的啟蒙教育途徑，讓《啟蒙畫報》的文本能圍繞人文、自然與時局知識展開媒介層面的圖文實踐，本章即從文本所觸及的三個教育面向：知識內涵的調整（有效的知識）、知識的傳遞（知識的運作）、運用知識的目的（知識的導向）對文本展開圖像符號學分析。

第一節　實用之學

一、走入日常的「理」

「理」是協助人們認知與掌握事物的規範和準則，在清朝以前，它深受儒家道統的影響，隨著晚清時期歐美思想觀念的湧入，過去的「理」遭到歐美自然科學觀的挑戰，什麼是「理」，如何運用「理」成為文本在建構啟蒙知識時無法迴避的一個核心。

圖「韓伯愛母」出自《啟蒙畫報》創刊號「倫理實說」一欄。版框外的文字「韓伯愛母」為版框內的圖文預設了「愛母」的意涵。版框內，居於文字之下的圖像以長方形的木窗、木床以及人物的漢服裝扮，將時空鎖定在古時的家庭生活。「火盆—熨斗—床邊的剪刀布料」構成了一條由左及右，由下而上的敘述鏈，並使手拿熨斗的兒童成為圖像的視覺核心。

圖像之上的文字「晉朝 韓伯……母為他做棉褲……伯燒好了熨斗 交與其母」發揮了預設功能，錨定了圖像中「站立的兒童」與「坐著的成年女子」為母子關係，在進一步補充母親為韓伯縫補褲子的圖像情節時，文字也將書寫的主軸帶入到韓伯「告母」的話語中——「熨斗纔從火裏出來 柄是燙的」，這一象徵格致學知識的短句在「這鐵器是傳熱的物」的說明下，成為解讀「愛母—明理」的關鍵。

圖 4-1-3 〈韓伯愛母〉

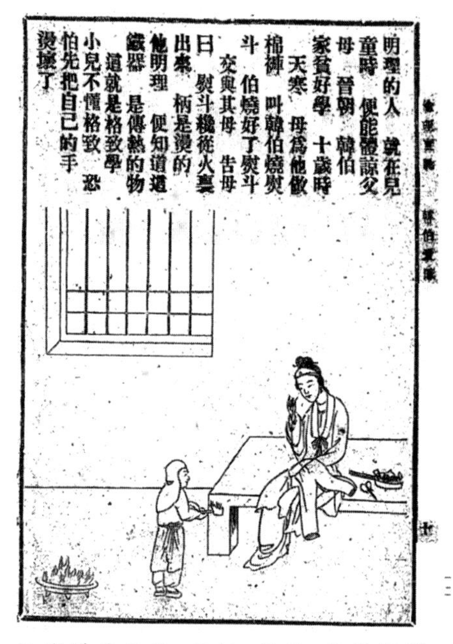

明理的人 就在兒童時 便能體諒父母 晉朝 韓伯 家貧好學 十歲時 天寒 母為他做棉褲 叫韓伯燒熨斗 伯燒好了熨斗 交與其母 告母曰 熨斗纔從火裏出來 柄是燙的 他明理 便知道鐵器 是傳熱的物 這就是格致學 小兒不懂格致 恐怕把自己的手燙壞了

資料來源：《啟蒙畫報合訂本一》（第一冊「倫理實說」十，1902），頁 12。

文字的句首「明理的人 就在兒童時 便能體諒父母」將「兒童學習明理」放在「體諒父母」的社會認知中，以此點出兒童明理之於親子互動的重要，但什麼是「理」呢？「韓伯」作為圖文中被建構的核心人物，透過「遞母熨斗」的行為，將「理」與器物（熨斗）背後的自然科學知識做一意義聯結，以此傳遞出兒童懂格致（科學）才能「愛母」的新意涵。

「韓伯愛母」採用借古說今的敘事策略，將「理」視為「兒童」在家庭日常生活的實踐，由此，學習自然科學知識的必要性和重要性在服膺「母慈子孝」的既有倫理規範下被合理化、正當化了。

圖 4-1-4 的「念賢」與「韓伯」一樣，都取材自古時蒙學讀物，他們皆是歷史上有所載的有功名聲望之人。此篇「念賢明理」以上圖下文的方式構成，位於文字上方的圖像呈現了一幅多人互動的室內場景：成年男子手執的幡、身穿的長服作為製碼的圖像訊息，預設其職業可能是與占卜道士相關，與此同時，以他為參照的兩側兒童形成了鮮明對比：左側三名兒童面向成人站立，聽其講話；右側一名兒童則背對算命師，坐在長桌前專心讀書，一多一寡的分配呈現

差異，也是視覺核心之所在。不過，為什麼唯獨右側兒童沒有參與眾人互動的原因卻沒有在圖中揭露更多，我們需要文字的輔助才能得知整則文本的意涵。

圖 4-1-4 〈念賢明理〉

古人說天字 都作理字講 天是人人公共的 理亦是人人公共的 所以叫作公理 北史李念賢 數歲時 即通經史 在學堂中 有一相面先生來了 諸小兒都去相面 獨有念賢不去 人問他何故 他說男兒生死富貴 都在天也 這就是明白公理的話 明白公理 死生富貴 不必想不必怕了

資料來源：《啟蒙畫報合訂本一》（第三冊「倫理 蒙正小史」三，1902），頁 383。

文內的「北史 念賢 數歲時 便通經史 在學堂中 有一相面先生來了」為圖像扮演了意義預設功能，點明圖像所處的空間是古時的教育活動場所——學堂。學堂裡的兒童們原本與相面先生並不熟識，卻因相信面相占卜而圍聚，唯獨念賢沒有像其他兒童一樣相信「相面」，對於這一行為的解釋，「念賢」給出：「男兒生死富貴 都在天也」。這裡的符號運作，是將「相信命相（運）」與「認為生死富貴在天」作二元符號的對立，前者可進一步延伸為以不確定事物指導人內心與行動的迷信行為，後者則是將生死的不確定放在宇宙運行規律中考察的理性表現。「公理」的實踐呼應了本文揭示的主旨：不要相信命相，因為事物自有不受人主觀意識操控的規律，如此便不必想，更不用怕了。

整則文本結構中，開篇即開宗明義地對「天」作出釋義：「古人說天字 都做理字講 天是人人公共的 理亦是人人公共的 所以叫做公理」，在「公共」這一相同意指下，「天」與「公理」組成同質且可置換的意義聯結，於此，念賢的典故作為立論的引證和說明，所明之「理」即是「公理」。

但「公理」一詞在文本給出的預設「北史時期」還未出現，它實則是西學東漸的晚清引入的外來語，指涉著新的宇宙觀（段煉，2012）。清朝以前，「天理」是以高於人的超越方式存在的宇宙觀，這個宇宙觀以德性為基底，架起一個與天相通、內在超越的心靈秩序，「天理」是中國古代社會的價值基礎，更是文人群體自我規約與意義實現的根本依據，但在晚清國勢羸弱、經濟衰微的現實裡，歐美思想的湧入，特別是達爾文演化論在晚清的傳播，使儒家道德的德性倫理（「仁」）與規範倫理（「禮」）受到挑戰，知識群體急切地需要一套可以解決現實難題的新觀念，由此，傳統的「天命」、「天理」的宇宙觀之外，也出現了由因果關係支配的，以科學的、進化的理性尺度為標準的「公理」。

〈念賢明理〉以求同存異的方式隱去「天理」（以類似宗教般高於人的超越方式存在）與「公理」（強調個人自我的立場和客觀事物的運作規律）的矛盾和差異，從「公共」的同一性角度將「公理」的內涵置換到「理」的實踐中，在以古說今的敘事策略下，「念賢讀書」以「明理」的「理性」成為讓「天理」與「公理」融會的關鍵，以此，過去「天理」中的宿命論、迷信思想作為不合「理」的部分受到挑戰與質疑，而「面相道士」代表「迷信」，「念賢」代表「反迷信」，正隱涉讀書可以不受迷信影響的主題意涵。

圖 4-1-5 出現在畫報第一次改良後的日刊階段，此時，版框內外的訊息位置與月刊時略有調整：有關欄目與期別的標識被放在版框外左側，主題文字「愛惜同類」則被置於版外上方的正中間限定著版內故事的詮釋空間，並將圖文解讀的關鍵與「同類」的意涵相關聯。

版框內的圖文符號系統以上圖下文的形式組成，上方的圖像以兩個討論中的小孩與伸手接物的男子為視覺核心，從男子衣衫不整、骨瘦如材的外貌與弓腰的姿態來看，他的社會地位與經濟收入並不高，其右手執的杆子可視為一個製碼的圖像訊息，預設了男子的身份可能為乞丐頭，因為杆子是象徵清朝丐頭的符號。值得注意的是，圖像中呈現了多組對比關係，包括年齡上的長幼、經濟上的貧富與社會地位的貴賤，這樣的描繪用意何在，需要倚賴文字的說明來填補。

圖 4-1-5 〈愛惜同類〉

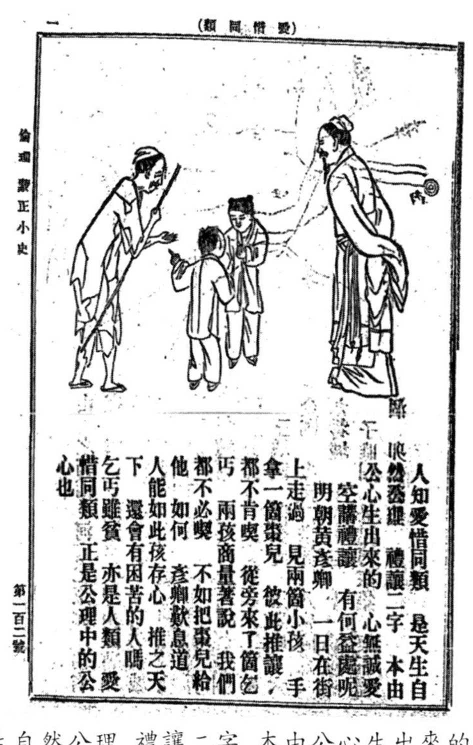

人知愛惜同類 是天生自然公理 禮讓二字 本由公心生出來的 心無誠愛 空講禮讓有何益處呢 明朝黃彥卿 一日在街上走過 見兩個小孩 手拿一箇棗兒 彼此推讓 都不肯喫 從旁來了箇乞丐 兩孩童商量著說 我們都不必喫 不如把棗兒給他 如何 彥卿歎息道 人能如此孩存心 推之天下 還會有困苦的人嗎 乞丐雖貧 亦是人類 愛惜同類 正是公理中的公心也

資料來源：《啟蒙畫報合訂本二》（第四冊「倫理 蒙正小史」第一百二號，1902），頁55。

借助文字「明朝黃彥卿 一日在街上走過 見兩個小孩 手拿一箇棗兒 彼此推讓 都不肯喫 從旁來了箇乞丐」對圖像發揮的預設功能，我們知道圖像中的「兒童」與「成年人」是被放置在公共空間裡檢視的對象，圖像中顯示的穿戴整齊的成年男子「黃彥卿」，他觀察到的事件補充著圖像傳遞的情節：原本兩名孩童在圍繞一個「棗子」相互禮讓，但看到乞丐後，感受到還有人更需要這顆棗子，於是共同商議將它分給乞丐。

作為局外人的「黃彥卿」，為什麼會特別記錄這一事件，兒童「遞棗」對象的選擇實為關鍵。「遞棗」作為「愛惜同類」的隱喻，在行動者「兒童」將棗遞送的對象從同儕轉為陌生乞丐時，「同類」的意涵也隨之升華，成為對弱勢階層的同理與關愛。

整則文本的敘事，由「黃彥卿」和文本的編者共構，從古與今劃開的時空裡，文本建構著「愛惜同類」的新意涵。首先，文本的編者在開篇即給出「愛惜同類」的論點，並運用「人知」、「天生」的詞彙將「愛惜同類」與「公理」的結合放在社會普遍共識和事物發展的客觀規律中。其次，文本將「公理」釋義為：「公心」是「禮讓」的源頭，「誠愛」是「公心」的要義。為證成此觀點，文本將敘事的時間轉入過去的明朝，以「黃彥卿」的觀察作為印證「禮讓—公心」關係的論據。就此，故事結尾「彥卿歎息道」的感嘆「人能如此孩存心 推之天下 還會有困苦的人嗎」，既是明朝當事人「彥卿」的內心情感抒發，也是呼應當下文本編者對「公理」的理解。

文本以「兒童」的待人處事為例證，一方面讚譽了兒童的初心，論述保持良善同理的重要性，另一方面也寄希望於「兒童」，期望他們能持之以恆，讓社會現狀有所改善。「乞丐雖貧 亦是人類」作為文本編者立足當下給出的呼籲，希望「同理與關愛」能從過去沿襲至晚清，從兒童推展至更廣闊的民眾間，以此讓社會群體成員的相互扶助成為擺脫困境苦厄的關鍵，文本也傳遞著以同理之心跨越階級差異的延伸義。

上述有關「理」的三個文本從不同時空下的歷史典故中取材，以舊圖新說的方式傳遞有別於傳統的「理」學知識，三個文本涵蓋了兒童生活的三個場域：家庭（〈韓伯愛母〉）、學堂（〈念賢明理〉）和公共場所（〈愛惜同類〉），「理」在其中以實用的、可被實踐的知識作用於兒童日常生活，指導著兒童如何在既有的「愛母」、「禮讓」等倫理規範下，透過格致知識、理性思辯的學習，達到讀書不迷信、將同儕之間的禮讓昇華至跨越階層界限的互助行動。以此，文本所建構的「理」，是東西方觀念融通的一個展現，它是與改良社會相伴生且具有現實關懷的「理」，在這個「理」之下，兒童需要掌握的並不是束之高閣的形而上哲學，而是落入世俗之間，能夠推進個人與社會發展的實用之「理」。

二、「身體」作為一門學問

「身體」不僅是生物性的也是文化性的一個概念（黃金麟，2001）。晚清的文人士子為擺脫被殖民的困頓局勢，在報刊中提倡教育改革的同時也融入了對兒童身體的建構，在這之前，有關兒童身體的討論多是在家庭中的教養和學堂中的行為規範，但在思想轉型時期，「身體」卻成為在文化中有待區辨與認定的新概念。

圖 4-1-6 〈體操歌〉

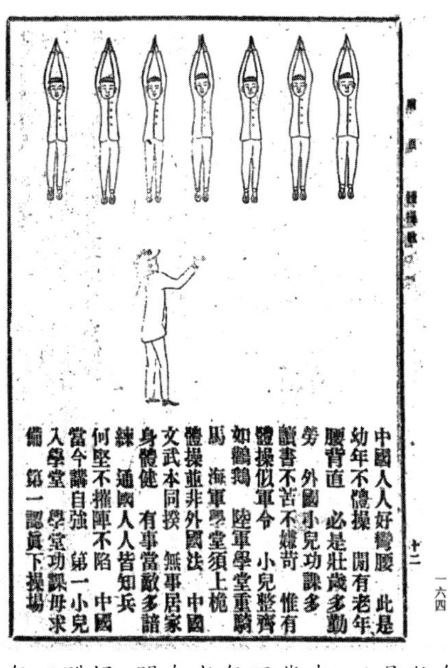

中國人人好彎腰 此是幼年不體操 聞有老年腰背直 必是壯年多勤勞 外國小兒功課多 讀書不苦不嫌苛 惟有體操似軍令 小兒整齊如鶴鵝 陸軍學堂重騎馬 海軍學堂須上桅 體操並非外國法 中國文武本同揆 無事居家身體健 有事當敵多諳練 通國人人皆知兵 何堅不摧陣不陷 中國當今講自強 第一小兒入學堂 學堂功課毋求備 第一認真下操場

資料來源：《啟蒙畫報合訂本一》(第一冊「附頁」十二，1902)，頁 164。

圖 4-1-6 版框外的「體操歌」預設了版框內的主題。文本以 2/3 的篇幅繪製了一幅遠景的群體肖像，整幅圖像中沒有任何空間指示物，以致無法辨識人物所處的場景。圖像的視覺中心：七名整齊劃一站立的兒童，在衣著、髮飾上保持著一致的近代裝扮，動作上皆將雙手在頭頂合十做伸展狀，在他們前面，有一名頭戴帽子、腳穿皮鞋的男子正在指揮。

結合「外國小兒功課多 讀書不苦不嫌苛 惟有體操似軍令 小兒整齊如鶴鵝」對圖像發揮的預設功能可知，圖像表述的是外國學堂的學生在老師的指揮下做體操，同時，文字也發揮著意義功能，補充說明在外國的幼兒教育裡，學生課程是豐富多元的，孩子讀書既不辛苦，也不會被嚴厲對待。在修飾性副詞「惟有」的運用下，「體操」從其他課程中凸顯出來，「體操似軍令」作為對體操概念的說明，以明喻的手法將「體操」與「軍令」做意義連接，並帶出「體操」對身體的規範方式，進一步地，「小兒整齊如鶴鵝」以比擬的手法呈現做體操時的樣態，以呼應圖像中正在做體操的學生們。

在文本結構裡，開篇文字就將個人身體的慣習放在民族集體性中考察，「中國人人好彎腰 此是幼年不體操」中「此是」的因果扣連，讓正在成長的身體——「幼兒」做體操，成為改善民族整體精神風貌的關鍵。相對地，文本又從「老年腰背直 必是壯年多勤勞」中，將成年後的「腰背直」與「多勤勞」建立因果的意義聯結，以此針對身體未成熟的「幼兒」與已經成熟的「成人」，分別給出「做體操」與「去勞動」的行動導向。

外國學堂的學生作為模範，成為宣傳「體操」課程的例證。為拉近體操與中國文化的距離，文字以「體操並非外國法」、「中國文武本同揆」，將「體操」的歷史扣合古代中國的「武」，從而使「體操」成為中國「武」文化傳承至晚清的教育概念新表述。進一步地，透過「有事」、「無事」的兩種狀態評定，將「事」與「國」進行武斷關聯，並預設了兒童練習體操為國效力的延伸義。

「體操歌」沿襲了傳統蒙學讀物的書寫方式，以七言對偶的押韻形式啟蒙讀者。為了向讀者介紹「體操」的觀念，在符號運作上，文本引入了人們較為熟悉的「鸛鵝」、「騎馬」、「上桅」等符號加以解釋和說明，以此拉近讀者與抽象新事物的距離，同時，文本也從民族風貌與自強的雙重視角出發，強調「體操」在新式學堂中設置的重要性與必要性。

圖 4-1-7 〈赤膊致疾〉

北方小兒到了夏日 多喜不穿衣服 在日光下行走 皮膚曬得焦黑 莫若勤洗衣服 著鬆軟潔白的布 白色不引日光的熱 又可以免生瘡癤 火輪船和火輪車上的火夫 暑日常穿絨衣 就是因為絨衣不甚引熱 有小兒的人家 多有不知此理 以致夏日 小兒受病 秋涼之後 不是肚瀉 便是發瘧子 這都是不明格致的緣故

資料來源：《啟蒙畫報合訂本一》（第一冊「格致」十九，1902），頁 121。

圖 4-1-7 出現在格致一欄。框架外左側的主題文字「格致　赤膊致疾」，鎖定了版框內兩位孩童被詮釋方式，扮演預設圖像意義的功能。版框內的圖像以西洋技法，用油墨的輕重呈現出光影的變化，透過影子和人物的比例，可推斷人物所處的時節正是炎熱的正午。視覺中心的兩名男童：一位蹲坐兩手玩沙，另一位則站立行走手握樹枝，他們袒胸露背的玩耍，額頭上都有痘狀物。

「北方小兒到了夏日　多喜不穿衣服」錨定了圖像中的兒童身處的地理空間，也由此帶出北方兒童的一個生活習性：由於夏天天氣熱，兒童穿衣出汗容易導致「瘡癤」，所以不穿衣玩耍是北方兒童夏日解暑的辦法，而皮膚曬黑作為兒童不穿衣服的後果之一，反映在兒童身體的表層；與此同時，北方早晚氣候的溫差變化大，長時間不穿衣服也讓兒童的身體暴露在危險中「以致夏日小兒受病　秋涼之後　不是肚瀉　便是發瘧子」。

面對不穿衣服容易受涼生病、皮膚變黑，穿衣服又容易出汗生「瘡癤」的兩難，編者給出一個解決方案：「莫若勤洗衣服　著鬆軟潔白的布」，作為方案的說明，「白色不引日光的熱」傳遞出白色不易吸熱的格致學知識，以此傳達懂得格致可更好照顧兒童身體健康的延伸義。

〈赤膊致疾〉的文本從日常生活的觀察角度切入，透過「設困—解惑」，將格致學知識傳遞出來。在兩個小兒的故事中，衣服的材質（布）與色彩（白）的選擇涉及科學裡的導熱概念，但文本沒有運用抽象語詞刻板地介紹，反而將其放置在如何照顧幼兒身體健康的常識裡，為加強讀者對知識的瞭解，火輪船（蒸汽船）、火輪車（火車的舊稱）上的火夫穿絨衣成為擴充導熱原理的素材，這些來源於日常生活的說明都將格致知識賦予實用學問的延伸義。

同時，文字在結尾透過「有小兒的人家」點出了文本預設的閱讀對象，也就是在家庭中教養、照顧小孩的人—「母親」，她們作為格致學知識的接收者，在「多有不知此理　以致夏日　小兒受病」的推論下，傳遞出母親應學習格致學，才能好好養育兒童的第二層延伸義。

圖 4-1-6〈體操歌〉與圖 4-1-7〈赤膊致疾〉的兩則文本皆表現出對「兒童」身體的注意。〈體操歌〉中，「兒童身體」在國家、集體的隱喻下成為新式學堂需要配備的必修課程；〈赤膊致疾〉中，透過格致知識的運用與示範，文本誘導著關切孩子身體健康的母親，應該與時俱進，透過學習新知以更好地育兒、愛兒，在這兩則文本中，兒童的身體皆成為可實踐、也可被校驗新知的載體。

三、遊戲的意義和價值

唐朝文學家韓愈曾於〈進學解〉說道:「業精於勤荒於嬉,行成於思毀於隨。」這原本是在勸誡後輩要精進努力，態度不可輕浮隨便，如此才能成就學業。但在長期科舉制的影響下，傳統學堂流於刻板枯燥，兒童喜愛的遊戲不僅不被視為正途，更是被污名化,「兒童」在此觀念影響下，被期待能夠靜默好學且早慧，以此服膺成人社會的價值體系。及至清朝，社會仍認為學習與遊戲不能並存、遊戲有害於學習，即便是晚清倡議教育改革，兒童遊戲在私塾裡仍屬禁止的項目（蔣夢麟，2000）。《啟蒙畫報》在〈小英雄歌〉（圖 4-1-1）中即以孔子遊戲成聖人為例，倡議兒童遊戲，但面對社會業已成形的靜默好學觀念，文本如何衝破思維的窠臼實屬關鍵，以下兩則是畫報從古、今兩個方面給出的嘗試。

圖 4-1-8 〈薛世雄〉

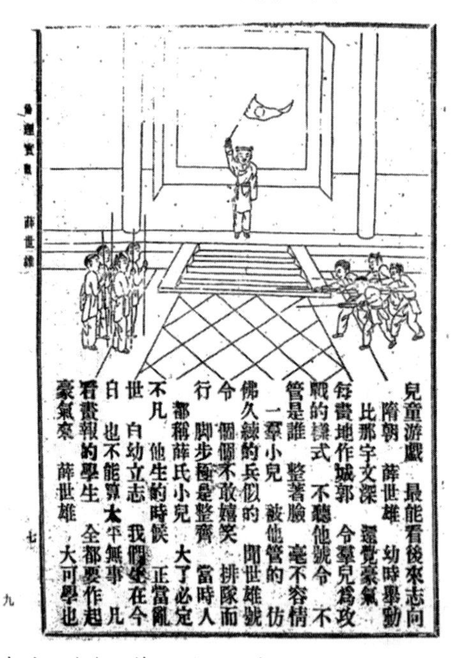

兒童遊戲 最能看後來志向 隋朝 薛世雄 幼時舉動 比那宇文深 還覺豪氣 每畫地作城郭 令群兒為攻戰的樣式 不聽他號令 不管是誰 整著臉 毫不容情 一群小兒 被他管的 仿佛久練的兵似的 聞世雄號令 個個不敢嬉笑 排隊而行 腳步極是整齊 當時人 都稱薛氏小兒 大了必定不凡 他生的時候 正當亂世 自幼立志 我們生在今日 也不能算太平無事 凡看畫報的學生 全都要作起豪氣來 薛世雄 大可學也

資料來源：《啟蒙畫報合訂本一》（第一冊「倫理實說」七，1902），頁 9。

上圖 4-1-8〈薛世雄〉是《啟蒙畫報》發行的早期，於合訂本第一冊「倫理實說」中提及的「遊戲」。版框內文字上方的圖像描繪了一位兒童與同儕的互動，其中，站在臺階上的兒童作為視覺中心，他身著漢服，右手執旗高舉，指揮著台階下的兩側兒童，左側的孩群腰身挺拔、整齊站立，右側的孩群則弓步向前，將杖橫握做衝殺之狀，儼然一副演練模樣。

「兒童遊戲 最能看後來志向」作為文字的開篇，對圖像中的同儕互動賦予「遊戲」意涵的同時，也將「遊戲」的功用導入預測兒童發展的「志向」裡。接續的文字「隋朝 薛世雄……每畫地作城郭 令群兒為攻戰的樣式」錨定了圖像視覺核心的兒童「薛世雄」的個體身份，並進一步以文字深入說明：生逢亂世的薛世雄，幼時即從遊戲中顯現出不凡的軍事才能，他的豪氣與淡定自若的指揮不僅使同儕樂於聽命，也受到大人的讚許。以此文本在傳遞兒童遊戲可看出未來志向時，也給出遊戲有益兒童發展的延伸義。

「薛世雄」作為主題文字，也是解讀「遊戲」意涵的關鍵人物符號，結合歷史可知，薛世雄本是隋煬帝時期的著名大將，因駐守西域伊吾（西域的入口）、修建伊吾城，並屢次抵擋敵兵來犯，維護邊疆之安寧而深受隋煬帝喜歡（馮立君，2020）。文本「我們在今日 也不能算太平無事」將「薛世雄」所處的亂世情境與晚清的動盪時局做呼應，以此從幼時「薛世雄」帶領同儕練兵，傳遞著兒童保家衛國的意涵，也基於此，「兒童遊戲」具有了合理發展的社會意涵。

其次，相較中國傳統的蒙學教育，幼兒常被鼓勵靜默好學，晚清時期「兩耳不聞窗外事，一心只讀聖賢書」的比比皆是，但文本〈薛世雄〉卻在以古喻今中透過「遊戲練兵」傳遞著教育方向與時勢的密切互動。

下圖 4-1-9 是《啟蒙畫報》在 1903 年 12 月初開設的新欄目。此篇「遊戲格致」作為欄目名也是主題名，在版框內「引子」的指涉下可說是對「遊戲格致」緣何開設的介紹。版框中的圖像位於文字的末端，它以兒童群聚的方式呈現了兒童玩耍的項目。但「遊戲」何以與「格致」相連，則需借助更多的文字訊息，分析文字對圖像發揮的意義功能。

文字的句首「兒童的性情 沒有不喜歡遊戲的 亦沒有不怕講學問的」將兒童熱愛遊戲與主動學習求知統合在兒童的「性情」這一天性下，以此使「遊戲」與「學問」建構成可以圓融互通的概念。

在肯定遊戲與學問可以共融的基礎上，文本將視角轉入到教育者如何教學上，並以「會教導的人」帶出循序漸進的教育觀念，將「遊戲」合理化為能夠被教育者應用的教學法。

圖 4-1-9 〈遊戲格致 引子〉

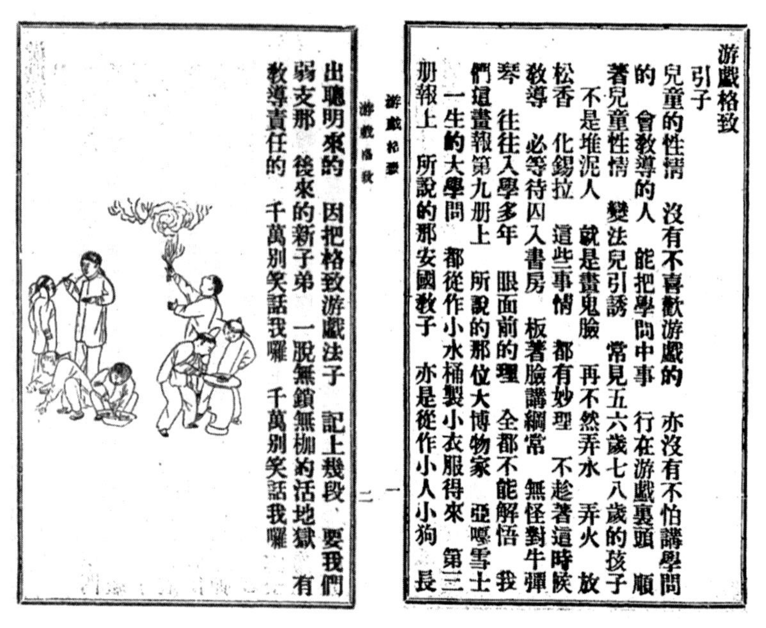
游戲格致
引子
兒童的性情 沒有不喜歡游戲的 亦沒有不怕講學問
的 會教導的人 能把學問中事 行在游戲裏頭 順
著兒童性情 變法兒引誘 常見五六歲七八歲的孩子
不是堆泥人 就是畫鬼臉 再不然弄水 弄火 放
松香 化錫拉 這些事情 都有妙理 不趁著這時候
教導 必等待囚入書房 板著臉講綱常 無怪對牛彈
琴 往往入學多年 眼面前的理 全都不能解悟 我
們這畫報第九册上 所說的那位大博物家 亞嘎雪士
一生的大學問 都從作小水桶製小衣服得來 第三
册報上 所說的那安國教子 亦是從作小人小狗 長
游戲格致 一

游戲格致 二
出聰明來的 因把格致游戲法子 記上幾段 要我們
弱支那 後來的新子弟 一脫無鎖無枷的活地獄 有
教導責任的 千萬別笑話我囉 千萬別笑話我囉

兒童的性情 沒有不喜歡遊戲的 亦沒有不怕講學問的 會教導的人 能把學問中事 行在遊戲裏頭 順著兒童性情 變法兒引誘 常見五六歲七八歲的孩子 不是堆泥人 就是畫鬼臉 再不然弄水 弄火 放松香 化錫拉 這些事情 都有妙理 不趁著這時候教導 必等待囚入書房 板著臉講綱常 無怪對牛彈琴 往往入學多年 眼面前的理 全都不能解悟 我們這畫報第九冊上 所說的那位大博物家 亞嘎雪士 一生的大學問 都從作小水桶製小衣服得來 第三冊報上 所說的那安國教子 亦是從作小人小狗 長出聰明來的 因把格致遊戲法子 記上幾段 要我們弱支那 後來的新子弟 一脫無鎖無枷的活地獄 有教導責任的 千萬別笑話我囉 千萬別笑話我囉

資料來源：《啟蒙畫報合訂本六》（第二年三冊下「遊戲格致」一至二，1903），頁 151～152。

為進一步說明遊戲的好處，文本給出兩種截然不同的教導模式。一種是晚清當下很多私塾擁有的教學方案：「囚入書房 板著臉講綱常 無怪對牛彈琴」，它指向了一個在固定的空間裡嚴肅而刻板地照本宣科的教學，「對牛彈琴」將這種教育結果導入到「全都不能解悟」的失敗中；另一種教學方案則是揀選《啟蒙畫報》曾刊印的外國成功案例，以此證成「遊戲格致」在晚清落實的可能。

在外國與晚清舊式私塾的兩組教學法中，遊戲的教育成果凸顯。這讓文本在中西教育成效的落差中，有空間重申遊戲格致之於強國的重要性。「要我們弱支那 後來的新子弟 一脫無鎖無枷的活地獄」，「弱支那」作為文本傳遞出的集體認同，暗含著在國際競爭局勢中晚清的劣勢地位，而「遊戲格致」，作為提醒教育者改善教學法以幫助兒童掙脫教育牢籠的關鍵，也在「弱支那」的指涉下，將「遊戲」與「國家競爭」關聯起來，換言之，「遊戲格致」的最終目的是更好地吸收學問以實現民族自強，這是文本對兒童要「遊戲格致」所傳遞的延伸義。

值得一提的是，研究者曾以「遊戲格致」為關鍵詞搜尋「全國報刊索引」中的文獻，除《啟蒙畫報》之外，其他同期報刊並沒有「遊戲格致」用法，再加上文本連續兩次在文末強調「千萬別笑話我囉」，從這些線索裡試推：將「遊戲」與「格致」兩個時下的熱門概念作意義聯結可能是編者的個人主張。由於當時的社會情境裡，「遊戲格致」還沒有獲得有力的理論依據與社會觀點的支持，所以編者只能以自謙、自嘲的方式作結。

但這種將「遊戲」（生活）與「格致」（學問）結合的大膽嘗試，卻並不是心血來潮的妄斷，「遊戲格致」刊行在《啟蒙畫報》的第二年下冊，當時的畫報已歷經兩次改版，在編創過程中，編者透過對自身教育經驗的總結以及在書寫中對「遊戲」、「格致」的體悟與反思，加之彭翼仲親辦蒙養學堂與女學堂，都不難推估編者是為改善教學法萌生的創意之舉。

本節的文本從「理」、「身體」、「遊戲」三個方面選材，試圖總結《啟蒙畫報》在教育轉型中所呈現的「新知」面貌。「理」作為古已有之，引導人們思考與實踐的學問，在「明理」的指涉下融入了注重客觀規律的「理性」，並成為指導兒童行動的實用學問；「兒童的身體」曾經歸屬於家庭、宗族的私領域範疇，但在民族、國家概念的催化下「身體」也成為救國、強國的一部分，學堂裡的體操課與家庭中母親育兒的新方法都促使「兒童身體」成為新知實踐的目標和方向，反過來，兒童也被鼓勵經由身體的訓練，肩負起保家衛國的民族使命；「遊戲」作為在古代中國被污名，在《啟蒙畫報》中被正名的學問，透過和「愛國」、「格致」的武斷聯結成為適宜的教育法，兒童也被期待從生活遊戲的體驗與觀察中運用新知從而達成教育救國的目的。

第二節　新式教育的落地與生根

1902 年，時任管學大臣的張百熙主持擬定了《欽定學堂章程》（壬寅學制），這是中國近代由國家頒佈的第一個學制系統，但由於朝廷保守派認為讀經內容不夠而遭到抵制最終無法實施，直至 1904 年 1 月，張百熙與榮慶、張之洞共同主持制定的《奏定學堂章程》（癸卯學制，以下簡稱《奏定》）讓朝堂達成一致意見，中國官方頒佈的現代學制才有了落地的空間（黃士嘉，2006），在

1902 年到 1904 年間新學制尚未落實的空隙裡，正是《啟蒙畫報》發刊之際，作為社會輿論的風向標，它為教育觀念的移風易俗起到了不可或缺的助力。

一、從私塾到新式學堂

基礎教育未被納入教育體制建置之前，兒童先在家庭中接受啟蒙，繼而進入民間私學（私塾、書院等）讀書，這條接受教育的路徑可說是有啟蒙需求的普遍選擇，但當新政確立了教育體制轉型的目標後，新式學堂成為了文本關注的新事物。

圖 4-2-1 〈祖瑩勤學〉

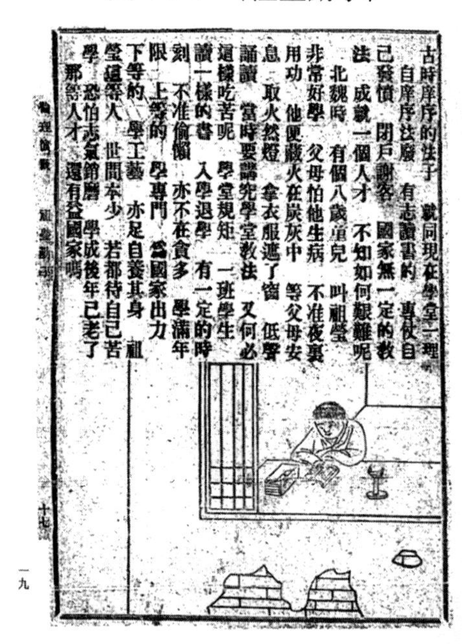
古時庠序的法子 就同現在學堂一理
自庠序法廢 有志讀書的 專仗自
己發憤 閉戶謝客 國家無一定的教
法 成就一個人才 不知如何艱難呢
北魏時 有個八歲童兒 叫祖瑩
非常好學 父母怕他生病 不准夜裏
用功 他便藏火在炭灰中 等父母安
息 取火然燈 拿衣服遮了窗 低聲
誦讀 當時要講究學堂教法 又何必
這樣吃苦呢 學堂規矩 一班學生
讀一樣的書 入學退學 有一定的時
刻 不准偷懶 亦不在貪多 學滿年
限 上等的 學專門 爲國家出力
下等的 學工藝 亦足自養其身 祖
瑩這等人 世間本少 若都待自己苦
學 恐怕志氣銷磨 學成後年已老了
那等人才 還有益國家嗎

倫理實說 祖瑩勤學 十七

一九

古時庠序的法子 就同現在學堂一理 自庠序法廢 有志讀書的 專仗自己發憤 閉戶謝客 國家無一定的教法 成就一個人才 不知如何艱難呢 北魏時 有個八歲童兒 叫祖瑩 非常好學 父母怕他生病 不准夜裏用功 他便藏火在炭灰中 等父母安息 取火然燈 拿衣服遮了窗 低聲誦讀 當時要講究學堂教法 又何必這樣吃苦呢 學堂規矩 一班學生 讀一樣的書 入學退學 有一定的時刻 不准偷懶 亦不在貪多 學滿年限 上等的 學專門 為國家出力 下等的 學工藝 亦足自養其身 祖瑩這等人 世間本少 若都待自己苦學 恐怕志氣銷磨 學成後年已老了 那等人才 還有益國家嗎

資料來源：《啟蒙畫報合訂本一》（第一冊「倫理實說」十七，1902），頁 19。

圖 4-2-1〈祖瑩勤學〉是以談古說今的方式倡議新式學堂的一則文本，它位於《啟蒙畫報》合訂本第一冊的「倫理實說」一欄。印刷的邊框線將文本拆分為內外兩個部分，版框線外的文字訊息以中文數碼「一七」標示標題與欄位的

位置。版框內文字下方的圖像以透視法呈現了一位挑燈夜讀的兒童，值得留意的是他所處的學習環境並不舒適，剝落的墻壁、厚重的書籍和微弱的燈光都指涉著「陋室」。結合上方的文字「北魏時 有個八歲童兒 叫祖瑩」可將圖像中的兒童身份鎖定，「拿衣服遮窗 低聲誦讀」則預設了祖瑩用功苦學的自學情境。

結合整個文本結構來看，圖像中祖瑩勤學的故事並不是號召兒童以祖瑩為學習榜樣，而是透過古代兒童自學的缺點，倡導教育方法的革新。具體來說，文本的第一句就開宗明義地給出了一個古今對照的敘事空間，以說明新式學堂的作用和價值。「庠序」作為古代官方教化民眾的基礎建置，類比政府即將推行的新式學堂，透過「庠序法」廢除後，個人求學艱難，國家人才也變少的雙重不利，文本給出由政府主導發展基礎教育的重要性。

順著這樣的敘事脈絡，「祖瑩」作為「庠序」廢除後的苦讀兒童，與今日學堂的兒童形成了對比關係。「祖瑩」的刻苦用功在符號意指的轉化下，成為教育沒有統一規劃的不利結果；與之相對的新式學堂中的兒童，不僅不需吃苦、有統一的書目與時間規劃、學習進程也有合理編排。

循此，人才的培養也可依據學習成果而有「上等」、「下等」的分流和規劃：下等的「自養其身」，學習工藝等學實用技能；上等的學專門知識為國出力。經由人才的分流分級，兒童入學堂與個人、國家的未來相接洽，學習的目標也轉入為社會、國家效力的導向。

為進一步鼓勵當下兒童進入新式學堂就讀，文本在結尾以欲抑先揚的手法，先肯定祖瑩的資質與品性，再指出苦讀自學缺乏效率的弊病，從而呼籲人們能夠響應國家的號召，從大局觀與兒童自身的學習效率出發，將孩子送入新式學堂就讀。

〈祖瑩勤學〉出刊於 1902 年，當時新式教育機構的名詞尚未由政府統一規劃，文本將還未明朗的新式學堂放置在「庠」、「序」的脈絡里，借由《禮記．學記》中古代社會的教化場所「庠」、「序」，將新型教育機構的想像與有據可考的「庠」、「序」作意義連接，以此為發展新式教育提供想像的空間。

歷史上，祖瑩是北魏大臣、文學家，有關他的幼時故事被寫入經典的蒙學讀物《三字經》里，「瑩八歲，能詠詩。泌七歲，能賦棋」意在強調兒童的早慧。但在《啟蒙畫報》的文本轉譯下，祖瑩的個人特質被弱化了，他被描述成一個勤學但學習無章法的兒童，借此帶出新式教育機構的重要性與功能，在「主題句—故事例證—觀點證成」的論述結構里，「祖瑩勤學」看似在說著耳熟能詳的過去事，但實則是為了給當下一個反思的敘事空間，產生新的觀念或教訓，也就是技巧性地借用古時候的故事來傳遞時新的新式蒙學觀念，此間，對歷史名人典故的運用，無疑增強了可信度與說服力，使新觀念的傳遞能有合理化、自然化的推動空間。

圖 4-2-2 〈小兒怨〉

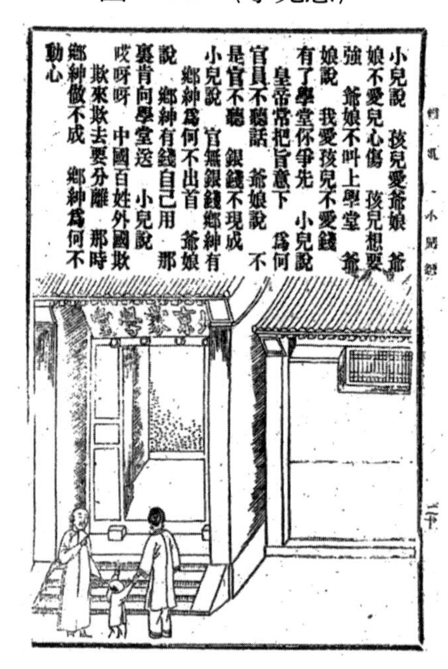

小兒說 孩兒愛爹娘 爹娘不愛兒心傷 孩兒想要強 爺娘不叫上學堂 爺娘說 我愛孩兒不愛錢 有了學堂你爭先 小兒說 皇帝常把旨意下 為何官員不聽話 爹娘說 不是官不聽 銀錢不現成 小兒說 官無銀錢鄉紳有 鄉紳為何不出手 爺娘說 鄉紳有錢自己用 哪裡肯向學堂送 小兒說 哎呀呀 中國百姓外國欺 欺來欺去要分離 那時鄉紳做不成 鄉紳為何不動心

資料來源：《啟蒙畫報合訂本一》（第二冊「雜俎」二十，1902），頁 364。

上圖 4-2-2〈小兒怨〉是畫報創辦人彭翼仲和畫師劉炳堂「改良年畫」的首次實踐，畫師劉炳堂透過文字下方的圖像反映現實問題。從圖像中匾額中的「北京蒙學堂」五個字可以推斷圖像描繪的空間是一所新興的幼兒教育機構，但面對敞開的大門，一家三口卻沒有選擇進來，而是徘徊在門外仿佛在討論：圖像的視覺中心是一手指學堂想要進去的孩子，可卻被右側的母親牽住無法前行，站在孩子旁的父親則面向孩子似乎說著什麼。

框內的文字以「小兒說」、「爹娘說」的四問三答為圖像作情境預設功能，並補充三人所聊內容與蒙養學堂有關。從文本敘事結構來看，〈小兒怨〉先將

「小兒上學堂」與「要強」的意識形態做武斷聯結，以預設「兒童—要強—新式學堂」一個為國競爭之教育目的。接下來，文本將小兒如何能去學堂轉入到社會公共事務領域中，在一家三口的四問三答中，「爹娘」與「愛兒」;「官員」與「政策」;「鄉紳」與「銀錢」構成了支持幼兒去新式學堂的三項條件。其中，鄉紳提供銀錢被放置在與小兒有血脈親緣的父母、有利體制結構內官員角色穩定同等重要的位置，並以民族共榮為感召，合理化鄉紳出資興建新式學堂的必要。

然而，為何晚清新式學堂的經費需仰賴鄉紳？回溯晚清社會環境可知，「鄉紳」乃是封建體制中，藉由科舉制度不斷穩固而發展起來的保守勢力，他們多由地方富裕的階級組成。在千余年的時間里，由於基礎教育遊離在國家整體教育的部署之外，鄉紳作為民間社會中政治穩定的基本力量，也是地方權力的代表，為回饋地方，常以義捐的形式籌辦社學或義學，這是近世中國鄉村社區基層教育的一環，也是一種社會救濟設施，是村落內部相互扶持的公益之舉（小川嘉子，1958）。

文本〈小兒怨〉以三五七言的兒歌形式構成，將新式學堂興建之責歸因鄉紳群體，即是反映鄉紳在晚清教育機構建置中所起到的作用與影響。在新式學堂發展之初，它一方面遭遇到來自官方或民間，不同階層觀念的層層困境，另一方面也需官民協力才能讓新式學堂得以在全國範圍內落實，易言之，《辛丑條約》(1901 年 9 月 7 日）的巨額賠款簽訂後，清政府雖有建設基礎教育的創想，但國庫的虧空已難獨立落實教育建置，面對這一經濟困境，〈小兒怨〉以「愛國」作為說服，提出以政府主導，合鄉紳之財力，推動新式學堂發展的主張。

圖 4-2-3〈大港美舉〉出現在 1903 年的「時聞」一欄，它花費了近三個版面轉載並改寫了從《北洋官報》上看到的一則各省新聞——「興學閱報」(如圖 4-2-4)，並將其命名為版框外的標題「大港美舉」。畫報第二版的框內圖像以透視法呈現了一副學堂讀書場景，循著學生行走的路徑我們可將視線轉入圖像右側的中式建築物上，它的門楣處寫著「趙氏先祠」四字，預設著圖像的空間單位乃是趙姓宗族子孫供奉與祭祀祖先的地方，左側楹聯上的「大港英文學堂」六字可說是視覺中心，不僅錨定了中式建築物的功能，也預設了教學的內容與性質。但有趣的是，多數先祠的楹聯皆圍繞處世、哲理、家訓等內容用以警示子孫，而「趙氏先祠」卻以新式學堂的名字取而代之，圖像如何會有這樣的安排，需結合文字才能辨識出整體意涵。

圖 4-2-3 〈大港美舉〉

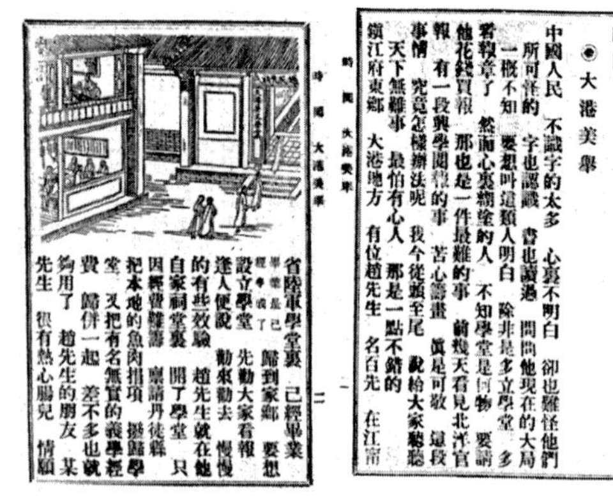

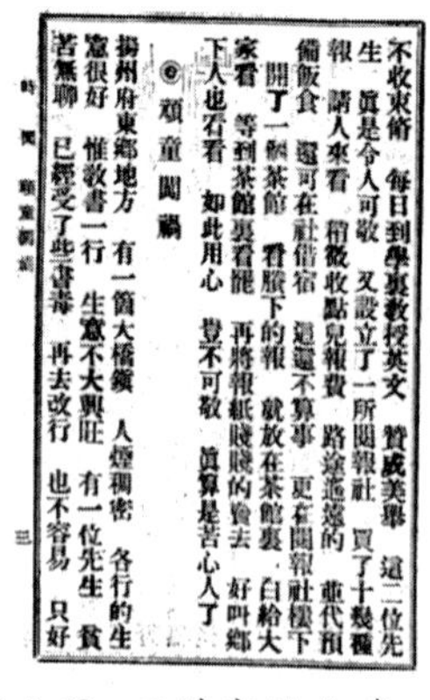

中國人民 不識字的太多 心裏不明白 卻也難怪他們 所可怪的 字也認識 書也讀過 問問他現在的大局 一概不知 要想叫這類人明白 除非是多立學堂 多看報章了 然而心裏糊塗的人 不知學堂是何物 要請他花錢買報 那也是一件最難的事 前幾天看見北洋官報 有一段興學閱報的事 苦心籌畫 真是可敬 這段事情 究竟是怎樣辦法呢 我今從頭至尾 說給大家聽聽 天下無難事 最怕有心人 那是一點不錯的 鎮江府東鄉大港地方 有位趙先生 名百先 在江甯省陸軍學堂裏 已經畢業 畢業是已經學成了 歸到家鄉 要想設立學堂 先勸大家看報 逢人便說 勸來勸去 慢慢的有些效驗 趙先生就在他自家祠堂裏 開了學堂 只因經費難籌 稟請丹徒縣 把本地的魚肉捐項 撥歸學堂 又把 有名無實的義學經費 歸併一起 差不多也就夠用了 趙先生的朋友 某先生 很有熱心腸 情願不收束脩 每日到學裏教授英文 贊成美舉 這二位先生 真是令人可敬 又設立了一所閱報社 買了十幾種報 請人來看 稍微收點報費 路途遙遠的並代預備飯食 還可在社借宿 這還不算事 更在閱報社樓下 開了一個茶館 看賸下的報 就放在茶館裏 白給大家看 等到茶館裏看罷 再將報紙賤賤的賣去 好叫鄉下人也看看 如此用心 豈不可敬 真算是苦心人了

資料來源：《啟蒙畫報合訂本五》（第二年一冊下，「時聞」五，1903），頁 222。

文字「鎮江府東鄉 大港地方 有位趙先生 名百先 在江甯省陸軍學堂裏 已經畢業 畢業是已經學成了 歸到家鄉 要想設立學堂」發揮情境預設功能，將學堂建設與趙百先連結起來，並牽引出趙先生的家鄉——鎮江府東鄉的大港，以此補充說明「大港」的地名與圖像楹聯「大港」二字之關聯，同時也指涉版框外的主題文字「大港」，限定了「美舉」的地理位置。

在交待學堂創辦人的背景後，文字補充說明圖像所未傳達的細節，給出趙百先創立新式學堂的前後脈絡：他先鼓勵鄉鄰閱報以開化觀念，之後又在自家祠堂中開設免費學堂，以西學新知進一步啟迪鄉民；進一步地，趙百先與友人不以營利為目的設立閱報社、開茶館，並將過期刊物賤價販售以擴展到對鄉下人的啟蒙，由此文本借趙百先的在地教育實踐傳遞出學成歸來的新派文人不計回報地啟蒙下層鄉鄰，肩負社會責任的明示義。

將故事置入文本的敘事結構，開篇「難怪」與「所可怪」，提示出了兩類對時局漠不關心，有待啟蒙的群體——「識字」與「不識字」的中國人。為解決這一問題，文本提出「看報」（識字）與「立學堂」（不識字）兩種促進民眾了解時聞，帶動社會參與的對策。「然而心裏糊塗的人 不知學堂是何物 要請他花錢買報 那也是一件最難的事」將北方啟蒙先鋒於實踐中遭遇的困境揭示：「不識字」的人不瞭解學堂；「識字」的人不肯花錢買報。由此，文本引入《北洋官報》的〈興學閱報〉，以南方的成功案例啟迪北方的有識之士。

圖 4-2-4 〈興學閱報〉原文

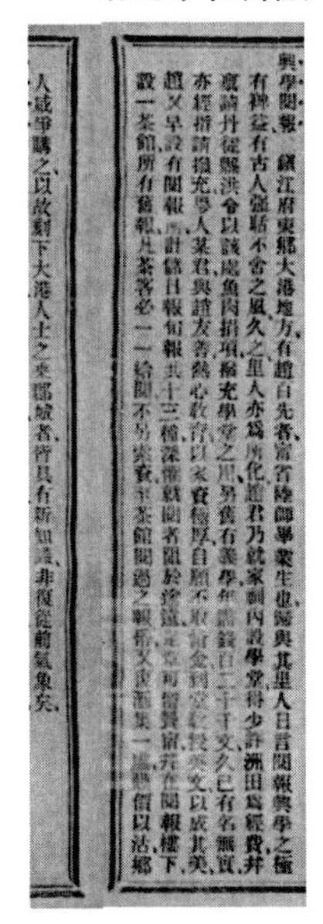

興學閱報 鎮江府東鄉大港地方、有趙百先者、甯省陸師畢業生也、歸與其里人日言閱報興學之極有裨益、有古人強聒不舍之風、久之、里人亦為所化、趙君乃就家祠內設學堂、得少許洲田為經費、井稟請丹徒縣洪令以該處魚肉捐項、撥充學堂之用、另舊有義學、年需錢百二十千文、久已有名無實、亦經指撥充粵人某君、與趙友善、熱心教育、以家資極厚、自願不取脩金、到堂教授英文、以成其美、趙又早設有閱報所、計儲日報旬報共十三種、深懼就閱者阻於途遠、定章可留餐宿、井在閱報樓下、設一茶館、所有舊報、凡茶客必一一給閱、不另索資、至茶館閱過之報帋、又復匯集一處、賤價以沽、鄉人咸爭購之、以故刻下大港人士之來郡城者、皆具有新知知識、非復從前氣象矣、

資料來源：《北洋官報》，1903 年，第 126 期，頁 15～16。

圖 4-2-4 為《北洋官報》刊載的〈興學閱報〉原文。《北洋官報》與《啟蒙畫報》的創辦背景都在義和團拳匪之亂後，有感於局勢危殆所創辦，這兩份 1902 年創辦的報刊都在北方深具影響力，只不過《北洋官報》是由北洋官報局的政府主導，屬於清末創辦最早、最有影響力的地方政府官報，《啟蒙畫報》

則為私人籌辦的致力下層民眾啟蒙的讀物。

由此，我們可從圖 4-2-3 與圖 4-2-4 的文本對比中看到，〈興學閱報〉的文體仍以文言文為要，輔以「、」作為斷句標示，以提升閱讀速度；「大港美舉」則以京話白話文的方式，更貼近日常口說，文字「我今從頭至尾 說給大家聽聽」即有由「寫」入「說」，由「看」入「聽」的啟蒙方式之轉變，以此，降低文本閱讀的門檻，可透過識字人念報的「聽」對不識字的人進行啟蒙。

因著兩份報刊面向的讀者群不同，帶有中央政府官報作用的《北洋官報》以表彰形式講述〈興學閱報〉一事；《啟蒙畫報》則將其置入到北方啟蒙風氣未開的大背景下，試圖以〈大港美舉〉帶動有識之士加入啟迪下層民眾的隊伍，以實際行動借鑑大港趙百先的義舉。源於此，畫報凸顯「美舉」二字，並對〈興學閱報〉原本未予說明的「畢業」一詞以小字解釋，「畢業」作為西文日譯傳入清朝的新詞彙之一，對於不識字和不關心時局的中國人來說則是一個有待補充與說明的新語彙。

以此，〈大港美舉〉在讚許趙百先及其友人義舉的明示義下，也視其為行動模範，趙百先及其友人都是接受新式教育之人，他們反哺家鄉、熱心教育的行為正是對新式教育成效的有力證明，文本鼓勵有志啟蒙北方民眾的文人可效仿其作為，此為文本的延伸義之一；與此同時，文本也在南方有大港趙百先啟蒙鄉鄰，北方的皇城根卻時局未開的對比中，刻劃出南北風氣之落差，繼而鼓勵北方識字不懂大局和不識字的人能夠積極參與到不同場所的公共活動，以主動積極的方式接受啟蒙訊息，此為延伸義之二。

圖 4-2-5 〈半日學堂〉

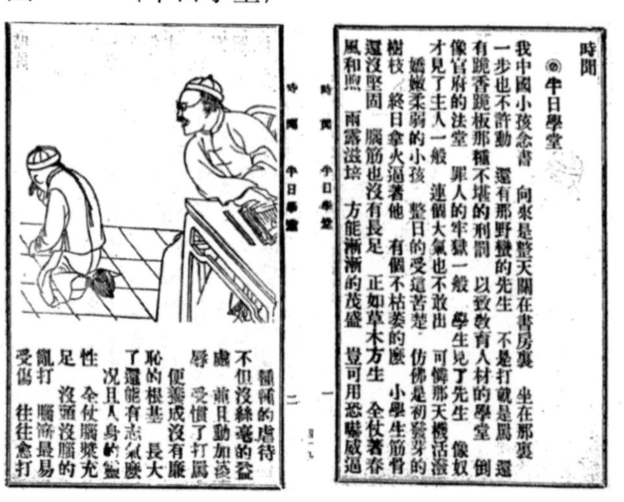
時聞

◎半日學堂

我中國小孩念書　向來是整天關在書房裏　坐在那裏一步也不許動　還有那野蠻的先生　不是打就是罵　還有跪香跪板那種不堪的刑罰　以致教育人材的學堂　倒像官府的法堂　罪人的牢獄一般　學生見了先生　像奴才見了主人一般　連個大氣也不敢出　可憐那天機活潑嬌嫩柔弱的小孩　整日的受這苦楚　彷彿是初發芽的樹枝　終日拿火逼著他　有個不枯萎的麼　小學生筋骨還沒堅固　腦筋也沒有長足　正如草木方生　全仗著春風和煦　雨露滋培　方能漸漸的茂盛　豈可用恐嚇威逼種種的虐待　不但沒絲毫的益處　並且動加凌辱　受慣了打罵　便養成沒有廉恥的根基　長大了還能有志氣麼　況且人身的靈性　全仗腦漿充足　沒頭沒腦的亂打　腦髓最易受傷　往往愈打愈笨　有終身成為廢人的　豈不可傷　這等野蠻先生不知道自己不是　還要自誇教法認眞　妄說什麼師嚴道尊　以為作先生　就應該這樣的　本報悲童蒙無知　遭此困難　再三勸誡　已是舌敝唇焦　無奈風氣不開　舊習難革　兩年來蒙館先生　還是守著舊法　虐待童蒙　毫不知道改良　眞是無可如何的事　現在天津　仿照東西洋的規矩　設立半日學堂　專教童蒙　每日只有兩點鐘功課　每一位教習　一天能教四班學生　這個法子有許多好處　第一功課簡少　容易記認　學生心力有餘　只有樂趣　毫無苦境　自然願意向學　第二貧家子弟　每日須賺錢糊口　不能整天讀書　有這半日學堂　便可抽空上學　並不耽誤工夫　第三學堂的教法　極淺極

近　都是眼面前常用的字
那種作小生意的學生
今天所學的字　所講的算
當天便可應用　隨學隨
用　有半年三個月的工夫
文理也能明白了　就是
作小買賣　也比不識字的
人　便宜多了　目下天津
一縣　統共有半日學堂七
八處　京城地方　比天津
大好幾倍　能得有心人提
倡　經費無多　比辦別的

時聞　半日學堂　四

學堂　費省功大　只要半日學堂　越立越多　風氣自然
開了　再籌款立中小學堂　也就容易了
◎紅十字會
古人云兵者凶器　又云佳兵不祥　蓋兩國相爭　以殺戮
爲功　以殘忍爲用　大傷天地之和　況近來火器日精
能殺人於數十里外　炮火所到　堅城皆摧　炸彈飛空
萬人拚命　血肉狼藉　死無完尸　其慘酷情狀　什百倍
於刀兵　更有被鎗傷　倒臥在地　不能行動　血流偏體
晝曝烈日之中　夜當風露之下　創口併裂　飢渴難當
欲生不得　求死不能　此等苦楚　比登時畢命之人
更加百倍　所以泰西各國　仁人義士　大發惻隱之心

時聞　紅十字會　五

我中國小孩念書 向來是整天關在書房裏 坐在那裏 一步也不許動 還有那野蠻的先生 不是打就是罵 還有跪板那種不堪的刑罰 以致教育人材的學堂 倒像是官府的法堂 罪人的牢獄一般 學生見了先生 像奴才見了主人一般 連個大氣也不敢出 可憐那天機活潑 嬌嫩柔弱的小孩 整日的受這苦楚 彷彿是初發芽的樹枝 終日拿火逼著他有個不枯萎的麼 小學生筋骨還沒堅固 腦筋也沒有長足 正如草木方生 全仗著春風和煦 雨露滋培 方能漸漸的茂盛 豈可用恐嚇威逼 種種的虐待 不但沒絲毫的益處並且動加凌辱 受慣了打罵 便養成沒有廉恥的根基 長大了還能有志氣麼 況且人身的靈性 全仗腦漿充足 沒頭沒腦的亂打 腦筋最易受傷 往往愈打愈笨 有終身成為廢人的 豈不可傷 這等野蠻先生 不知道自己不是 還要自己誇教法認真 妄說什麼師嚴道尊 以為作先生 就應該這樣的 本報悲童蒙無知 遭此困難 再三勸誡 已是舌敝唇焦 無奈風氣不開 舊習難革 兩年來蒙館先生 還是守著舊法 虐待童蒙 毫不知道改良 真是無可如何的事 現在天津 仿照東西洋的規矩 設立半日學堂 專教童蒙 每日只有兩點鐘功課 每一位教習 一天能教四班學生 這個法子 有許多好處 第一功課簡少 容易記認 學生心力有餘 只有樂趣 毫無苦境 自然願意向學 第二貧家子弟 每日須賺錢糊口 不能整天讀書 有這半日學堂 便可抽空上學 並不耽誤工夫 第三學堂的教法 極淺極近 都是眼面前常用的字 那種作小生意的學生 今天所學的字 所講的算當天便可應用 隨學隨用 有半年三個月的工夫 文理也能明白了 就是作小買賣 也比不識字的人 便宜多了 目下天津一縣 統共有半日學堂七八處 京城地方 比天津大好幾倍 能得有心人提倡 經費無多 比辦別的學堂 費省功大 只要半日學堂 越立越多風氣自然開了 再籌款立中小學堂 也就容易了

資料來源：《啟蒙畫報合訂本六》（第二年四冊下「時聞」一至五，1904），頁 419～423。

圖 4-2-5〈半日學堂〉，這是畫報首次刊登有關北方的新式學堂。在四個半連續的圖文版面中，第二版的上方與第四版下方的兩幅圖像形成對比關係：第二版的圖像以教書先生體罰兒童呈現著傳統私塾的教育場景；第四版的圖像則以一群兒童從學堂內井然有序地放學呈現了輕鬆活潑的教育氛圍，圖中門楣的文字「半日學堂」預設了兒童所處的空間，也呼應著版框外的主題。

版框內的文字與圖像相呼應，並以「整日」、「半日」兩個符號為關鍵呈現了兩種對立的幼兒教育觀念：以私塾為代表的體罰教育和以天津半日學堂為代表的輕鬆活潑教育。具體來說，文字圍繞「體罰」指出私塾發展至晚清的三個弊端：其一，不對等的師生關係使私塾教育氛圍肅穆以致無法培育人才；其二，拔苗助長式的教學法壓制兒童天性，忽略了兒童生理、身體發展的特性；其三，長期責罰損害兒童的自尊心，以致志氣消磨。

針對體罰給兒童身心帶來的侵害，文本提出批評，也給出兩年來畫報宣導教育改良但收效甚微的現況，在「風氣不開 舊習難革」的社會情境下，仿照東西洋教育觀念開設的天津半日學堂，成為提供改良教學的有益參照被引入到文字中。

「半日」這一時間性的指涉，在文本中具體化為師生教育模式的改良策略。「半日」學堂不同於「整日」私塾，學生上學課時短（「兩點鐘功課」）；老師也因課時減少，而有了「一天能教四班學生」的可能，這其實緩解了北方新式學堂教習人力資源不足的問題。在實際運作中，半日學堂比照私塾有三點優勢：其一，學生在有限時間內所學的知識減少，即可提高教育成效，從而激發學生學習的能動性；其二，課時短有利於給勤工儉學的貧家子弟提供入學的機會，讓他們能夠以半功半讀的方式兼顧生計與學業；其三，學堂的教法不僅循序漸進也注重知識的實用性，是隨學隨用、簡單速成的學問；以此，文本在私塾與半日學堂的優劣對比中傳遞著新式學堂的好處，並在此明示義下給出結合在地文化情境，考察教育實際、發展基礎教育的延伸義。

圖 4-2-6 〈半日學堂〉符號運作

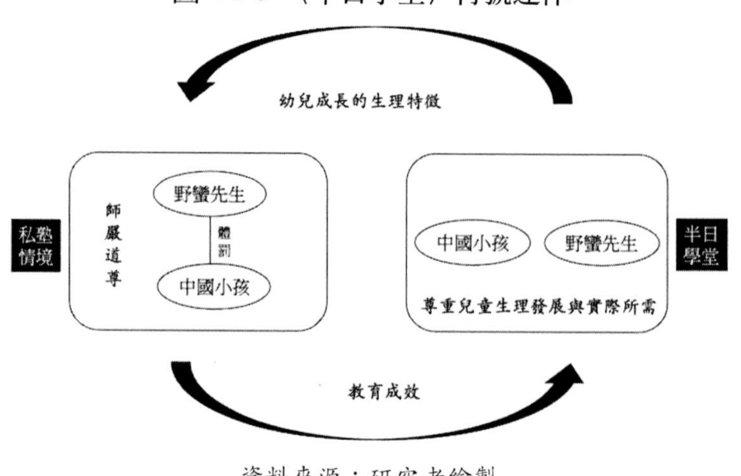

資料來源：研究者繪製

如圖 4-2-6 的符號運作所示，〈半日學堂〉在舊式私塾與新式半日學堂的對比中，傳遞了兩種師生關係：一種是「上對下」的權威教育模式；一種是尊重幼兒生理與家庭實際的教育輔助生活之模式。為傳遞仿照東西洋規矩開設的半日學堂之優勢，文本以教育成效的結果進行說服，以此傳遞尊重幼兒生理特征所帶來的教育益處，與此同時，文本更以「野蠻」一詞形容舊式私塾先生。

「野蠻」字彙在古時是分開運用，並沒有褒貶評價的，它指代的是地理位置的概念，但在歐美傳教士與日本教育家、政治家福澤諭吉的使用中，兩個字彙漸漸合併起來，用於指涉與「文明」相對的人類歷史的不進步及落後的現況，或是用於強調「專恃力而循理」的暴力面向，晚清時期，特別是義和拳運動後，「野蠻」成為中國社會菁英反思的一種論述，康有為、譚嗣同、嚴復等在報刊文章中皆將其作為建立新的國民精神以挽救民族危機的基礎，梁啟超則用「野蠻」批判義和拳暴力救國的行徑（沈國威，2012）。

〈半日學堂〉將原本有學識的可劃歸到「文明」進步一列的蒙館先生，用「野蠻」二字形容，意在批判教育中的「體罰」對兒童身心帶來的暴力傷害，也在「體罰」與「野蠻」的意義聯結中，將教育方法的改良劃入國民改造的論域，以讓教育者教育觀念的重塑能受到社會輿論的關注。

1904 年 1 月，《奏定蒙養院及家庭教育法章程》順利實施，畫報隨即以〈幼稚園〉為題對政府興辦的學前教育機構加以宣傳和報導。如圖 4-2-7，畫報的圖像以首尾呼應的方式描繪了學前教育的遠景和近景。頁尾圖像的門牌上寫著「幼稚園」三字，門口處有一位盤著日式髮髻，身穿著近代服飾的女子用全油墨的技法加以強調，作為視覺中心的她，在一群清朝裝扮的小朋友簇擁下，走向幼稚園。

文字「單立一處公所　日本叫作幼稚園　裏邊教習　都是有學問的女子　稱作保姆」將圖像中的幼稚園鎖定在由政府創辦的教育機構上，女子的身份則為女教習，進一步地，文字對圖像發揮了情境互補功能，補充說明幼稚園女教習的職責：照顧兒童日常生活起居，引領孩子在玩耍、體操、手工中感受學習樂趣，在典故中培養幼兒的愛國情懷和自立氣質。隨後，文字透過幼稚園孩童「既活潑　又整齊」的風貌，給出幼稚園設立的目的「養成學問的根基」以為八歲之後進入小學接受教育作銜接。

圖 4-2-7 〈幼稚園〉

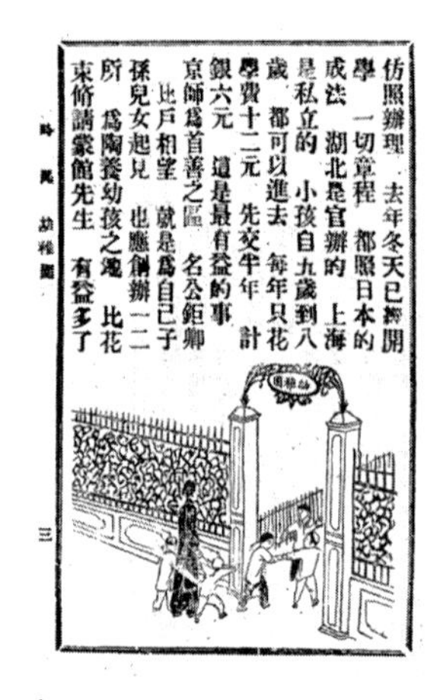
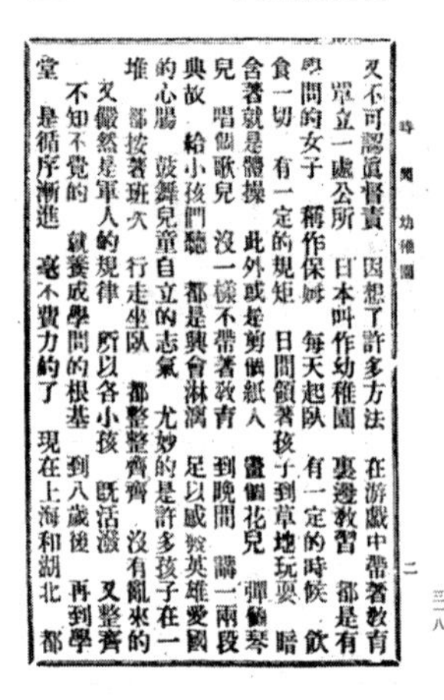
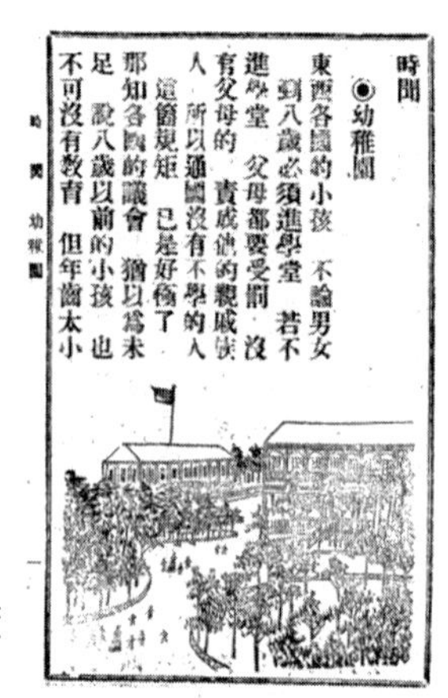

東西各國的小孩 不論男女 到八歲必須進學堂 若不進學堂 父母都要受罰 沒有父母的 責成他的親戚族人 所以通國沒有不學的人 這箇規矩 已是好極了 那知各國的議會 猶以為未足 說八歲以前的小孩 也不可沒有教育 但年齒太小又不可認真督責 因想了許多方法 在遊戲中帶著教育 單立一處公所 日本叫作幼稚園 裏邊教習 都是有學問的女子 稱作保姆 每天起臥 有一定的時候 飲食一切 有一定的規矩 日間領著孩子到草地玩耍 暗含著就是體操 此外或是剪個紙人 畫個花兒 彈個琴兒 唱個歌兒 沒一樣不帶著教育 到晚間 講一兩段典故 給小孩們聽 都是興會淋漓 足以感發英雄愛國的心腸 鼓舞兒童自立的志氣 尤妙的是許多孩子在一堆 都按著班次 行走坐臥 都整整齊齊 沒有亂來的 又儼然是軍人的規律 所以各小孩 既活潑 又整齊 不知不覺的 就養成學問的根基 到八歲後 再到學堂 是循序漸進 毫不費力的了 現在上海和湖北 都仿照辦理 去年冬天已經開學 一切章程 都照日本的成法 湖北是官辦的 上海是私立的 小孩自五歲到八歲 都可以進去 每年只花學費十二元 先交半年 計銀六元 這是最有益的事 京師為首善之區 名公鉅卿 比戶相望 就是為自己子孫兒女起見 也應創辦一二所 為陶養幼孩之地 比花束脩請蒙館先生 有益多了

資料來源：《啟蒙畫報合訂本七》（第二年六冊下「時聞」一至三，1904），頁 317～319。

從文本的敘事結構來看，「幼稚園」是被放置在全球格局的文化素養中提出來的。文字的開篇給出了一個東西各國普遍具備的教育現況：「到八歲必須進學堂」、「通國沒有不學的人」，在與他國相對照的教育落差中，「八歲以前的小孩」如何在年齡小不能過度督責的條件下適切地教育，成為各國教育競爭的一環，「日本幼稚園」作為「在遊戲中帶著教育」的示範順此引入文本的敘事。

日本幼稚園作為小學教育的銜接，既能養成孩子學問根基，又關照到兒童的身心發展，也因注重愛國教育與晚清救國需求相貼合而受到文本肯定。在將視角轉入到幼兒教育機構創辦的實際中，文本指出上海與湖北都在仿照辦理的幼稚園已開學，作為宣傳，兩所幼稚園的性質、入學年齡、學費等資訊顯示出來，以鼓勵家長將八九歲孩童送往新式幼兒教育機構就讀；與此同時，文本也將期待轉入到畫報的發刊地北京，透過「上海和湖北都仿照辦理」而「京師為首善之區」還未設立幼稚園，用以號召「名公鉅卿」能夠投入到新式教育的建設。

需要特別注意的是，「幼稚園」一詞雖來自日本，圖像中的女子也為女教習，但為什麼孩童卻是清朝兒童裝束？結合歷史資訊可瞭解，晚清新政之後，中日間的教育互動增多，1903 年 9 月，湖北巡撫端方在兩廣總督張之洞的支持下，創辦了湖北幼稚園，作為第一所官辦的前教育機構，它在命名上不僅直接採用「幼稚園」，也從日本直接引入了師資並擬定幼稚園教育章程（田景正，2005；劉彥華，2010），圖 4-2-7 中的幼稚園很可能描繪的就是湖北幼稚園。

在與東西各國小孩的教育資源比較中，「幼稚園」作為家庭教育的輔助出現，一言以蔽之，基礎教育的完備與否已然成為國家能否興旺、能否在萬國競爭中勝出的指標之一。與此同時，公共文化服務體系的建制也成為一個國家文明與否、強弱的關鍵，下圖 4-2-8 即是一則鼓勵興建圖書館的文本。

圖 4-2-8 〈秘閣讀書〉

唐朝李邕 年十六歲 謁見特進李嶠 他說讀書少 願一讀秘閣書 嶠說 秘閣萬卷 豈是數日能殼讀完的 邕一定要去 嶠薦邕假直秘書 不久辭去 嶠甚驚異 問邕 一一答對嶠歎曰 真是名家 李邕若是生在東西洋各國 圖書館 藏書樓 儘可往看 何必求李嶠直秘書 唐朝人才 李邕也是名家 若民間有書樓書館 不知還要出多少人才呢

資料來源：《啟蒙畫報合訂本四》（第四冊「倫理 蒙正小史」第八十七號，1902），頁 25。

畫報在倡議民間與政府合力興辦新式學堂之餘，也呼籲政府建設公共的教育資源。上圖 4-2-8〈秘閣讀書〉裡，居於文字上方的圖像，以透視法呈現了閣樓中一位讀書的古人。透過敞開的窗子，我們可以看到位於視覺中心的古人正雙手捧書細讀，從被書環繞的屋內陳設可推斷，人物所處的環境與藏書之地有關。中式建築特徵的符號，如屋外的雕花欄杆、樑柱、屋頂垂脊的檐角等裝飾預設了古中國的空間場所，環繞在龍紋式樣樑柱間的雲霧則為畫面蒙上了一層神秘色彩。

文字的解說中，「唐朝 李邕 年十六歲」發揮預設功能，將圖像中的人物身份錨定為唐朝著名的書法家、文學家李邕的年少之時，並以文字補充：古時的藏書並非人人可讀，李邕之所以能閱覽眾書，得益於特進李嶠的舉薦，擁有了「直秘書」的身份後，李邕才能順利進入秘閣，累積深厚的學問。由此，文案在傳遞李邕善學的明示義下也表達了古時書籍獲得不易的延伸義。

「秘閣」作為古時宮廷藏書機構，在古時並不是人人可以接觸的公共資源，而是彰顯帝王身份的知識集權的一種體現。故而，即便「秘閣」中有大量藏書，但除非有皇帝特准或是君主任命的管理圖書之官員，一般平民是無法進入「秘閣」進行閱讀或學習的。

在歷史上，「李嶠」是初唐詩壇上的「文章四友」之一，且官至宰相，有向皇帝進言舉薦的機會，「李邕」作為「李嶠」的晚輩，也是唐朝的官員之一，二人因有際遇相識相知，才讓李邕得以有接觸「秘閣」的可能，以此，文本給出一個假設「李邕若是生在東西洋各國 圖書館 藏書樓 儘可往看 何必求李嶠 直秘書」，在將「李嶠」的教育環境從古代唐朝置換到當下東西洋各國後，文本從知識資源的多寡比對中給出建設圖書館的意義與價值：「若民間有書樓書館 不知還要出多少人才呢」，以此呼籲政府透過效仿先進國家興建書樓、書館等公共學習資源，以擴大人才培養。

〈秘閣讀書〉之外，畫報也以「時聞」的形式介紹西方的藏書樓，下圖 4-2-9 即為其中一例。〈記藏書樓〉運用兩則版面，以圖文並呈的方式對藏書樓的功能加以介紹和說明。從圖像上來看，文本以由右至左的順序呈現了西式藏書樓建築的宏偉與室內眾人閱讀的兩處景致。

文字以導覽的形式先給出藏書樓的性質與功能「泰西各國 不但人人到學堂讀書 還可到藏書樓看書」，作為新式學堂教育的輔助，「藏書樓」的開設機構可是官辦，也可以是民間社會組織，其書籍品類也涉獵書籍、地圖、報紙等多種，在這之後，文字又詳細介紹了藏書樓的運作模式，包括借閱方式、地域分佈狀況及其衍生的其他產業鏈的形態，如捐錢、捐書、書店印新書送往藏書樓以間接增進銷量等。文字「設藏書的意思 不但叫沒書的人多讀書 有書的人在書樓看書 亦清淨好些 這個法子是好極的」可視為對「藏書樓」的總括與評價，「藏書樓」作為給愛讀書之人提供的公共場所，在開放的知識資源的明示義下，也傳遞著打破階級、經濟等外在條件的限制，培養國民整體文化素質的延伸義。

圖 4-2-9 〈記藏書樓〉

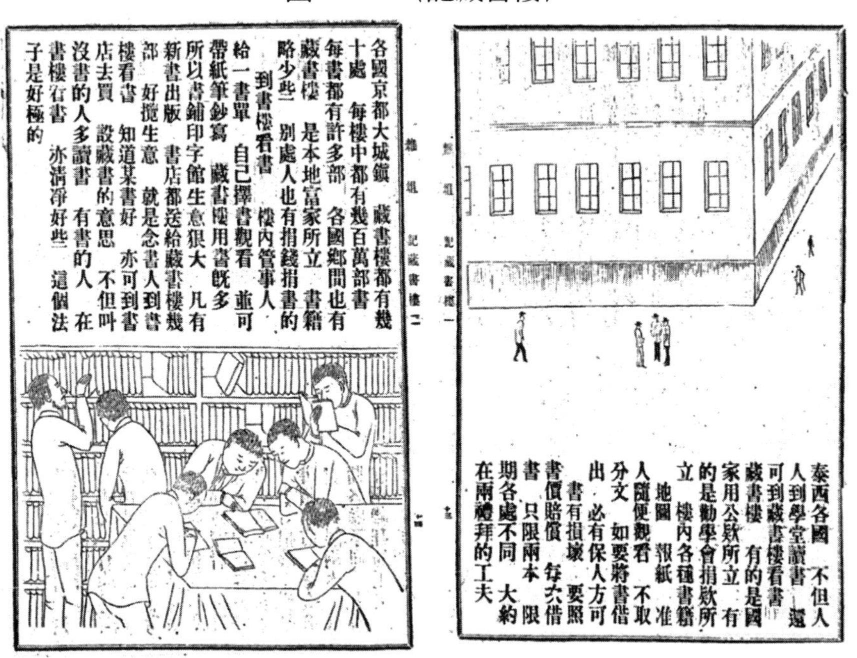

雜俎 記藏書樓 一

泰西各國 不但人人到學堂讀書 還可到藏書樓看書 藏書樓 有的是國家用公欵所立 有的是勸學會捐欵所立 樓內各種書籍 地圖 報紙 准人隨便觀看 不取分文 如要將書借出 必有保人方可 書有損壞 要照書價賠償 每六借書 只限兩本 限期各處不同 大約在兩禮拜的工夫

雜俎 記藏書樓 二

各國京都大城鎮 藏書樓都有幾十處 每樓中都有幾百萬部書 每書都有許多部 各國鄉間也有藏書樓 是本地富家所立 書籍略少些 別處人也有捐錢捐書的 到書樓看書 樓內管事人給一書單 自己擇書觀看 並可帶紙筆鈔寫 藏書樓用書既多 所以書鋪印字館生意狠大 凡有新書出版 書店都送給藏書樓幾部 好攬生意 就是念書人到書樓看書 知道某書好 亦可到書店去買 設藏書的意思 不但叫沒書的人多讀書 有書的人 在書樓看書 亦清淨好些 這個法子是好極的

泰西各國 不但人人到學堂讀書 還可到藏書樓看書 藏書樓 有的是國家用公款所立 有的是勸學會捐款所立 樓內各種書籍 地圖 報紙 準人隨便觀看 不取分文 如要將書借出 必有保人方可 書有損壞 要照書價賠償 每次借書 只限兩本 限期各處不同 大約在兩禮拜的工夫 各國京都大城鎮 藏書樓都有幾十處 每樓中都有幾百萬部書 藏書樓 是本地富家所立 書籍略少些 別處人也有捐錢捐畫的 到書樓看書 樓內管事人 給一書單 自己擇書觀看 並可帶紙筆鈔寫 藏書樓用書既多 所以書鋪印字館生意狠大 凡有新書出版 書店都送給藏書樓幾部 好攬生意 就是念書人到書樓看書 知道某書好 亦可到書店去買 設藏書的意思 不但叫沒書的人多讀書 有書的人 在書樓看書 亦清淨好些 這個法子是好極的

資料來源：《啟蒙畫報合訂本三》（第九冊「雜俎」十三至十四，1903），頁 575～576。

一處需要注意的是，文本描繪的藏書樓中的藏品，不論是書籍、地圖還是報紙皆需具備基礎的識字與閱讀能力，換言之，藏書樓反映著國民整體文化素養的水平，透過標題的「記」字，文本潛藏著晚清社會文盲率持高，與東西洋各國存在不小差距的現實。將先進教育建置引介過來，意在寄予政府和地方官紳能夠帶頭興建藏書樓以拉開啟蒙風氣，漸進地培養全民的文化素質。

二、「教」與「學」的互動

《啟蒙畫報》在教育機構的建置之外，也從教育者與教育對象的互動中傳遞「教」與「學」的新樣態。家庭、學堂、公共場所作為兒童日常生活中可以觸及的教育場地，父母、老師、同儕等兒童可以接觸到的群體都成為文本在建構教育觀念時可以善加運用的素材。

圖 4-2-10 〈分杏學加〉

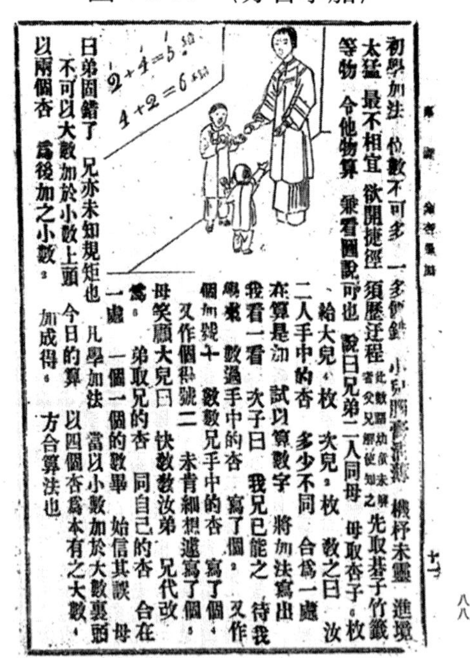

初學加法 位數不可多 一多便錯 小兒腦膏清薄 機杼未靈 進境太猛 最不相宜 欲開捷徑 須歷迂程 此數語幼童未解者父兄解使知之 先取碁子竹籤等物 令他物算 兼看圖說可也 說曰兄弟二人同母 母取杏子6枚 給大兒4枚 次兒2枚 教之曰 汝二人手中的杏 多少不同 合為一處 在算是加 試以算數字 將加法寫出 我看一看 次子曰 我兄已能之 待我學來 數過手中的杏 寫了個2 又作個加號+ 數數兄手中的杏 寫了個 4 又作個得號＝ 未肯細想遽寫了個 5 母笑顧大兒曰 快教教汝弟 兄代改為 6 弟取兄的杏 同自己的杏 合在一處 一個一個的數畢 始信其誤 母曰弟固錯了 兄亦未知規矩也 凡學加法 當以小數加於大數裏頭 不可以大數加於小數上頭 今日的算 以四個杏為本有之大數4 以兩個杏 為後加之小數2 加成得6 方合算法也

資料來源：《啟蒙畫報合訂本一》（第一冊「算術」十一，1902），頁 88。

圖 4-2-10〈分杏學加〉與圖 4-2-11〈孟母斷織〉將教育現場鎖定在家庭的活動空間。下圖〈分杏學加〉描繪的是一名女性與兩名兒童的互動，從女子後梳的髮髻、身著的小袖衣、長裙、及衣上的雲肩花樣、小腳等圖像符號，可將人物的生活背景鎖定在清朝，再結合人物左側由橫豎兩個線條框起的兩個加法公式，可推斷圖像與版框外的主題「算術 分杏學加」相呼應，共同預設了學習算術知識的意涵。

「兄弟二人同母」等文字預設了圖像中母子、兄弟的血緣與親屬關係，「先取碁子竹籤等物」、「試以算數字 將加法寫出」則補充說明算數學習的過程，即從生活事物中取材，再以「物算」將實物轉化為數學符號；「我兄已能之 待我學來」、「母笑顧大兒曰 快教教汝弟」、「母曰弟固錯了 兄亦未知規矩也」則補充說明圖像裡「小兒—大兒—母親」的互動，並建構了以「母親」為中心的家庭教育場景。

具體來說，學習數學從年齡最小、智識最淺的「小兒」開啟「試算」，「大兒」作為「小兒」的知識把關人，在幫助「小兒」校正時，也一同檢驗自身對知識的掌握程度，而「母親」作為「大兒」與「小兒」的教導者，並不採用「上一下」的權威式教學，而是以寓教於樂、因勢利導的方式引發兒童興趣、從而建立數學思考邏輯，以此，「母親」在教導孩子學數學時被賦予「師」之職能。

從文字論述的敘事結構看，其開篇即給出母親在家庭教學中的兩個先備知識：一是幼兒生理發展的特性「小兒腦膏清薄 機杼未靈」；另一是「欲開捷徑 須歷迂程」的循序漸進教育主張。為確保母親能掌握這兩個觀念，文字以小字給出母親不解時的出路「此數語幼童未解者父兄解使知之」，其註解文字不僅預設了「父兄」是可以理解「數語」之人，也由此揭示了家庭教育的知識位階：「父兄—母親—長子—次子」，「父兄」長輩作為家庭中知識位階的頂端，具有最終解釋權並把控著家庭教育的大局，但在家庭教育的實踐裡，「父兄」暫時隱身，教子的職責移至給「母親」，鼓勵其成為家庭教育的中堅（中間）力量。

作為承上啟下的關鍵角色，女性在家庭教育中需要掌握的知識已不能再滿足於《女孝經》、《女誡》〔註 2〕等書籍中傳遞的如何孝敬公婆、侍奉丈夫等

〔註 2〕班昭為東漢女史學家、文學家，她寫作《女誡》最初為教導家中女性婦禮，分為卑弱、夫婦、敬慎、婦行、專心、曲從、和叔妹七個主題，後成為女子教育的重要範本；《女孝經》為唐代陳邈妻子鄭氏所寫，是為補《女誡》之不足，同時用來「誡婦道」。這兩本書的內容都可參考杜學元，《中國女子教育通史》（貴陽：貴州教育出版社，1995），頁 102。

德行規範，為了擔當起家庭裡的「師」之責任，母親還需掌握時新的西學新知，並將抽象知識寓教於樂、深入淺出地轉化為可被兒童習得的學問，由此，文本透過「母親作為教師」的形象塑造，延伸出女性應學習西學新知以教子的意涵。

另一則家庭中親子教育的場景源自西漢時期的《烈女傳》，也是傳統蒙學讀物的經典，《啟蒙畫報》將其命名為「孟母斷織」（如圖 4-2-11），用以突出母親產生的「斷織」行為。

圖 4-2-11 〈孟母斷織〉

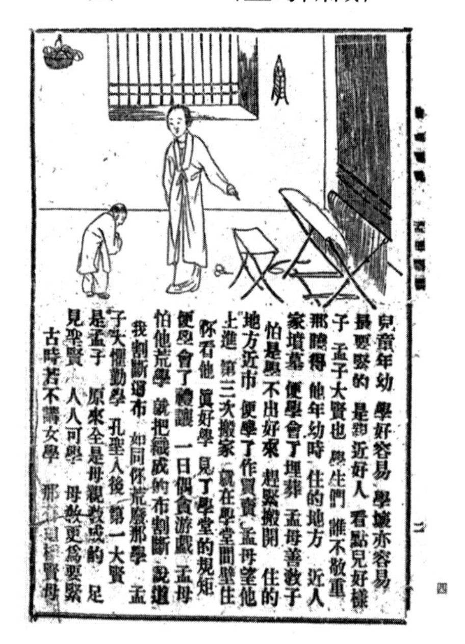

兒童年幼 學好容易 學壞亦容易 最要緊的 是親近好人 看點好樣子 孟子大賢也 學生們 誰不敬重 那曉得 他年幼時 住的地方 近人家墳墓 便學會了埋葬 孟母善教子 怕是學不出好來 趕緊搬開 住的地方近市 便學了作買賣 孟母望他上進 第三次搬家 就在學堂間壁住 你看他 真好學 見了學堂的規矩 便學會了禮讓 一日偶貪遊戲 孟母怕他荒學 就把織成的布割斷道布 如同你荒廢那學 孟子大懼勤學 孔聖人後 第一大賢 是孟子 原來全是母親教成的 足見聖賢 人人可學 母教更為要緊 古時若不講女學 那有這樣賢母

資料來源：《啟蒙畫報合訂本一》（第一冊「倫理實說」二，1902），頁 4。

版內上方「孟母」作為視覺核心，面向「孟子」站立，並一手指向身旁被剪斷的織布，而年幼的「孟子」兩手合抱、拱手弓腰、行揖禮，母子的行為圖像皆呼應「倫理實說 孟母斷織」之主題。但何以「孟母」有「斷織」的行為，「孟子」又行禮？圖像給出的訊息仍不充足，我們須借助版內下方文字才能瞭解故事的全貌。

文字通過盛讚「孟子大賢」的教育成果，預設圖像中的母子互動是「孟母善教子」的表現，同時，文字也補充說明了圖像未傳達的「教子」細節：一方面是從幾次「搬家」論述母親如何為兒子選擇成長環境；另一方面則從「斷織」的以物理喻事理上傳遞母親如何啟發、教育孩子的方法。

在母親對孩子由「生育」（母子）到「養育」（搬家選環境）再到「教育」（斷織勸學）的層層推進下，「母教」與「孟子大賢」形成了因果關係，賦予「母教」在家庭教育中育子成才的價值導向，此為文本的明示義。

隨後，文本進一步將「母教」視為「女學」的基礎，並將兩者在意義上關聯：通過將「女學」等同為古已有之的「母教」，來為「女學」爭取自然且合理的發展空間，此為文本的延伸義。

「孟母斷織」的故事源引自西漢時期的《列女傳．母儀》之「鄒孟軻母」，它本是傳統蒙學讀物裡耳熟能詳的經典，也稱「孟母三遷」或「斷機教子」〔註3〕。由美國傳教士創辦的中國最早的兒童刊物《小孩月報》（1875～1881，上海，*The Child's Paper*）也曾運用「孟母」形象，如下圖 4-2-12。

圖 4-2-12 《小孩月報》中的文本「孟母圖」

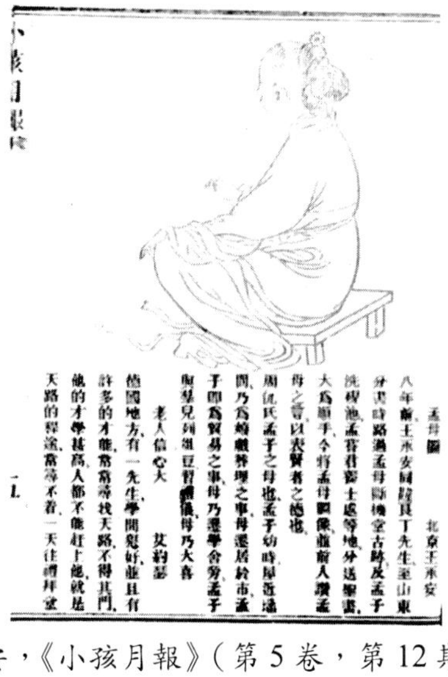

資料來源：王永安，《小孩月報》（第 5 卷，第 12 期，1880），頁 5。

〔註 3〕《列女傳》（西漢，公元前 206～9 年）是古代中國第一本婦女傳記的專史，起初為皇室宗親劉向為警戒天子而編寫，後流傳後世成為教育女子的經典，全書分為「母儀」、「賢明」、「仁智」、「貞順」、「節義」、「辯通」、「孽嬖」七類。「鄒孟軻母」出現在「母儀」的第十一則，現全文可在「中國哲學書電子化計劃」中獲得，網址：https://ctext.org/lie-nv-zhuan/zh。點閱日期：2022 年 4 月 2 日。

圖 4-2-12 圖像將「孟母」描摹為中國古典的女性形象，並在文字的運作間將「孟母斷機堂古蹟」與「分送聖書」的傳教活動相關聯，以此在「大為順手」的意義互涉下給出中西文化可以融會互通的意涵，這是晚清傳教士透過辦報，以教育為包裝傳遞福音所作的世俗化努力。

而在國人自辦的兒童雜誌《啟蒙畫報》中，題目「孟母斷織」的命名已將「孟母」的形象與「斷織」的行動相結合，在圖 4-2-11 文字表述中，母親在家庭裡的教育角色凸顯，為的是表達「孟母善教子」，而「孟子」鞠躬行揖禮的圖像，則是服膺家庭長幼秩序，從學習者視角來合理化母教，說明女性推動家庭教育的價值。《小孩月報》的「孟母圖」則意在稱讚這位歷史知名女性扮演母職時的賢德。

上述兩則文本〈孟母斷織〉與〈分杏學加〉以一古一今的方式，將教育空間鎖定在家庭的情境中，並強調女學之於家庭教育的重要性，有所差別的是〈孟母斷織〉以教育法強調女學對家庭教育的助益；〈分杏學加〉則預設了一位已掌握新知的女性，從教學步驟的具體說明中指引家中母親如何完成教子任務。

學堂中的老師是在教育中與兒童互動的重要角色。圖 4-2-13〈強思無益〉出自畫報合訂本第一冊中首欄倫理實說，文本從教學成果上對體罰提出了批評。位於文字中間的圖像，方桌上的書本作為製碼圖像訊息，將人物的時空鎖定在私塾的教育場景中，人物的一「坐」、一「跪」，一「訓誡」、一「低頭」的姿態，使跪地學生處於由上至下不對等的敘述鏈底端，其中，私塾先生所戴的書生帽和他右手拿的長尺作為製碼訊息，將圖像鎖定在體罰的場景中，但學生因何受罰卻無法在圖像中得出明確線索，我們需借助文字來加以識別。

文字訊息「明朝侍郎呂坤……小時候極笨 對著書本 念不成句兒 老師用盡苦心 總難見效」為圖像扮演了預設功能，錨定圖像中的二人為師生關係，也給出呂坤幼時在學習資質上不夠聰慧的說明，繼而，文字補充呂坤受罰的原因是學習無法達到老師的要求，所以「不是罰他跪地 就是打他戒尺」，但即便師生關係因為體罰走到了「官—賊」之間的權力不對等的對立狀態，「愈怕愈糊塗 都不能再認識了」的教育結果還是宣佈了體罰在教育成效上的失敗。

圖 4-2-13 〈強思無益〉

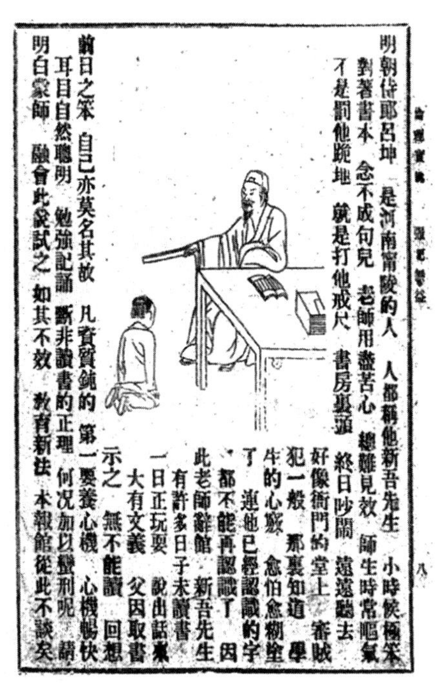

明朝侍郎呂坤 是河南甯陵的人 人都稱他新吾先生 小時候極笨 對著書本 念不成句兒 老師用盡苦心 總難見效 師生時常嘔氣 不是罰他跪地 就是打他戒尺 書房裏頭終日吵鬧 遠遠聽去 好像衙門的堂上 審賊犯一般 那裏知道 學生的心竅 愈怕愈糊塗 都不能再認識了 因此老師辭館 新吾先生 有許多日子未讀書 一日正玩耍 說出話來 大有文義 父因取書示之 無不能讀 回想前日之笨 自己亦莫名其故 凡資質鈍的 第一要養心機 心機暢快 耳目自然聰明 勉強記誦 斷非讀書的正理 何況加以蠻刑呢 請明白蒙師 融會此說試之 如其不效 教育新法 本報館從此不談矣

資料來源：《啟蒙畫報合訂本一》(第一冊「倫理實說」八，1902)，頁 10。

老師請辭後，在「無師教」的情境下呂坤卻「說出話來 大有文義」，在「有師」、「無師」造成的教育結果比對中，文本反思學生是否成材的根本並不在於資質，而是能否順應兒童心性的發展「養心機」，進一步地，文本傳遞著給兒童一個適切教育法的重要，並在結尾發出倡議，以「融會此說試之」的勸說方式呼籲蒙師在教育中要關照兒童心理，畫報編輯甚至賭上內容，以「如其不效 教育新法 本報館從此不談矣」的誓言方式，強調教育新法的成效與可操作性。

圖 4-2-14 同樣以歷史名人講述師生互動，研究者將其作為補充說明。文本重塑元朝「許衡」這一人物符號，將其預設為幼時有「大志」，後來成為「一代名臣」之人，透過對「許衡」童年事蹟的解密，將敘事的關鍵放在他敢於否定老師的觀點，認為讀書的目的並非為科舉功名而是應「學為聖賢」，在教育

動機由外因導向內因的轉變裡，「不專為記誦的功夫」強調在學習態度上重視思辨，「從三師」則從學無常師的角度倡導兒童廣泛求教，以豐富自身知識儲備，這兩點被視為許衡成才的關鍵。

圖 4-2-14 〈許衡從師〉

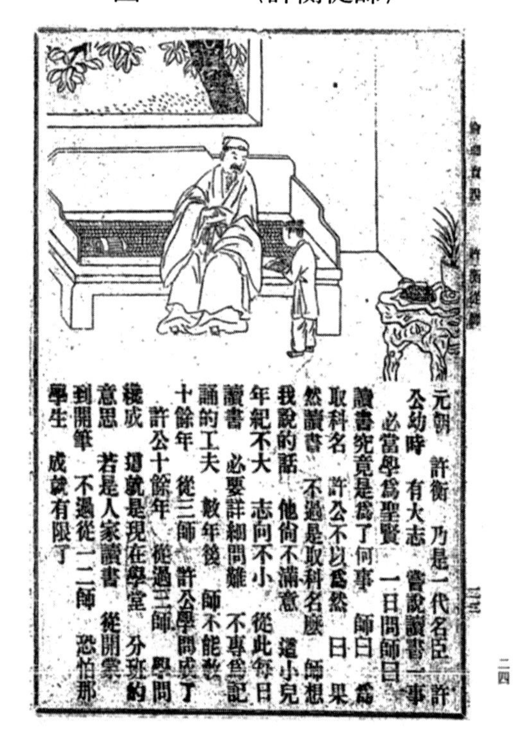

元朝 許衡 乃是一代名臣 許公幼時 有大志 嘗說讀書一事 讀書究竟是為了何事 師曰 為取科名 許公不以為然 曰 果然讀書 不過是取科名麼 師想 我說的話 他尚不滿意 這小兒年紀不大 志向不小 從此每日讀書 必要詳細問難 不專為記誦的功夫 數年後 師不能教 十餘年 從三師 許公學問成了 許公十餘年 從過三師 學問纔成 這就是現在學堂 分班的意思 若是人家讀書 從開蒙 到開筆 不過從一二師 恐怕那學生 成就有限了

資料來源：《啟蒙畫報合訂本一》(第一冊「倫理實說」二十二，1902)，頁 24。

作為人才的符號象徵，「許衡」在文字的古今對比中開闢出一個有關教學法的討論空間。「從三師」作為「許衡」成才的要素之一與晚清新式學堂的「分班」、「分科」相呼應，與此同時，「許衡」的成才過程也暗合著四點晚清教育觀念的轉向：其一，兒童讀書為科考的想法已受到質疑，科考不再被視為讀書的主要志向；其二，老師教育學生成才的方式不再憑藉死記硬背，而是注意因材施教；其三，老師不再被視為知識的權威，學生可以從思辨中提出有別於老師的見解和主張；其四，兒童只有進入學堂，在分班、分科的觀念下跟隨不同老師學習，才能不斷豐富知識最終學有所成。

〈強思無益〉與〈許衡從師〉兩則文本都是作為教育者的老師與學生互動的故事。它們皆以圖古文今的結構形式排列，並採用借古喻今的敘事策略，運用歷史典故、名人的幼年故事等手段，從倫理實說的角度說明教育觀念轉型的必要性，在這之後，文本將師生的「教」與「學」互動從古時轉入畫報發行的當下，藉此呈現新知如何在新式學堂中傳遞。

圖 4-2-15　〈塾師呼氣〉

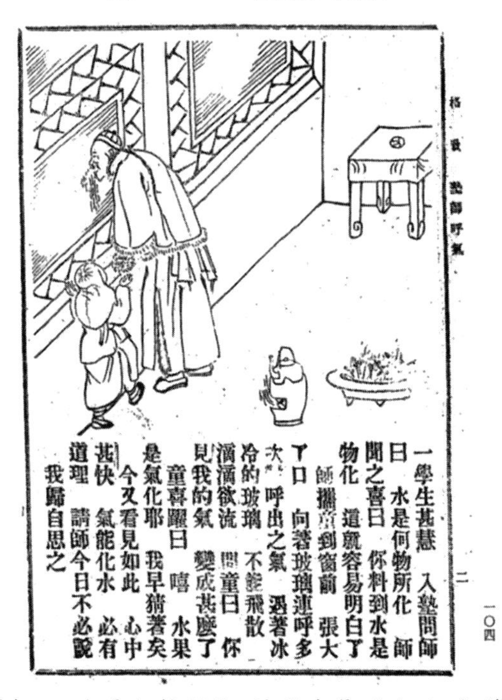

一學生甚慧　入塾問師曰　水是何物所化　這就容易明白了　師攜童到窗前　張大了口向著玻璃連呼多次　呼出之氣　遇著冰冷的玻璃　不能飛散　滴滴欲流　問童曰　你見我的氣　變成甚麼了　童喜躍曰　嘻　水果是氣化耶　我早猜著矣　今又看見如此　心中甚快氣能化水　必有道理　請師今日不必說　我歸自思之

資料來源：《啟蒙畫報合訂本一》（第一冊「格致」二，1902），頁 104。

圖 4-2-15〈塾師呼氣〉以上圖下文的形式講述了新式學堂裡師生互動間的故事。版框外的主題文字「塾師呼氣」鎖定了版框內圖像被詮釋的方式，扮演了預設圖像意義的功能，強調圖像左側對窗呼氣的弓腰男子之身份為「塾師」。從「塾師」戴的瓜皮帽、紮著金錢鼠辮等著裝系統上，我們可以判斷塾師為清人；其身後的炭盆與坐在火爐上的水壺等傢俱陳設，表明圖像所描繪的是清朝

時期的北方室內，此時正值寒冬，室內需要炭火等取暖設施。在整幅圖像中，塾師與左側孩童的互動為視覺中心：塾師對窗呼氣，孩童單腳抬起，雙手展開做歡欣鼓舞狀。但塾師為何呼氣？孩童為何歡呼？則需結合文字再進行判定。

文字「師攜童到窗前」錨定了圖像中人物的師生關係，鎖定孩童的身份為學生。與此同時，文字也在情境中交待：因學生心有疑問，於是向老師求教「水是何物所化」，為解答學生疑惑，塾師將學生領至窗前並向其示範水氣化的現象。以此傳達學生勤問好學，塾師透過生活現象傳達格致知識的明示義。

總體言之，文字開篇便以「一學生甚慧」提領全文，為文字預設了學生聰慧的意涵。但學生的「慧」體現在何處？一是源於學生向塾師的發問「水是何物所化」，這暗示學生能從生活經驗中展開思考。當塾師將學生帶入窗前呼氣，學生又通過觀察形成了新的判斷「水果是氣化耶 我早猜著矣」，其中「果」與「早」二字表明學生在塾師示範前既有這方面的預判和懷疑，只是未敢最終確認。經由塾師的「身試」與自身的「目驗」，學生完成了對一個知識點的掌握。隨後，學生提出進階問題「為何氣能化水」，並以「我歸自思之」做結尾，以帶出學生自主思考的能力。

文本以師生的日常互動塑造了一個學習新知的兒童形象：勤學好問、具備獨立思考、舉一反三與細心觀察生活的能力。同時，與之互動的老師，對於學生的提問並未直接給出答案，而是就地取材將學生帶至窗前，透過對窗呼氣，引導學生透過觀察學習「水是氣化」的原理。以此，文本傳達知識的學習是在「身試」（實踐或實驗）、「目測」（觀察）與自主思考中產生的。

〈塾師呼氣〉雖發生在師生之間，但有趣的是，傳授知識的場景已隨著兒童所問的問題有了空間轉換：師生教學的互動不再受限於講台和桌椅的權力位階關係，傳授知識的過程也不是刻板地遵從書本，而是將知識與生活實際相結合，以此傳達新知具有實用性的社會意涵。

下圖 4-2-16 中，將教學者與學習者的身份聚焦在同儕互動中。〈書童呼氣〉作為主題文字，鎖定了圖像被詮釋的方式，扮演預設圖像意義的功能。版框內，圖像被兩側文字環繞於中間，先就圖像進行觀察可以發現，圖像運用透視法呈現出的「門」，區隔出內、外兩個空間，圖像的視覺中心是門外的兩個兒童，他們面對面而站，似是在交談，其中，左側男童側身而站，戴瓜皮帽、穿馬褂，略高於右側著平民裝扮、戴風帽的男童，這些制碼的圖像訊息意指兩位孩童在身份地位上存在差異，且身高較矮男童可能為社會位階更低的「書童」。圖像斜上方的太陽、熱氣，表明故事可能發生的時節為冬日正午。但兩位男童在交談何事？為何圖像以寫實手法特別刻劃出二人的「影子」？這些疑問皆需結合文字加以解答。

圖 4-2-16 〈書童呼氣〉

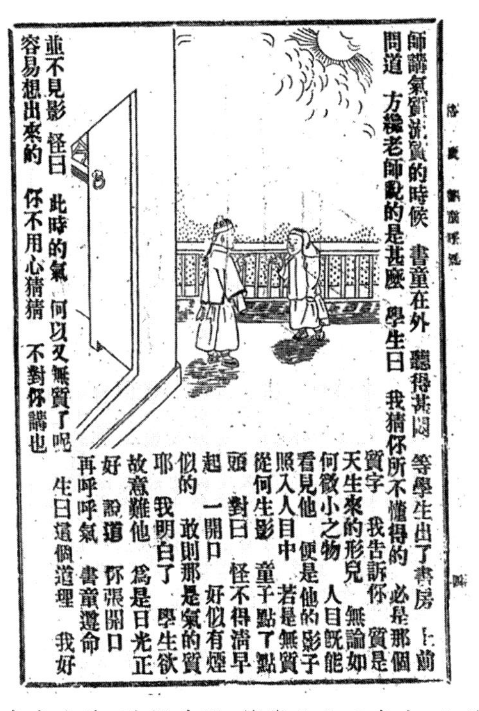

師講氣質流質的時候 書童在外 聽得甚悶 等學生出了書房 上前問道 方纔老師說的是甚麼 學生曰 我猜你所不懂得的 必是那個質字 我告訴你 質是天生來的形兒 無論如何微小之物 人目既能看見他 便是他的影子照入人目中 若是無質從何生影 童子點了點頭 對曰 怪不得清早起 一開口 好似有煙似的 敢則那是氣的質耶 我明白了 學生欲故意難他 為是日光正好 說道 你張開口 再呼呼氣 書童遵命 並不見影 怪曰 此時的氣 何以又無質了呢 生曰這個道理 我好容易想出來的 你不用心猜猜 不對你講也

資料來源：《啟蒙畫報合訂本一》（第一冊「格致」四，1902），頁 106。

文字開篇「師講氣質流質的時候 書童在外 聽得甚悶 等學生出了書房」，為圖像扮演了意義預設功能，點名兩位男童的關係為學生與書童之關係，也同時指出圖像中的空間分界點——「門」，為教育活動場所——「書房」。隨後，文字進一步補充：書童雖沒有進入學堂聽課，但當他沒有理解塾師所講的「氣質」、「流質」時，卻在學生出來的第一時間敢於求教。學生由此向書童解釋了「質」，並以生活中的影子為例，幫助書童理解概念，這之後，作為講解者的學生對書童加以追問，並誘導他對知識有更深入的學習。以此，文字以問答形式表達了同儕間傳遞格致知識的明示義，也透過學生展示的教導過程，體現循循善誘的教學觀念。

在此其間，我們也需留意求問與解答之人的特殊身份：「學生」與「書童」。首先，文本中知識的傳遞者不再是書房中的老師，而是書房中的學生。接受新知的人也不侷限於課堂中的學生，也包括無法進入課堂的「書童」，以此文本提供格致知識人人可學的延伸義。同時，當學生從受教育的場所——「書房」走出，他與書童組成了教室之外的教學，在「學生」向「老師」的身份轉換下，「學生」也完成了「學」到「用」的知識實踐。

在傳統社會中，「學生」與「書童」身份地位有別，且「書童」常被視為富家子弟的僕人，作為社會底層的「書童」，屬於奴婢，沒有人身自主權，只能依附主人，照顧其日常起居並扮演陪讀角色，以對主人的學業產生督促或指導的積極作用。但主人對奴婢的壓迫關係在〈書童呼氣〉中被弱化了，在角色的轉譯下，書童從被動的陪讀轉化為主動求知的個體；作為主人的「學生」也從耐心的教導書童中檢驗知識的學習成果並獲得教的樂趣。循此，文本進一步延展出兩層延伸義：一是學習不分高低貴賤，身份位階高的人可以協助社會位階較低者掌握新知；二來，格致作為一種新知，不但容易理解也容易掌握，即使是書童也能在學生的誘導下快速理解。

圖 4-2-17 是接續〈書童呼氣〉的故事，版面左側豎寫的「多思傷腦」可視為主題文字，鎖定了版面內圖像被詮釋的方式，扮演預設圖像意義的功能。版面內上方的圖像描繪了一個晚清的生活空間。圖像以三名兒童的討論為視覺中心，三位孩童中位置居左和位置居中的兩名男童頭戴瓜皮帽，與背向而站的男童區隔開來，在他們相隔不遠處，有一位坐臥在床邊的成年男子正以旁觀者身份觀察孩童們的互動，但三名男童的對話內容為何則需結合文字來進一步分析。

文字「兄弟同入塾 師尚未起 書童高聲道 想那呼出無氣的理 一夜未睡」為圖像提供了背景說明，並同時錨定了圖像所處的空間為塾師的起居室，兄弟二人與成年男子為師生關係，漢服男童則為書童。進一步地，文字補充說明圖像沒有傳遞的細節：三人的討論圍繞著「呼出無氣」的原因，在書童追問下，弟弟以「多思傷腦」為由，勸哥哥為書童講解，透過兄長為書童的答疑解惑，從旁聽到他們對談的塾師對三人表示讚許，以此文本建構了一幅同儕和樂互動，塾師予以肯定的共學樣貌。

圖 4-2-17 〈多思傷腦〉

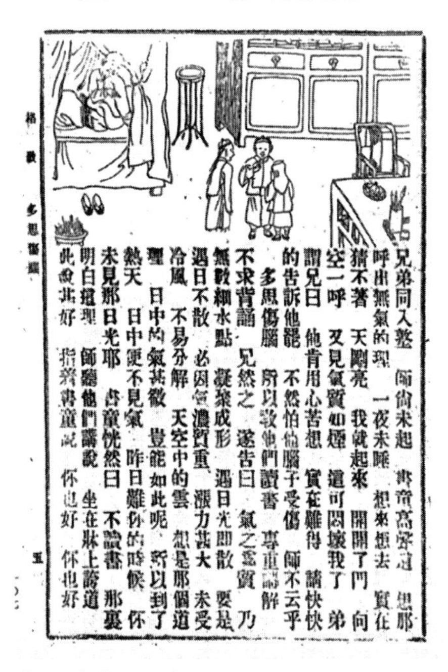

兄弟同入塾 師尚未起 書童高聲道 想那呼出無氣的理 一夜未睡 想來想去 實在猜不著 天剛亮 我就起來 開開了門 向空一呼 又見氣質如煙 這可悶壞我了 弟謂兄曰他肯用心苦想 實在難得 請快快的告訴他罷 不然怕他腦子受傷 師不云乎 多思傷腦所以教他們讀書 專重講解 不求背誦 兄然之 遂告曰 氣之為質 乃無數細水點 凝聚成形 遇日光即散 要是遇日不散 必因氣濃質重 漲力甚大 未受冷風 不易分解 天空中的雲 想是那個道理 日中的氣甚微 豈能如此呢 所以到了熱天 日中便不見氣 昨日難你的時候 你未見那日光耶 書童恍然曰 不讀書 那裏明白這理 師聽他們講說坐在牀上誇道 此說甚好 指著書童說 你也好 你也好

資料來源：《啟蒙畫報合訂本一》（第一冊「格致」五，1902），頁 107。

圖 4-2-17〈多思傷腦〉作為圖 4-2-16〈書童呼氣〉的延續，在文中增添了「弟弟」與「塾師」兩個角色，以此形成同儕與師生的兩組互動關係。在同儕互動關係裡，文本分別賦予書童、弟弟、哥哥以提問者、協調者和講解者的角色，書童作為提問者，在「高聲道」、「一夜未睡」、「悶壞我了」的符號串構下指向了一位勤學好問、樂於思考的兒童；在「雖用心苦想仍無結果」的困境中，作為協調者的弟弟現身，並引入塾師「多思傷腦」觀點，勸哥哥為書童解答。

〈多思傷腦〉作為文本主題在此指涉「專重講解 不求背誦」的新式教學法，而書童「一夜未睡」的刻苦思考雖值得肯定，但作為「多思」的表現，不符合個人生理發展的規律，因而弟弟以不讓書童用腦過度為由，讓作為講解者的兄長為其答疑，由此，兄長以生活中的現象為例幫助書童解惑，並讓書童感嘆到讀書的好處「不讀書 那裏明白這理」，這裡的「理」指代的是蘊藏在日常生活中的科學知識之理，它來自新式學堂中，以此，文本在傳遞西學新知的同時，也有鼓勵兒童進入新式學堂學習新知的延伸意涵。

值得注意的是，圖像與文字將新式學堂的師資力量——「塾師」引入幕後，成為三位男童討論的旁觀者，當話題結束後，塾師才現身並給出「此說甚好」、「你也好 你也好」的評語，其中，「好」既是對學堂中的學生理解知識與運用知識的肯定，也指涉三人互動交流的模式：不以尊卑為界線地在同儕群體中共學新知，正所謂「三人行 必有我師」，他們既是傳遞與分享知識的「師」，也是求學善思的「生」，只是需留意，學生三人能夠擁有自由討論的空間，也源於作為塾師釋放的教育權威與權力，才讓知識在同儕間擁有可以討論的空間，因而新式學堂在外在名稱替換之後，蘊含的是一種全新的「教」與「學」的關係，學堂的教育是師生共構出來「智育」的教育觀念和「求真」、「求辯」的科學精神。

圖 4-2-18 〈雨氣為虹〉

詩經說 蝃蝀在東 莫之敢指 蝃蝀就是虹蜺 這名目 像是個活東西似的 不知古人名物 借用的字極多 後人不深考 以誤傳誤 就有信以為真的了 那知虹蜺的理 本是空中雨氣 早晨在西 下午在東 日光反照 毫不足怪 他那光彩有七色 看去像是半環 其實是個大圓圈 一半為地面遮住了 用手指之 並無妨碍 詩經說莫之敢指 那是別有用意 小學生們 聽見說指了爛手的話 大家真不敢指 豈不可笑 豈不可笑

資料來源：《啟蒙畫報合訂本一》（第二冊「格致物理」三，1902），頁 293。

上圖 4-2-18 呈現了兒童與外國人共學的一幅圖像，它出現在《啟蒙畫報》發行的日刊階段「格致物理」一欄。〈雨氣為虹〉以上圖下文的形式置於直幅的版框內，版框外的主題文字「格致物理 雨氣為虹」鎖定了版框內四個半環狀線條為「虹」，同時為圖像預設了「格致物理」的意涵。版框內的圖像，有兩名側身而站的人物：成年男子梳短髮、頭戴禮帽、著西式服裝；年幼男童則梳金錢鼠辮、著清朝服飾；兩人一大一小，一西一中的體貌形成對比，但在姿勢上卻保持一致：他們右手向前，共同指向山的遠處，類似彩虹的半環狀物體。但為何指向那裡，我們需結合文字來進一步解讀。

文字「詩經說 蝃蝀在東 莫之敢指」可視為主題句，其中「蝃蝀」、「虹蜺」錨定了圖像中半環狀的物體為「虹」，「莫之敢指」與圖像中人物的動作形成反差。為此，文字進一步解釋「虹蜺」這一來字《詩經》的字彙，本是古人比擬的命名方式，但後人不深考「以誤傳誤」而導致「莫之敢指」的結果。

在圖像的「敢指」與文字的「莫之敢指」所開闢的敘事空間裡，文本用格致學知識對「虹蜺」的自然現象加以解說，指明「虹」是由空氣中的雨氣所形成，並非是特別的景象，進而強調「用手指之 並無妨碍」，以此傳遞手指彩虹不會爛手的明示義。

追溯「虹蜺」字意產製的脈絡，「虹」、「蜺」原是一雄一雌的兩頭怪物，古人將主虹叫做「虹」，彩虹內側較淡一圈的副虹，被稱作「蜺」，這樣的比擬與《詩經・鄘風・蝃蝀》一詩中，描述為追求真愛而遠離父母、反抗禮法的女子行為有關（劉毓慶、楊文娟，2014），但在文化觀念的變遷中，「蝃蝀」漸被蒙上迷信色彩成為社會的「異象」，帶有「婚姻錯亂」是「淫邪之氣」的表現，後來，將手指指向「虹蜺」的動作被隱喻「沾染淫邪」，且與「手指彩虹會爛手」產生意義聯結。文本「雨氣為虹」將圖像的視覺核心放在「用手指」的動作上，並在文字的論證中，將未經考證盲目相信的行為與觀察驗偽的動作組成「迷信」與「科學」二元對立的符號，以傳達科學破除迷信的延伸義。

綜合〈雨氣為虹〉的圖文符號，文本在圖像的人物描繪上特別選擇外國人與晚清兒童並肩而站，這既表明中西方「以科學反迷信」的共同立場，也試圖弱化國人與洋人的矛盾，積極西學。同時，版框外的欄目名稱由「格致」轉為「格致物理」，「物理」二字作為日譯西文再傳入晚清的新詞彙，與儒家重要思想概念「格致」結合在一起，也是一種中西知識融通並濟後，強化西學的表達。

圖 4-2-19 〈攝影教子〉

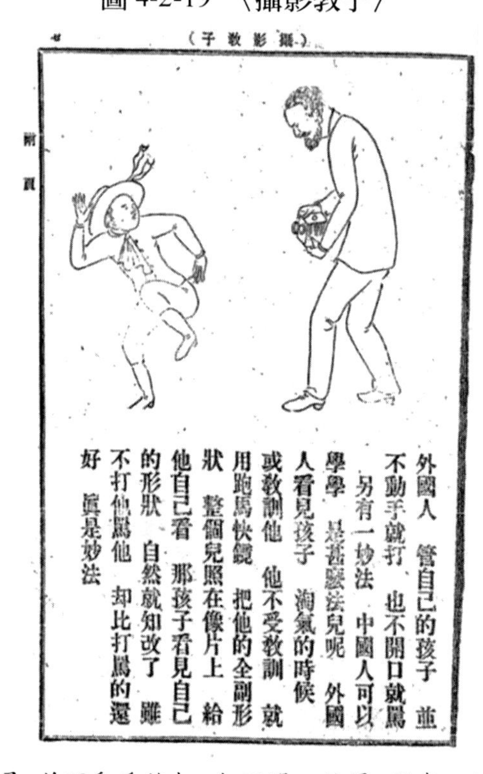

外國人 管自己的孩子 並不動手就打 也不開口就罵 另有一妙法 中國人可以學學是甚麼法兒呢 外國人看見孩子 淘氣的時候 或教訓他 他不受教訓 就用跑馬快鏡把他的全副形狀 整個兒照在像片上 給他自己看 那孩子看見自己的形狀 自然就知改了 雖不打他罵他 卻比打罵的還好 真是妙法

資料來源：《啟蒙畫報合訂本三》（第七冊「附頁」七，1903），頁 209。

圖 4-2-19 將教育互動的場景轉入外國人的家庭生活。版框內的圖像呈現了一名外國成人與外國孩童的互動，其中，成人手中所拿的攝影器材可視為圖像的視覺中心，成人雙手握住照相機，並將鏡頭對準手腳晃動的兒童。

結合巴特語言訊息之於圖像訊息的兩種功能可知，文字「外國人 管自己的孩子」將圖像的人物關係設定為父子，並將故事情境錨定在親子教育中，透過表徵著現代意涵的攝影器材——「照相機」，文字發揮意義功能，帶出教育孩子的新方式：以鏡頭拍下兒童的行徑，促使他們通過自察改正不足，以取代體罰。

但兒童如何能夠看到照相機裡的自己而自省呢？文字「給他自己看 那孩子看見自己的形狀 自然就知改了」，經由照相機留存的影像，文本倡議以激發兒童內在的自覺，讓他們建立反身性思考的空間，在自察與自省中提升孩子自我教育的能力。此外，家長作為親子教養中普遍認定的教育者，也被期許以「引導者」身份幫助兒童自我認知，以此取代體罰裡的權威「管教者」，「雖不打他罵他 卻比打罵的還好」作為攝影教子的成效，表明兒童自我教育的意義與價值，也再次從反向觀點否定體罰的行為。

文本「攝影教子」發行時，「照相機」仍屬稀有之物，民間甚至流傳照相機可攝取人魂魄的迷信說法（Lulu Bao, 2013），但在此篇文本中，「照相機」卻成為大眾日常的器物，是可被用於家庭教育的「教育」，這一意義的轉化，不僅拉近了本土民眾與外來新事物間的距離，也透過「教子」的示範，破除社會中的迷信觀念。

整合上述「教」與「學」的文本可發現，畫報擬定的教育場所或在家庭、學堂或處於山野自然，這都是晚清時期都市與鄉野分化尚不明確下，北京兒童隨手可觸到的日常生活情境。隨著教育空間的切換，教育者的角色也從母親、私塾先生，擴大到同儕、洋人等具有知識儲備之人，與此同時，教育兒童的方式不再刻板地遵循舊式私塾中的記誦與默讀，反而倡導以循序漸進、因勢成便的方式引導兒童自主地觀察、自覺地思考，以使知識運用到實際生活，在「教」與「學」的觀念傳遞中，體罰與迷信也成為畫報特別予以關注和批評的對象。

三、啟「蒙」版圖的拓展

女學伴隨著民間文人士子對家庭教育的重視而興起，1903 年，《女學報》（原名《女報》）的再出版，帶動了社會對女性議題的關注，彭翼仲以「籌墊經費」形式支持了《女學報》的復刊，並在所開設的蒙養學堂中招收女童，以推動女學（梁漱溟，1990/2014）。同年 3 月 28 日，畫報進行改版，將發行的頻次由日刊調整為月刊，並在六、七月中發行的第十一冊與第十二冊的合訂本裡，於首欄小歷史中引入古今中外的女性形象用以傳遞女學，其中也包含女童。

圖 4-2-20 以上圖下文的形式並置於直幅的版框中。版框內圖像的視覺核心是坐著的人將書本傳遞給女子。從人物一坐、一立，單手傳遞、雙手接過的姿態上看，可判斷坐著的男子為長者，且身份地位較站立的女子高。

文字的解說「父親自撫養 及長 父拏書一部 交女手道」預設了圖像人物為父女關係的意涵，在文字對圖像發揮的互補功能中，我們進一步理解故事的大要：晉朝時，「韋母」父親，因家中無男子，而將世學《周官》傳給女兒。

圖 4-2-20 〈韋母傳經〉

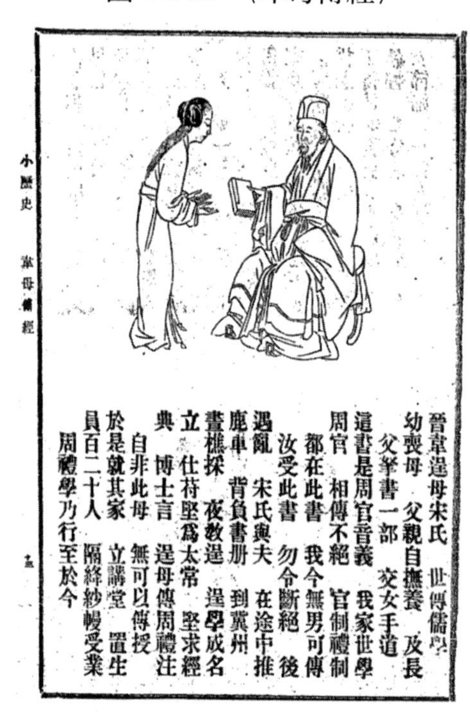

晉韋逞母宋氏 世傳儒學 幼喪母 父親自撫養 及長 父挈書一部 交女手道 這書是周官音義 我家世學 周官 相傳不絕 官制禮制 都在此書 我今無男可傳 汝受此書 勿令斷絕 後遇亂 宋氏與夫 在途中推鹿車 背負書冊 到冀州 書樵採 夜教逞 逞學成名立 仕苻堅為太常 堅求經典 博士言 逞母傳周禮注 自非此母 無可以傳授 於是就其家 立講堂 置生員百二十人 隔絳紗幔受業 周禮學乃行至於今

資料來源：《啟蒙畫報合訂本四》(第十二冊「小歷史」十三，1903)，頁 415。

《周官》(又稱《周禮》) 作為儒家三禮之一的正統學問，論述的內容是周代的官制和禮儀制度，這在晉朝時期不僅不是隨處可學，其傳授的模式也只能通過面傳與口授，因而，它在學校經師傳授子弟，或家中由父傳子的過程中成為了門派與家學，此處文字所指的《周官》便是韋母的家傳之學。

但本排斥女子，專由男子繼承的父輩學問何以傳至韋母？文字道出緣由，稱是在沒有男嗣可傳與經典儒學失傳的兩難情境中，才選擇突破常規，將《周官》這一學問傳給女兒——韋母。而韋母在承襲父親遺志後，不僅在艱苦奔波中教子成才，更協助政府將原本斷續的《周官》之學以講學方式再度延續。文本以此在「父傳經於女」的明示義下，又進一步延伸意涵，表達了知識傳承不分性別、女性憑藉自身智識可以在家庭與社會中發揮價值的延伸義。

圖 4-2-21〈緹縈上書〉也是一則關於父和女的故事。和圖 4-2-20 相似的

是，圖 4-2-21 中圖像以三個列隊行走的人為視覺核心，走在前面的男子右手持一線狀工具，牽著中間長者前行，一位年輕女子緊隨長者之後，從行人的姿態與道路兩旁所繪地貌可推測，三人正在登山趕路。

圖 4-2-21 〈緹縈上書〉

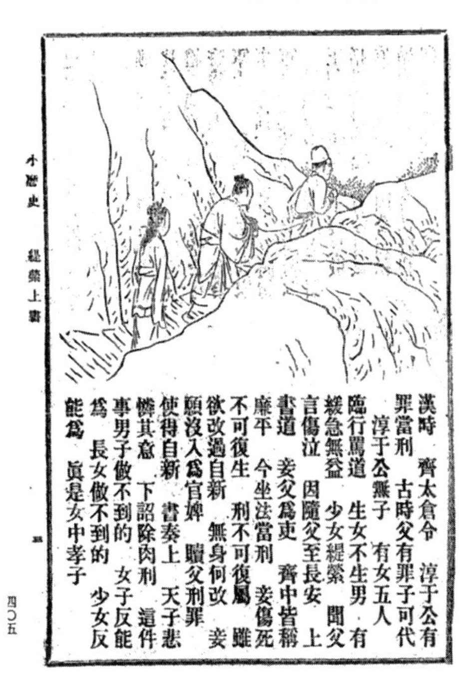

漢時 齊太倉令 淳于公有罪當刑 古時父有罪子可代 淳于公無子 有女五人 臨行罵道 生女不生男 有緩急無益 少女緹縈 聞父言傷泣 因隨父至長安 上書道 妾父為吏齊中皆稱廉平 今坐法當刑 妾傷死不可復生 刑不可復屬 雖欲改過自新 無身何改妾願沒人為官婢 贖父刑罪 使得自新 書奏上 天子悲憐其意 下詔除肉刑 這件事男子做不到的 女子反能為 長女做不到的 少女反能為 真是女中孝子

資料來源：《啟蒙畫報合訂本四》（第十二冊「小歷史」三，1903），頁 405。

「淳于公有罪當刑……有女五人……隨父至長安」這一段話，預設了圖像中的人物關係，說明官差（帶帽之人）與犯人（中間長者）、父（中間長者）與女（尾隨少女）之關係，並同時指出「少女緹縈」在聽聞父親獲罪後，決意跟隨父親前往長安的行為。文字繼續補充圖像未提及的故事內容：入長安後，緹縈上書給皇帝，為父親所獲罪名辯駁，並陳述肉刑弊端，給出替父贖罪之替代方案，皇帝因緹縈之舉，不僅免除淳于公刑罰更因此廢除肉刑，此是傳遞女兒救父的明示義。

結合歷史資料可知，緹縈父親所受的刑罰——「肉刑」，是漢朝從秦朝沿襲下來的一種酷刑，受此刑罰的人，需挖去鼻子、割掉耳朵或是砍去手腳，受此刑之後，犯人非死即殘（楊鴻烈，2004：7～9）。在古代社會中，有關刑罰的制定或廢除，只有朝廷內官或執政者才有權決議，地方官吏與科舉士人都難以參與，更不要說一介平民女子，但為救父親，緹縈卻完成了常人難以達成之事，由此文字傳達女子機智、勇敢、孝順的意涵。

但少女緹縈是如何突破性別與年齡的侷限，完成男子與長女都無法做到的事？這裡需注意內文中強調的「上書」二字。「上書」意指緹縈通過文字書寫的方式向皇帝諫言，這表明緹縈是識字、且有一定寫作能力之人，此為緹縈救父的技術手段。同時，「上書」行為在封建體制內有嚴格的規範，若官階達不到一定品級，是無法成功上書的，因而，緹縈「上書」行為的完成，意味著她突破了自身的身份位階與權力之侷限，此為救父的途徑。內文「刑不可復屬 雖欲改過自新 無身何改 妾願沒入為官婢 贖父刑罪 使得自新」，這段以文言文形式呈現的「上書」原文，表明緹縈由「理」入「情」，情理交融的敘述策略，也意指緹縈不僅識字、懂書寫，且更具說理能力。

在「女子無才便是德」的中國傳統觀念裡，受過教育、知書達理的女性鳳毛麟角，「緹縈」作為一個平民少女既無顯赫家世，也無名作流傳，卻因「救父」之舉而青史留名。她救父的成功，一方面是她跟隨父親入長安的勇敢與孝順；另一方面則是上書陳情這一救父策略，但上書陳情不是平常女子所能完成，而是因為緹縈受過教育。至此，文字在傳遞女子機智、孝順的同時，也進一步強調女子接受教育的重要性與價值。

〈緹縈上書〉的故事原本只是司馬遷《史記卷十 孝文本紀 第十》中的一個段落，「緹縈」這一人物形象被選入《史記》〔註4〕，乃是為體現漢文帝體恤民意、施行仁政的功績。〈緹縈上書〉以以古喻今的方式，將漢文帝的「詔文」省略，緹縈上書內容保留，以此凸顯緹縈上書救父這一行為，並傳遞晚清社會情境下「女學」的新意涵：女性需接受教育、掌握知識，以解除存亡斷續的社會危機。

〈韋母傳經〉與〈緹縈上書〉皆從歷史典故中取材以讓女學改良師出有名。1903 年 9 月 21 日（光緒二十九年八月初一日），畫報第二次改版，除了在發行上將月刊調整為半月刊外，畫報在時聞一欄中，相比以往引入了更多的晚清

〔註 4〕《史記》，「中國哲學書電子化計劃」網址：https://ctext.org/wiki.pl?if=gb&chapter=945261。點閱日期：2022 年 4 月 2 日。

社會新聞。

圖 4-2-22 便是 1904 年畫報編者論述外地「女學」的時聞。它將「女學」的改良成果轉入到興辦女學堂的視域。參照第二個版面裡位於文字上方的圖像，「黑板」、「講台」、「桌椅」等符號將空間鎖定於教室情境，站在台前手指黑板的女子和台下面向她坐著的梳辮女子們，則為「女教師」教導「女學生」的過程提供了視覺化想像。

圖 4-2-22 〈創興女學〉

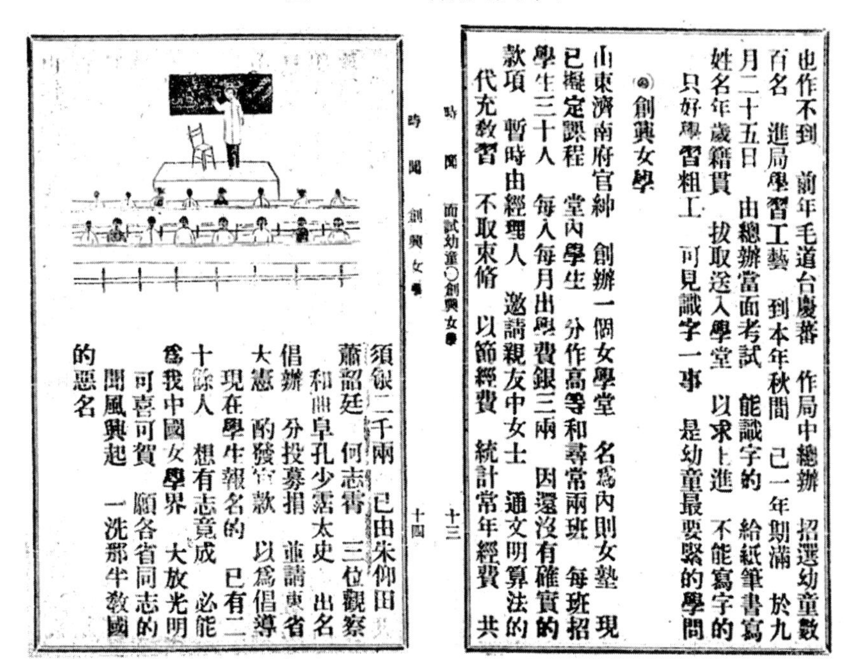

時聞 面試幼童○創興女學 十三

也作不到 前年毛道台慶蕃 作局中總辦 招選幼童數百名 進局學習工藝 到本年秋間 已一年期滿 於九月二十五日 由總辦當面考試 能識字的 給紙筆書寫姓名年歲籍貫 拔取送入學堂 以求上進 不能寫字的只好學習粗工 可見識字一事 是幼童最要緊的學問

創興女學

山東濟南府官紳 創辦一個女學堂 名爲內則女塾 現已擬定課程 堂內學生 分作高等和尋常兩班 每班招學生三十人 每人每月出學費銀三兩 因還沒有確實的款項 暫時由經理人 邀請親友中女士 通文明算法的代充教習 不取束脩 以節經費 統計常年經費 共

時聞 創興女學 十四

須銀二千兩 已由朱仰田 蕭韶廷 何志霄 三位觀察 和曲阜孔少霑太史 出名倡辦 分投募捐 並請東省大憲 酌發官款 以爲倡導 現在學生報名的 已有二十餘人 想有志竟成 必能爲我中國女學界 大放光明 可喜可賀 願各省同志的 聞風興起 一洗那半教國的惡名

山東濟南府官紳 創辦一個女學堂 名為內則女塾 現已擬定課程 堂內學生 分作高等和尋常兩班 每班招學生三十人 每人每月出學費銀三兩 因還沒有確實的款項 暫時由經理人 邀請親友中女士 通文明算法的 代充教習 不取束脩 以節經費 統計常年經費 共須銀二千兩 已由朱仰田 蕭韶廷 何志霄 三位觀察 和曲阜孔少霑太史 出名倡辦 分投募捐 並請東省大憲 酌發官款 以為倡導 現在學生報名的 已有二十餘人 想有志竟成 必能為我中國女學界 大放光明 可喜可賀 願各省同志的 聞風興起 一洗那半教國的惡名

資料來源：《啟蒙畫報合訂本六》（第二年三冊上「時聞」十三，1903），頁 99～100。

在圖像符號學的視野中，「山東濟南府官紳 創辦一個女學堂 名為內則女塾」等文字將圖像所描繪的空間具體化為山東濟南府的「內則女塾」，並補充說明女學堂的課程編制、學費與經費安排、學員招收情況等，在具體人名與社會身份的呈現中，文本傳遞出官紳合力促成女學堂、支持女學發展的真實性。

可為何圖像特別凸顯「女教習」這一角色？一方面，「女教習」是女學堂得以延續、發揮社會功能的重要師資力量；另一方面，「女教習」作為社會改良後開闢出的新職位空缺，是正在學習和已具備新知的女性可以努力的求職方向。

文字引入山東女塾興辦的歷程，意在導引出編者「願各省同志的聞風興起一洗那半教國的惡名」的宏願。「同志」在前後脈絡中指涉相同志向，也就是支持女學興辦的人，借助報刊可傳播的廣度，文本呼籲不同地域的女學支持者將力量凝聚，並將想法轉化為興辦女學堂的實際行動。作為社會改良的一環，「半教國」將男女以是否接受教育而重新分類，以在「惡名」的負向指涉下凸顯女性也需要「教」的教育性別平權之延伸義。

1903 年底至 1904 年初，「開民智」運動已累積一些社會經驗與成果，畫報在時聞一欄也關注到新式教育落實中的具體問題，啟蒙的對象也向兒童之外的群體擴散，圖 4-2-23〈嘉許幼童〉、圖 4-2-24〈家教文明〉和圖 4-2-25〈和尚維新〉便是其中代表。

圖 4-2-23 〈嘉許幼童〉

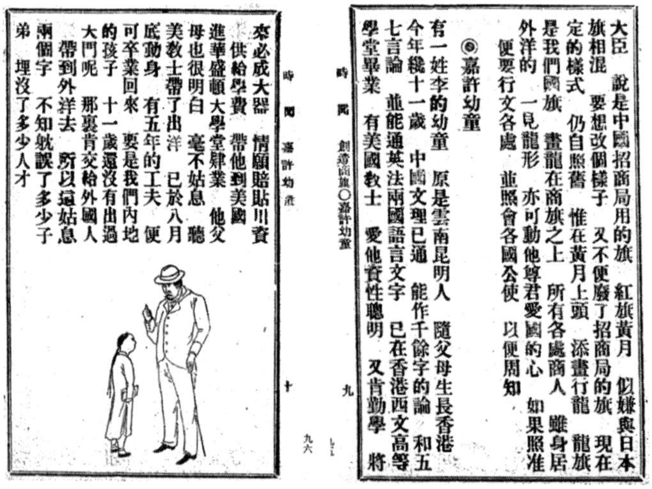
時聞 創辦商旗◎嘉許幼童 九

大臣 說是中國招商局用的旗 紅旗黃月 似嫌與日本旗相混 要想改個樣子 又不便廢了招商局的旗 現在定的樣式 仍自照舊 惟在黃月上頭 添畫行龍 龍旗是我們國旗 畫龍在商旗之上 所有各處商人 雖身居外洋的 一見龍形 亦可動他尊君愛國的心 如果照准 便要行文各處 並照會各國公使 以便周知

◎嘉許幼童

有一姓李的幼童 原是雲南昆明人 隨父母生長香港 今年纔十一歲 中國文理已通 能作千餘字的論 和五七言論 並能通英法兩國語言文字 已在香港西文高等學堂畢業 有美國教士 愛他資性聰明 又肯勤學 將

時聞 嘉許幼童 十

來必成大器 情願賠貼川資 供給學費 帶他到美國 進華盛頓大學堂肄業 他父母也很明白 毫不姑息 聽美教士帶了出洋 已於八月底動身 有五年的工夫 便可卒業回來 要是我們內地的孩子 十一歲還沒有出過大門呢 那裏肯交給外國人 帶到外洋去 所以這姑息兩個字 不知耽誤了多少子弟 埋沒了多少人才

九六

有一姓李的幼童 原是雲南昆明人 隨父母生長香港 今年纔十一歲 中國文理已通 能作千餘字的論 和五七言論 並能通英法兩國語言文字 已在香港西文高等學堂畢業 有美國教士 愛他資性聰明 又肯勤學 將來必成大器 情願賠貼川資 供給學費 帶他到美國 進華盛頓大學堂肄業 他父母也很明白 毫不姑息 聽美教士帶了出洋 已於八月底動身 有五年的工夫 便可卒業回來 要是我們內地的孩子 十一歲還沒有出過大門呢 那裏肯交給外國人 帶到外洋去 所以這姑息兩個字 不知耽誤了多少子弟 埋沒了多少人才

資料來源：《啟蒙畫報合訂本六》（第二年三冊上「時聞」九至十，1903），頁 96。

自新政時期擬定興建新式教育體制的方向後，政府必須面對教育模式與師資力量緊缺的現實，由於清廷無法獨立完成創辦新式教育的重任，官派考察和鼓勵兒童留學則成為教育改革的輔助政策。早在 1872 年到 1875 年間，清政府曾先後派出四批共 120 名幼童赴美國留學，當時幼童出洋的平均年齡只有 12 歲，但後期因美國西海岸出現「排華」浪潮，加之中國赴美留學生「洋化」、「未得其益反受其損」等傳言，使計劃遭致國內反對，「留美幼童」被強行提前召回，自此之後，留學計劃未被政府再度提及，直至戊戌變法時期（1898 年 6 月 11 日～9 月 21 日），官派赴日遊學被提及，留學又成為被鼓勵的政策（李喜所，2000）。

在留學風氣再興之時，《啟蒙畫報》在創辦之初便宣傳留學觀念，而後又關注到由留學而衍生出來的社會議題，如上圖 4-2-23，版框內的圖像置於文字的下方，一名手拿書本著清朝服飾的幼童與身著洋裝的成年男子面對面而站，成年男子左手執杖，右手舉大拇指指向某處似乎和兒童說明什麼。

文字「有一姓李的幼童 原是雲南昆明人 隨父母生長香港 今年纔十一歲」和「美國教士」為圖像中的人物分別預設了「香港兒童」與「美國教士」的不同身份，「情願賠貼川資 供給學費 帶他到美國」將二人的關係錨定在資助者與被資助者上。同時，「中國文理已通 能作千餘字的論 和五七言論 並能通英法兩國語言文字 已在香港西文高等學堂畢業」發揮著意義功能，補充說明李姓幼童已是精通中外三國語言，寫作能力強且接受西文教育的人才，而「愛他資性聰明 又肯勤學 將來必成大器」作為美國傳教士有意資助李姓幼童的理由，傳遞出人才無論在哪一國家都受重視的意涵。

但兒童作為父母之子，即便有外力幫扶、肯提供教育資源，也還需徵詢家長的同意才能順利留學，由此，文本將視角轉移到李姓兒童的家長。文字「他父母也很明白 毫不姑息」帶出圖像未顯現的角色，並將其描繪為支持孩子留學的開明者，進而導引出香港與內陸在留學觀念上的反差，「內地的孩子 十一歲還沒有出過大門」與香港能見世面的孩童對比，讓文本將兒童的成才與否和家長的「姑息」態度形成意義關連。根據上下文，文本裡的「姑息」不是現代意涵的「縱容」，而是「姑且求安」，指的是家長對幼童教育的態度，也就是，父母應積極提供給孩子教育資源，從為國家培養人才的格局與視角，為孩子做長遠的教育規劃和打算，比如，送兒童去新式學堂、或是送孩子留學等。

圖 4-2-24 〈家教文明〉

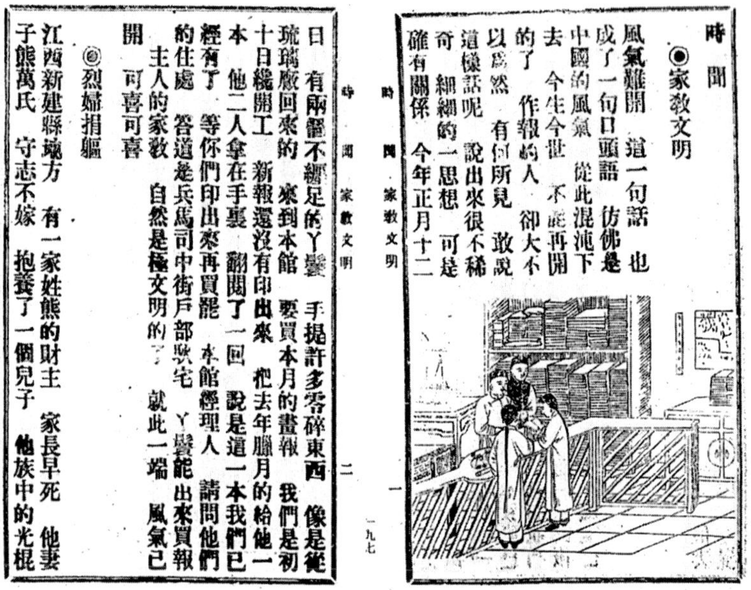
時聞
◉家教文明
風氣難開　這一句話　也成了一句口頭語　彷彿是中國的風氣　從此混沌下去　今生今世　不能再開的了　作報的人　卻大不以為然　有何所見　敢說這樣話呢　說出來很不稀奇　細細的一思想　可是確有關係　今年正月十二

時聞．家教文明　一

一九七

時聞　家教文明　二

日　有兩個不纏足的丫鬟　手提許多零碎東西　像是從琉璃廠回來的　來到本館　要買本月的畫報　我們是初十日纔開工　新報還沒有印出來　把去年臘月的給他一本　他二人拿在手裏　翻閱了一回　說是這一本我們已經有了　等你們印出來再買罷　本館經理人　請問他們的住處　答道是兵馬司中街戶部耿宅　丫鬟能出來買報　主人的家教　自然是極文明的了　就此一端　風氣已開　可喜可喜

◉烈婦捐軀
江西新建縣瑰方　有一家姓熊的財主　家長早死　他妻子熊萬氏　守志不嫁　抱養了一個兒子　他族中的光棍

風氣難開 這一句話 也成了一句口頭語 彷佛是中國的風氣 從此混沌下去 今生今世不能再開的了 作報的人 卻不大以為然 有何所見 敢說這樣話呢 說出來很不稀奇細細的一思想 可是確有關係 今年正月十二日 有兩個不纏足的丫鬟 手提許多零碎東西 像是從琉璃廠回來的 來到本館 要買本月的畫報 我們是初十日纔開工 新報還沒有印出來 把去年臘月的給他一本 他二人拿在手裏 翻開了一回 說是這一本我們已經有了 等你們印出來再買罷 本館經理人 請問他們的住處 答道是兵馬司中街戶部耿宅丫鬟能出來買報 主人的家教 自然是極文明的了 就此一端 風氣已開 可喜可喜

資料來源：《啟蒙畫報合訂本七》(第二年之第六冊上「時聞」一至二，1904)，頁 197。

上圖 4-2-24 是畫報記載的一則北京事件，且故事就發生在啟蒙報館裡。文本由兩個直幅版面構成，居於第一版面下端的圖像呈現了櫃檯外兩位女子與櫃檯內兩位男子的互動。

結合文字「有兩個不纏足的丫鬟……來到報館 要買本月的畫報」可知，圖像人物所處的是畫報館，買報人的身份是「丫鬟」且是「不纏足」的。文字在敘事結構上以欲揚先抑的手法，先感嘆「風氣難開」，隨後就用一則見聞否定判斷。可緣何證明「風氣已開」？

從文字對圖像發揮的互補功能可知，「不纏足丫鬟買報」是證成「風氣已開」的關鍵。首先，丫鬟是文化位階底端的女性代表，儘管傳統社會的中國勞動者本來就不纏足，但文本特別強調了此一身體特徵，帶出符合主題「家教文明」的延伸義；其次，內文「像是從琉璃廠回來的」以推測的形式將具有文化象徵的「琉璃廠」與「丫鬟」的身份連接，以表明丫鬟的文化品味不俗，而「要買本月的畫報」、「翻閱了一回」、「這一本我們已經有了」更進一步證成文化位階底端的女性不僅有識字能力，且已跟隨社會新風尚，養成閱報習慣。

以此，文字從「丫鬟」身體（不纏足）與智識（閱報）兩個層面來論證晚清北京的女學風氣已開，但這種風氣開化的功績並不在於丫鬟自身的覺醒，而是「主人的家教」，是「文明」的體現。「文明」一詞是晚清從日本引入的和漢語，它與「野蠻」所指涉的落後現況形成對立關係，是辦報文人意欲改革／改良，以建立新國民精神的方向（沈國威，2012：399～401）。文本將「主人的家教」與「文明」做意義牽連，在傳遞女學宣傳已獲階段成果的明示義上，又給予上層階級期待，鼓勵他們透過啟蒙下層階級進一步推動社會改良的延伸義。

圖 4-2-25 〈和尚維新〉

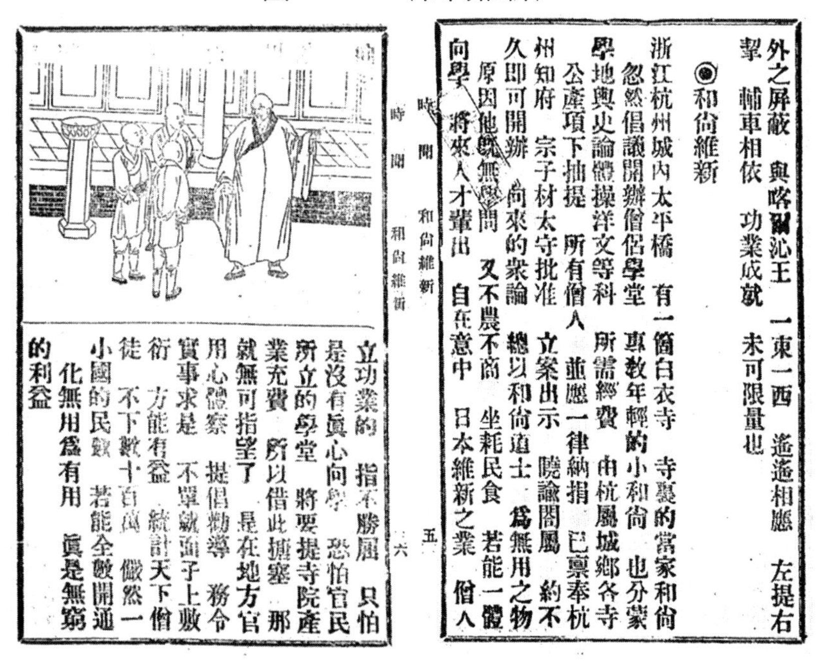
外之屏蔽 與喀爾沁王 一東一西 遙遙相應 左提右
挈 輔車相依 功業成就 未可限量也

◉和尚維新

浙江杭州城內太平橋 有一箇白衣寺 寺裏的當家和尚
忽然倡議開辦僧侶學堂 專教年輕的小和尚 也分蒙
學地輿史論體操洋文等科 所需經費 由杭屬城鄉各寺
公產項下抽提 所有僧人 並應一律納捐 已稟奉杭
州知府 宗子材太守批准 立案出示 曉諭閤屬 約不
久即可開辦 向來的衆論 總以和尚道士 爲無用之物
原因他既無學問 又不農不商 坐耗民食 若能一體
向學 將來人才輩出 自在意中 日本維新之業 僧人

時聞 和尚維新 五

時聞 和尚維新 六

立功業的 指不勝屈 只怕
是沒有眞心向學 恐怕官民
所立的學堂 將要提寺院產
業充費 所以借此搪塞 那
就無可指望了 是在地方官
用心體察 提倡勸導 務令
實事求是 不單就面子上敷
衍 方能有益 統計天下僧
徒 不下數十百萬 儼然一
小國的民數 若能全數開通
化無用爲有用 眞是無窮
的利益

浙江杭州城內太平橋 有一箇白衣寺 寺裏的當家和尚 忽然倡議開辦僧侶學堂 專教年輕的小和尚 也分蒙學地輿史論體操洋文等科 所需經費 由杭屬城鄉各寺 公產項下抽提 所有僧人 並應一律納捐 已稟奉杭州知府 宗子材太守批准 立案出示 曉諭閤屬 約不久即可開辦 向來的眾論 總以和尚道士 為無用之物 原因他既無學問 又不農不商 坐耗民食 若能一體向學 將來人才輩出 自在意中 日本維新之業 僧人立功業的 指不勝屈 只怕是沒有真心向學 恐怕官民所立的學堂 將要提寺院產業充費 所以藉此搪塞 那就無可指望了 是在地方官用心體察 提倡勸導 務令實事求是 不單就面子上敷衍 方能有益 統計天下僧徒 不下數十百萬 儼然一小國的民數 若能全數開通 化無用為有用 真是無窮的利益

資料來源：《啟蒙畫報》（第二年第七冊下「時聞」五至六，1904），頁 491～492。

圖 4-2-25〈和尚維新〉的兩則版面也是結合社會時事的社會新聞。位於第二版上方的圖像集中呈現了中式建築裡的人物互動，從人物所穿的僧服與剃髮的體貌訊息推測，他們的身份皆為和尚，右側既高且胖的老和尚面向三個小和尚而站，左手指向未知的遠處。

結合文字給出的訊息可知，圖像中人物所處的時空為晚清「浙江杭州的白衣寺」,「寺裏的當家和尚」為圖像中的老者預設了寺廟中具有話語權的社會身份，進而，文字對圖像扮演情境互補功能，補充說明老者左手所指的乃是「開辦僧侶學堂」，其目的在於教授小和尚「蒙學地輿史論體操洋文」等新學知識。

在這一基礎上，文字形成了「當家和尚—僧人—知府」積極共建新式學堂的符號敘述鏈，也透過當下的見聞，文字以時間性的字彙「向來」將「和尚道士」這一社會群體放置在古今歷史縱深中，在「化無用為有用」的意符、意指運作中，「向學」成為表意（signification）的關鍵。

以巴特的符號系統運作來看，文字首先將「向學」的範疇圈定在累積「學問」、擺脫「坐耗民食」的明示義下，以此彰顯和尚掌握新知的必要，繼而，文字以日本僧人的「維新之業」為參照，將敘述的主題轉入晚清廟產興學的實際，並針對官府與寺廟的主導者提出向學的「真心」，用以傳遞期盼「僧侶學堂」有效落實的延伸義。

統整上述的文本，〈緹縈上書〉與〈韋母傳經〉皆採用以古說今的敘事策略，在父與女的家庭倫理觀念中強調女子接受教育的重要性；〈家教文明〉與〈創興女學〉則以時間的方式反映了晚清女學興辦的細節，通過將隱匿在男性之後的女性群體訴諸筆端，使不同時代、不同年齡、不同階層的女性都成為需要接受教育的對象。其次，畫報也從教育觀念落實中意識到調整家長、以及社會民眾等全民教育觀念的重要，〈嘉許幼童〉、〈和尚維新〉便是從改良社會的宏觀視角出發，對啟蒙教育對象加以擴大。一言以蔽之，《啟蒙畫報》在發刊過程中，已經隨著新式教育的發展和社會時勢所需，在性別、年齡、階級、身份上做出調整，但凡是未接受新式教育思想者皆成為了有待被啟蒙的人。

第三節 個人、生活與愛國

戊戌變法之前，西學知識已作為課程在上海方言館與京師同文館中出現，但受儒家文化的正統觀念影響，官辦新式學校中的學生儘管學習西學，但仍將科舉做官視為實現自身價值、競爭社會地位的主要通道（熊月之，2011）。新政擬定將科舉漸進廢除後，西學東漸之風更盛，如何調動或說服各階層兒童進入新式學堂西學，如何給定新的求學目標與方向？這也成為文本建構教育觀念時需一併處理的環節。

圖 4-3-1 〈李遠大度〉

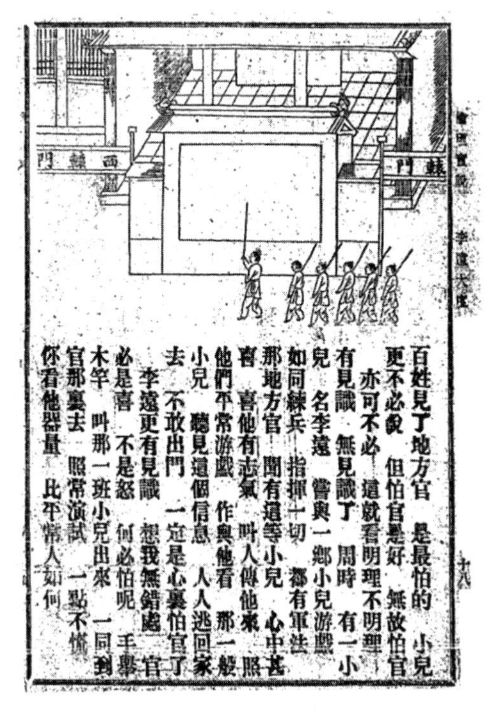

百姓見了地方官 是最怕的 小兒更不必說 但怕官是好 無故怕官 亦可不必 這就看明理不明理 有見識 無見識了 周時 有一小兒 名李遠 嘗與一鄉小兒遊戲 如同練兵指揮一切 都有軍法 那地方官 聞有這等小兒 心中甚喜 喜他有志氣 叫人傳他來 照他們平常遊戲 作與他看 那一般小兒 聽見這個信息 人人逃回家去 不敢出門 一定是心裡怕官了 李遠更有見識 想我無錯處 官必是喜 不是怒 何必怕呢 手舉木桿 叫那一班小兒出來 一同到官那裡去 照常演試 一點不慌 你看他器量 比常人如何

資料來源：《啟蒙畫報合訂本一》（第一冊「倫理實說」十八，1902），頁 20。

圖 4-3-1 位於畫報合訂本的第一冊，文本裡上方的圖像由「行進中的兒童」構成了一條由右及左的敘述鏈，人物的服裝系統（束髮、著漢服）與建築風格將畫面鎖定在古代的時空環境中，圖像里，高舉竿子的兒童既是領導者也是視覺核心，他右手邊的方型牆面連結兩塊匾額，形成一縱貫線，將圖像區隔為內外兩個層次：其中，並排行走的兒童在外；內部則由轅門、牆垣、磚瓦、案頭等符號組成三堂兩橫式的建築風格（南北中三個縱向與東西兩個軸線），並以透視法呈現出場地的縱深感，增強其肅穆與神秘氣氛。結合左側匾額上的文字

「西轅門」，這一製碼訊息可知，「轅門」在古代社會中意指「官署的外門」，由此預設圖像內部的場地可能為「官府」。但為何兒童結伴出入於官府前？視覺中心的兒童又有何身份？我們通過圖像無法判斷，需結合文字來進一步分析。

文字的解說「李遠 嘗與一鄉小兒遊戲 如同練兵 指揮一切 都有軍法」為圖像的兒童提供了錨定功能，說明帶頭人「李遠」與其他兒童的同儕關係，並進一步以文字深入說明：周朝時，李遠帶領同鄉兒童遊戲如同練兵，這引起地方官的好奇，於是召他們前去演練，同鄉者聞言膽怯欲逃避，唯有李遠不懼怕。由此傳達兒童勇敢不畏懼的明示義。

但為何李遠的反應與同鄉兒童不同？文字「李遠更有見識」、「想我無錯處官必是喜 不是怒 何必怕呢」，這種「不怕官」的行為即是李遠「有見識」的體現。遇事沉著冷靜、肯思辨作為「見識」符號的內涵，呼應著開篇的題眼「明理」，集中強調對事物進行思辨能力的重要。

圖 4-3-2 〈張策辨鼎〉

小兒第一理想 第二見解 見解的用處 是能辨真偽 明是非 大事小事 雖不同 若是沒有些見解 可就難了 五代史 張策 年十三 同父 居洛陽敦化里 掘井 得古鼎 同視之魏黃初元年春二月匠吉千 觀者以為真 策說偽造的 漢建安二十五年曹公薨 改元延康 是黃初元年 那裏能有二月 鼎銘定是偽造 一時都驚服 小兒辨真偽 明是非 這見解那裏來的 還是從多讀書上來的啊

資料來源：《啟蒙畫報合訂本一》（第三冊，「倫理蒙正小史」十九，1902），頁 399。

圖 4-3-2 的版內上方圖像以樹木垂下的枝條、雜草、土地、農具、草帽、土坑為主，將人物所處的時空鎖定在戶外務農的場景中，視覺的中心為一名孩童手指戴草帽的男子所持的鼎狀物品。

文字「五代史（時） 張策 年十三 同父 居洛陽敦化里 掘井 得古鼎 同視之」為圖像中圍鼎而站的成人與兒童提供錨定功能，說明兩人的關係為父子，並進一步補充說明圖像未能闡明的故事細節：五代時期的張策與父親一起居住在洛陽敦化里，掘井的時候挖到一個古鼎，鼎上寫「魏黃初元年春二月匠吉千」，觀看者都以為是真品，張策卻以歷史史料為證，證明此鼎為贗品。由此，文字表達知識可用於辯真偽的實用意涵。

從〈張策辨鼎〉的「總—分」敘事結構中可發現，開篇首句「小兒第一理想 第二見解 見解的用處 是能辨真偽 明是非」為全篇在「理想」之下預設了「兒童應有見解」的主題，隨後，文字以故事化的形式解釋「有見解」的意涵，並以「這見解那裏來的 還是從多讀書上來的啊」將「見解」與「讀書」連繫，用以體現讀書可培養兒童見解的明示義。

但為什麼需要培養「見解」能力？文字「大事小事 雖不同 若是沒有些見解 可就難了」指涉「見解」對引導人們日常生活思辨的重要意義。那麼，是否讀書就可以直接獲得見解？從張策辨鼎的過程可知，真偽的判讀是經由觀察（鼎上所刻的時間）—核驗（與歷史對照）—邏輯推理的共同作用，以此，文字在剖析讀書可培養「見解」的同時，也營造了運用知識的方式，即以有系統、重邏輯的觀念活學活用所學的知識。

圖 4-3-1〈李遠大度〉與圖 4-3-2〈張策辨鼎〉皆處於畫報改良之前的日刊階段，彼時畫報多採用古時的名人軼事，透過以古說今的方式，闡明學習知識的新用途，在這裡，求知已漸漸脫離了科舉功名的束縛，落在有助於日常生活的敘事策略裡，「李遠」、「張策」作為兒童的榜樣，他們不盲從，有見識、明是非，而他們之所以不人云亦云的關鍵，不僅在於讀書學習知識，還在於能夠運用邏輯思維能力進行分析，將知識用於生活的實際。

在建立新知可助於生活實踐之外，文本也從家庭、學堂的學習環境給出新知對個人智識上的幫助作用。

圖 4-3-3 以上圖下文形式構成，版面上方的圖像以圓柱、雕欄、方格地、竹簾等建築符號將三名兒童互動的場景鎖定在中式庭院中，圓柱旁豎立放置的傘在此為制碼圖像訊息，預設天氣可能是剛下過雨。庭前，兩名兒童面對面

蹲坐，門中一位女童正左手揭簾、右手執一器物欲向男童方向走來。

圖 4-3-3 〈泥分二質〉

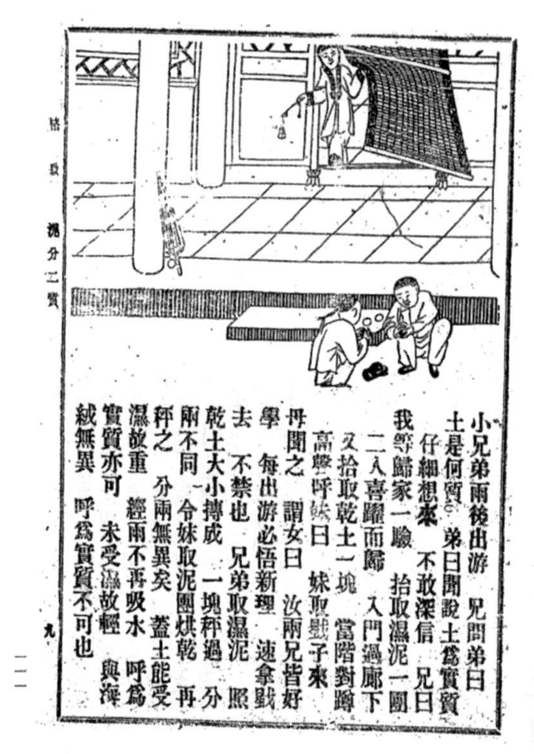

小兄弟雨後出遊 兄問弟曰 土是何質 弟曰聞說土為實質 仔細想來 不敢深信 兄曰我等歸家一驗 拾取濕泥一團 二人喜躍而歸 入門過廊下 又拾取乾土一塊 當階對蹲高聲呼妹曰 妹取戥子來 母聞之 謂女曰 汝兩兄皆好學 每出遊必悟新理 速拿戥去不禁也 兄弟取濕泥 照乾土大小搏成 一塊秤過 分兩不同 令妹取泥團烘乾 再秤之分兩無異矣 蓋土能受濕故重 經雨不再吸水 呼為實質亦可 未受濕故輕 與海絨無異呼為實質不可也

資料來源：《啟蒙畫報合訂本一》（第一冊「格致」九，1902），頁 111。

文字「小兄弟雨後出遊」、「妹取戥子」為圖像中的人物預設了三兄妹的關係，同時，文字進一步補充說明，雨後兄弟二人在討論「土是何質」時，弟弟提出「土為實質」的假設，抱著「不敢深信」的懷疑態度，兄弟二人決定「歸家一驗」，在母親的支持與妹妹拿戥的協助下，兄弟證實了「土為實質」，以此，文字在論述格致知識時，也表達了以實驗方式驗證知識真偽的延伸義。

文本〈泥分二質〉將格致知識「土為實質」以故事化的形式表達，並透過知識與生活的勾連，隱涉著知識來源於生活，可從生活中檢驗的延伸義。

圖 4-3-4 〈張傘跳樓〉

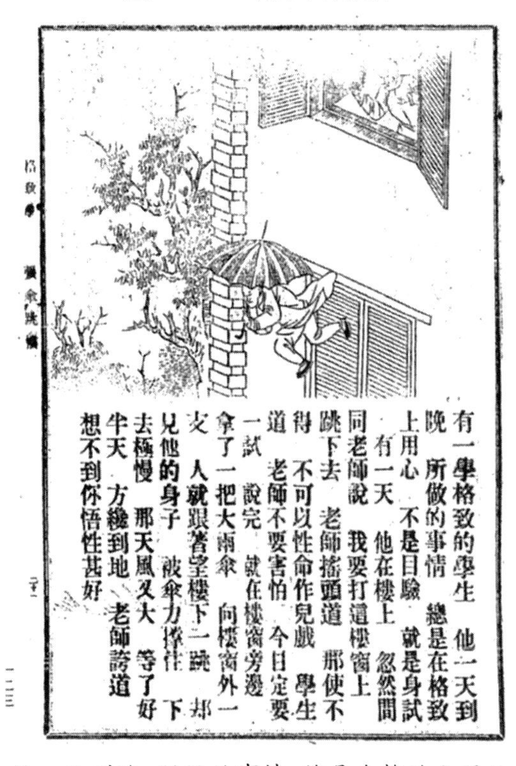

有一學格致的學生 他一天到晚 所做的事情 總是在格致上用心 不是目驗 就是身試 有一天 他在樓上 忽然間同老師說 我要打這樓窗上 跳下去 老師搖頭道 那使不得 不可以性命作兒戲 學生道 老師不要害怕 今日定要一試 說完 就在樓窗外一支 人就跟著望樓下一跳 卻見他的身子 被傘力撐住 下去極慢 那天風又大 等了好半天方纔到地 老師誇道 想不到你悟性甚好

資料來源：《啟蒙畫報合訂本四》（第十冊「格致學」二十一，1903），頁 123。

文字的解說「格致的學生」、「老師搖頭道」為圖像中的人物提供錨定功能，說明張傘跳樓的人為學習格致的學生，觀望者為老師，兩人為師生關係。文案中「拿了一把大傘」、「窗外一支」、「望樓下一跳」等一系列連貫動作符號，意指學生行前準備充分且不惜犯險地以身試驗，從而學習格致。

〈張傘跳樓〉採用記敘文「總—分」的敘事結構，開篇首句「有一格致的學生 他一天到晚 所做的事情 總是在格致上用心 不是目驗 就是身試」為全篇預設了「以實驗法學習格致」這一主題，隨後，文字引入學生張傘跳樓的故事，並強調學生以身涉險也要身試的決心。

但為何學生可以不計生死而張傘跳樓？從「老師不要害怕」可知，學生對於「跳樓」這一行動的風險是有預判的。「今日定要一試」表明學生準備「跳樓」並非偶然，而是一段時間以來的謀劃，這段時間的謀劃減弱了學生跳樓的危險係數，所以才有學生勸慰老師「不要害怕」之舉，但學生如何謀劃、選擇跳樓的時機呢？文字強調「跳樓者」的身份為「格致學生」實為關鍵，也就是說，學生是懂得格致知識的人，且對格致知識掌握精熟，他才可以謀劃張傘跳樓的事件，從而有效避免風險，確保自身安全，因而在學生「勇敢」、「不懼危險」的明示義下，文字也強調只要精通格致知識，即能突破常規做人所不能之事的延伸義。

須說明的是，在實際生活中張傘跳樓充滿了危險性也很難取得成功，因其不僅與風阻有關，也涉及傘面、自重、降速等其他因素，但文本〈張傘跳樓〉以簡化科學事實的做法，以故事化的敘事手法，達成戲劇性意涵，用以歌頌格致學的神奇效果，並鼓勵學生學習科學，與此同時，學生對於格致知識的掌握，秉持的是在「目驗」與「身試」前對知識抱持懷疑精神，繼而透過將理論運用於實踐以求真辨偽，這與科舉制時期注重對知識的記誦以培養忠順良民已大為不同。

圖 4-3-3〈泥分二質〉與圖 4-3-4〈張傘跳樓〉分別聚焦於家庭和學堂，以兒童、學生試驗的方式強調抱持懷疑、假設的態度驗證知識真偽的學習方式，試圖打破傳統書本中知識的權威，使西學新知成為可以用經驗加以觀察與檢驗的學問。1903 年底，畫報在第二次改良之時，女學已逐漸興起，加上甲午戰後，不斷激化的日俄矛盾，使畫報越來越關切時局，並將知識的運用與社會、國家的發展相連。

下圖聚焦的是北京女學。在三個連續的版面中圖像被安排在第二版面的上方，其中，中式對稱的家具風格呈現了一幅會客場景，兩名男子倚靠一幅山水字畫分坐主位的左右兩側，其餘女性或坐或站立在凳旁兩側，文本以全墨印製的方式突出視覺中心——靠窗坐著的女性。

「昨有四川杜部郎 來到本館 談論此事」、「現在有浙江 女士秋濬卿 熱心教育」、「本主人帶同眷屬 往見秋女士」預設了圖像上方的男子為畫報創辦人彭翼仲與四川官員杜部郎，下方左側黑衣女子則為秋濬卿，並補充說明圖像呈現的會面與女學議題相關：杜部郎是力興女學、主張培養女教師的官員，秋濬卿則因是熱心教育而想赴日本深造的新女性，之所以會有這場圖像描繪的碰面，是因報館主人有感北方女教師的匱乏，因而萌生邀請秋女士赴日前在報館講學，以奠定女學根基的想法，於是，報館主人攜帶家眷前往拜會秋女士與杜部郎，商議女學興辦事宜。以此，文字描述了「秋瀞卿」這一新女性形象。

圖 4-3-5 〈巾幗英雄〉

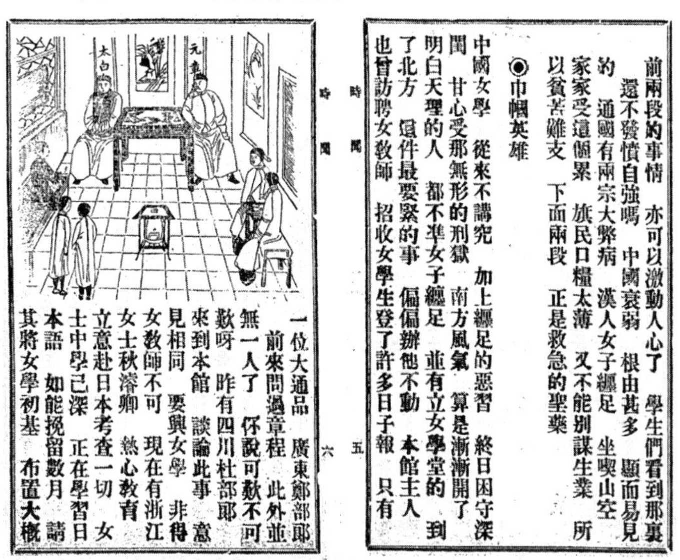

前兩段的事情　亦可以激動人心了　學生們看到那裏
還不發憤自強嗎　中國衰弱　根由甚多　顯而易見
的　通國有兩宗大弊病　漢人女子纏足　坐喫山空
家家受這個累　旗民口糧太薄　又不能別謀生業　所
以貧苦難支　下面兩段　正是救急的聖藥

◉巾幗英雄

中國女學　從來不講究　加上纏足的惡習　終日困守深
閨　甘心受那無形的刑獄　南方風氣　算是漸漸開了
明白天理的人　都不準女子纏足　並有立女學堂的　到
了北方　這件最要緊的事　偏偏辦他不動　本館主人
也曾訪聘女教師　招收女學生登了許多日子報　只有

時聞　五

時聞　六

一位大通品　廣東鄭部郎
前來問過章程　此外並
無一人了　你說可歎不可
歎呀　昨有四川杜部郎
來到本館　談論此事　意
見相同　要興女學　非得
女教師不可　現在有浙江
女士秋瀞卿　熱心教育
立意赴日本考查一切　女
士中學已深　正在學習日
本語　如能挽留數月　請
其將女學初基　布置大概

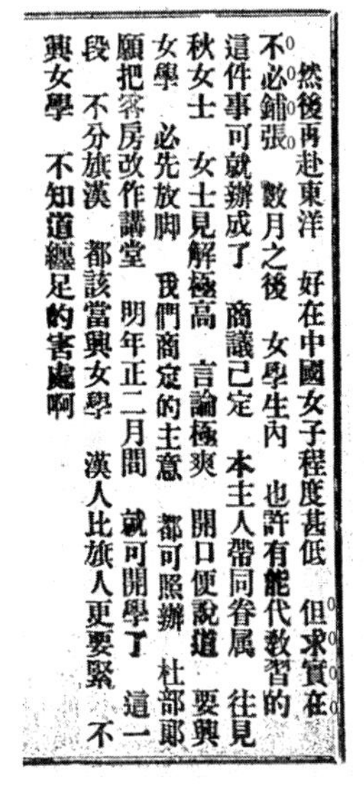

然後再赴東洋　好在中國女子程度甚低　但求實在
不必鋪張　數月之後　女學生內　也許有能代教習的
這件事可就辦成了　商議已定　本主人帶同眷屬　往見
秋女士　女士見解極高　言論極爽　開口便說道　要興
女學　必先放脚　我們商定的主意　都可照辦　杜部郎
願把客房改作講堂　明年正二月間　就可開學了　這一
段　不分旗漢　都該當興女學　漢人比旗人更要緊　不
興女學　不知道纏足的害處啊

中國女學 從來不講究 加上纏足的惡習 終日困守深閨 甘心受那無形的刑獄 南方風氣 算是漸漸開了 明白天理的人 都不准女子纏足 並有立女學堂的 到了北方 這件最要緊的事 偏偏辦他不動 本館主人 也曾訪聘女教師 招收女學生登了許多日子報 只有一位大通品 廣東鄭部郎 前來問過章程 此外並無一人了 你說可歎不可歎呀 昨有四川杜部郎 來到本館 談論此事 意見相同 要興女學 非得女教師不可 現在有浙江 女士秋瀞卿 熱心教育 立意赴日本考查一切 女士中學已深 正在學習日本語 如能挽留數月 請其將女學初基 布置大概 然後再赴東洋 好在中國女子程度甚低 但求實在 不必鋪張 數月之後 女學生內 也許有能代教習的 這件事可就辦成了 商議已定 本主人帶同眷屬 往見秋女士 女士見解極高 言論極爽 開口便說道 要興女學 必先放腳 我們商定的主意 都可照辦 杜部郎願把客房改作講堂 明年正月二月間 就可開學了 這一段 不分旗漢 都該當興女學 漢人比旗人更要緊 不興女學 不知道纏足的害處啊

資料來源：《啟蒙畫報合訂本六》（第二年五冊上「時聞」五至七，1904），頁 531～533。

文本「巾幗英雄」以一種紀實的手法反映南北女學風氣的差異及北方女子文盲率高、師資緊缺、女學觀念未開化等社會問題。「秋瀞卿」因有知識、不纏足而被視為不可多得的新女性，與版框外的主題「巾幗英雄」相呼應，在「女學」與「巾幗英雄」的意義聯結中，女子留學進修因有助於國家建設而被賦予積極意涵。

不過，需要留意的一點是，畫報在圖文之間對「秋瀞卿」形象的呈現有一意義分歧之處。從圖像觀之，「秋瀞卿」的女性形象雖以油墨加深的技法凸顯，並使其居於女性的最前端，但她的身體比例卻很小，居於兩位男性視覺下端的進步女性「秋濬卿」，在圖像裡仍是服膺著男尊女卑、舊有的性別秩序；而在內文中，「秋濬卿」是打破固有性別秩序者，她不僅能憑自身洞見與男性菁英平等商討社會議題，更有解決問題的行動力與出國留學創造更多社會價值的膽識與格局。

圖文之間的意義分歧，反映了這幅有畫報人親身參與的、貼近社會現實的「圖像」，與文字指涉的未來女學願景之落差，其間的鴻溝恰是新舊意識形態交雜的反映，同時也是北方女學有待深化與實踐的面向。

要而言之，《啟蒙畫報》在第二次改良中論述的女性形象，多半不再支持女性以被動的方式接受命運的安排，作為主動遊走在公共空間的個體，她們既是風氣開化的表徵，也是接受新觀念、新思想，積極投身社會改良的行動派，為適應新社會需求，她們一面在新機遇中找尋新角色，一面也在走出去後參與時局的討論，以自己的雙眼、雙腳思忖自身，以為主體意識的覺醒帶來可能。當然，不能忽略的是：畫報中的晚清女性故事之所以成為時聞內容，恰是因為她們的觀念與行動反映了某種社會值得注意的狀態。畫報的圖像反映的是現實，但文字卻勾勒出畫報編輯群的理想。因此，這種圖文符號指涉時間的差異，理想與現實之間的差異並不令人驚訝，它反映的是《啟蒙畫報》在晚清北方社會中，在新舊雜糅的規範與意識形態中迂迴前行，為的是找出推廣女學的有效方法。

下圖近兩個連續的版面中，版框外的文字「北美女俠」鎖定了圖文敘事空間，居於末頁文字上方的圖像，通過黑與白的對比，凸顯出女孩與將軍裝束的男子之互動，透過男子身上的勳章可判斷他是極具身份地位之人，但他卻俯身關注面前的女孩，由此使高舉物品準備遞給他的女孩成為視覺中心。

文字「華盛頓……這位大英雄」、「有一七歲的小女子 名叫雅麗」將圖像的人物身份錨定在美國大英雄華盛頓和普通女孩雅麗，並以後續文字發揮情境預設功能，補充說明：圖像中雅麗所提的小筐放著幾個煮熟的雞蛋，她前去拜見華盛頓是為幫助華將軍，感謝他在戰場中為人民的付出，文字在此特別凸顯雅麗表達敬意時的「高聲」，和她貼心提醒食用雞蛋的細節。

〈北美女俠〉以圖文形式，從年齡、性別、社會位階等方面呈現出七歲女童雅麗與美國元首華盛頓的身份落差，但在這相去甚遠的階級中，雅麗卻因「要想個主義（此可能為主「意」誤植）幫助華將軍」的主觀驅動，使幫助大英雄的心願得以達成（華盛頓為之「流淚」，法兵為之「嗟歎」），以此，文字「人不在大小 有見識的 舉動自然不凡」的意義揭示中，勾勒出一個智識、勇敢的女孩形象。

圖 4-3-6 〈北美女俠〉

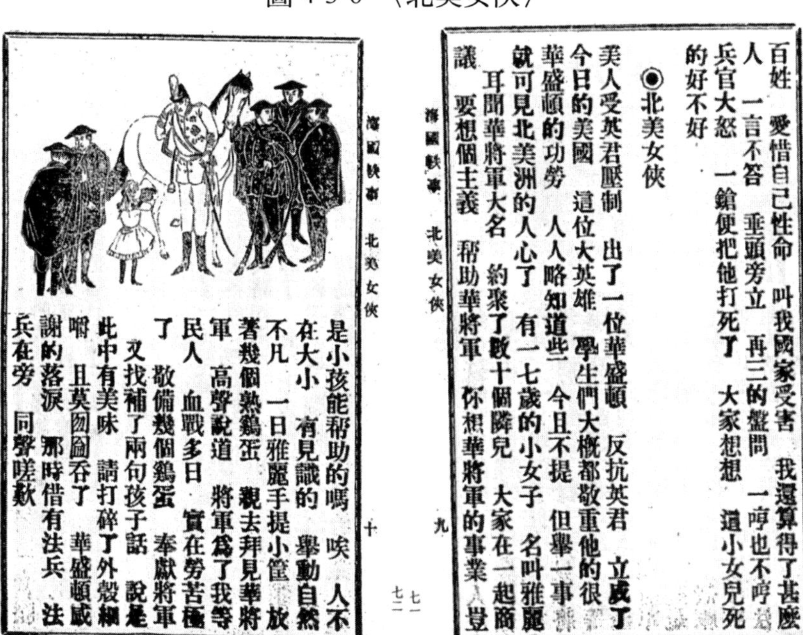

海國軼事　北美女俠　九

百姓 愛惜自己性命 叫我國家受害 我還算得了甚麼人 一言不答 垂頭旁立 再三的盤問 一哼也不哼 兵官大怒 一鎗便把他打死了 大家想想 這小女兒死的好不好

◉北美女俠

美人受英君壓制 出了一位華盛頓 反抗英君 立成了今日的美國 這位大英雄 學生們大概都敬重他的很 華盛頓的功勞 人人略知道些 今且不提 但舉一事 就可見北美洲的人心了 有一七歲的小女子 名叫雅麗 耳聞華將軍大名 約聚了數十個隣兒 大家在一起商議 要想個主義 幫助華將軍 你想華將軍的事業 豈

七一

海國軼事　北美女俠　十

是小孩能幫助的嗎 唉 人不在大小 有見識的 舉動自然不凡 一日雅麗手提小筐 放著幾個熟鷄蛋 親去拜見華將軍 高聲說道 將軍為了我等民人 血戰多日 實在勞苦極了 敬備幾個鷄蛋 奉獻將軍 又找補了兩句孩子話 說是此中有美味 請打碎了外殼細嚼 且莫囫圇吞了 華盛頓感謝的落淚 那時借有法兵 法兵在旁 同聲嗟歎

七二

美人受英君壓制 出了一位華盛頓 反抗英君 立成了今日的美國 這位大英雄 學生們大概都敬重他的很 華盛頓的功勞 人人略知道些 今且不提 但舉一事 就可見北美洲的人心了 有一七歲的小女子 名叫雅麗 耳聞華將軍大名 約聚了數十個隣兒 大家在一起商議 要想個主義 幫助華將軍 你想華將軍的事業 豈是小孩能幫助的嗎 唉 人不在大小 有見識的 舉動自然不凡 一日雅麗手提小筐 放著幾個熟雞蛋 親去拜見華將軍 高聲說道 將軍為了我等民人 血戰多日 實在勞苦極了 敬備幾個雞蛋 奉獻將軍 又找補了兩句孩子話 說是此中有美味 請打碎了外殼細嚼 且莫囫圇吞了 華盛頓感謝的落淚 那時借有法兵 法兵在旁 同聲嗟歎

資料來源：《啟蒙畫報合訂本七》（第二年五冊下「海國軼事」十，1904），頁 72。

但為何七歲女童不但知道華盛頓的功績，還能組織「數十個隣兒 大家在一起商議」且能面對英雄「高聲說道」？結合開篇文字可知，華盛頓作為反抗英軍使美國獨立的領袖，「大英雄」的符號下隱喻著一國之君的身份。之後，文字強調此篇主旨乃在說明「北美洲的人心」，雅麗送雞蛋的故事作為一個例證被放置在國民教育的論述框架下。

作為北美洲人的集體代名詞，「雅麗」雖是七歲女童卻能組織隣兒，以「送雞蛋」舉動發揮出社會動員與參與社會事務的才能，這隱涉著北美國民關注時局、君（軍）民團結一心的意涵。「高聲說道」在傳遞女孩年齡小、社會地位不高卻絲毫不畏懼地向華盛頓致敬時，也暗合北美性別平等、階級平等的社會氛圍。

圖 4-3-7 〈日童知恥〉

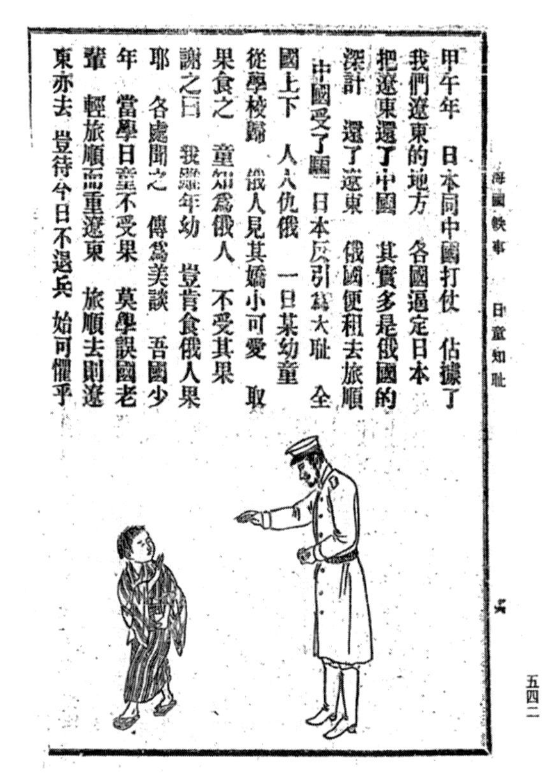

甲午年 日本同中國打仗 佔據了我們遼東的地方 各國逼定日本 把遼東還了中國 其實多是俄國的深計 還了遼東 俄國便租去旅順 中國受了騙 日本反引為大恥 全國上下 人人仇俄 一日某幼童 從學校歸 俄人見其嬌小可愛 取果食之 童知為俄人 不受其果 謝之曰 我雖年幼 豈肯食俄人果耶 各國聞之 傳為美談 吾國少年 當學日童不受果 莫學誤國老輩 輕旅順而重遼東 旅順去則遼東亦去 豈待今日不退兵 始可懼乎

資料來源：《啟蒙畫報合訂本四》（第十二冊「海國軼事」十六，1903），頁 542。

圖 4-3-7 以版框線條將文本區隔出內外兩個部分，框外右側豎版印刷的文字「海國軼事」給出文本所在的欄位訊息，「日童知恥」可視為主題文字，預設版內下方圖像中兒童的身份。圖像中的日童身穿和服、腳踩木屐，對身旁著一身軍服的成年男子給出的物品擺出拒絕的手勢，這與「知恥」的主題有何關聯？日童與軍人的關係為何，都需結合文字才能辨明。

運用巴特的圖像符號學分析法，結合文字對圖像扮演的預設與訊息功能可知，日童拒絕成年男子給出果子的原因乃是軍人的身份是與日本敵對的俄國人，日童因拒絕俄人的好意，這一行為導引出「各國聞之 傳為美談」的評價。

但為何日俄會成為敵國？文本開篇即結合戰爭背景，簡要概述出甲午戰後日本、俄國與中國圍繞遼東半島和旅順所產生的矛盾，「中國受了騙 日本反引為大恥全國上下 人人仇俄」將中日與俄國劃分成兩個敵對的陣營。以此，日童面對俄人給出的「果」，選擇抵制自身的口腹之欲而拒絕，既凸顯了日童愛國意志之堅定，也呼應版框外的主題「知恥」之意涵，一個克服私欲以實際行動愛國的兒童形象躍然紙上。

此處文本敘事的微妙在於，兒童如何瞭解到日俄局勢進而有拒食仇人之果的行動？「從學校歸」是辨識兒童「學生」身份的關鍵訊息，也潛藏著兒童相關知識來源可能與學校的教育有關，這使愛國兒童形象之後，隱含著一個學生關注時局，和學校將時局作為知識，進行愛國教育的可能。

文字的末尾以編撰者的評語「吾國少年 當學日童不受果」，鼓勵晚清兒童以日童為榜樣效仿他的愛國行為，「莫學誤國老輩 輕旅順而重遼東 旅順去則遼東亦去 豈待今日不退兵 始可懼乎」則以一褒（日童）一貶（朝中誤國老臣）方式，表明面對敵國不應採取妥協退讓的立場。

結合當時的社會情境可知，晚清政府在甲午戰敗後與日本簽訂了《馬關條約》，以此日本取得了朝鮮與遼東半島等地的合法權，但此一條款破壞了俄國企圖透過東北獨攬亞洲及太平洋霸權的計劃，以此，俄國於 1895 年爭取到德法的支持，促成三國干涉日本還遼事件，就此，日俄之間就東北的利益埋下了矛盾與衝突的種子。

對於當時的晚清政府而言，沙皇俄國在甲午戰後便以「還遼有功」為藉口，不斷在東北攫取政治、軍事、經濟利益。1897 年 12 月，沙俄乘德國強佔中國膠州灣之際，出兵強佔了旅順口和大連，繼而又於隔年與清政府簽訂了《旅大租地條約》，以此使旅順口成為沙俄海軍太平洋艦隊的基地，1902 年 5 月，俄軍進一步對朝鮮龍岩浦侵入，此行動使日俄關係迅速惡化，並加劇了日俄戰爭的爆發（谷勝軍，2013）。

文本〈日童知恥〉在《啟蒙畫報》刊出時，已是日俄矛盾激化的狀態，當時沙俄打著「白色人種對黃色人種」的戰爭，日本則宣稱東亞和平，為了合理化戰爭的正當性，雙方皆利用報紙等宣傳手段為戰爭製造輿論。畫報以日童愛國的正面意義採取親日反俄的立場，傳達向日本學習共同抵禦俄國侵略的政治傾向。

綜合以上六則文本，我們可以看到知識已不再以科考、做官為導向，知識的實用面向集中表現出來，分為社會、個人與國家三個層面：其一，以〈李遠大度〉（圖 4-3-1）與〈張策辨鼎〉（圖 4-3-2）為代表的將知識的運用與日常生活結合起來，透過人際互動，強調知識之於生計的助益；其二，〈泥分二質〉（圖 4-3-3）與〈張傘跳樓〉（圖 4-3-4）以故事化的形式介紹西學知識，並以此傳遞透過在驗偽與思辨中學習新知，它之於個人成長的益處；其三，在以時局為導向的〈巾幗英雄〉（圖 4-3-5）、〈北美女俠〉（圖 4-3-6）、〈日童知恥〉（圖 4-3-7）中，畫報提出知識與愛國思想的符號聯結，以及用知識完成國家崛起與自強的目標。

第五章　研究發現

在上一章中，研究者運用巴特的圖像符號學分析法，從知識選擇、傳遞、運用的三個方面對文本展開分析。初步來看，文本在知識的選擇中，將「理」、「身體」、「遊戲」等新舊概念融會後，賦予其實用的新內涵；在知識的傳遞過程裡，官員、鄉紳、父母、塾師及社會中的有識之士都成為落實新式學堂與推動新式教育觀念不可或缺的力量，而兒童作為主要學習者，不但所受教育的場合貫穿著家庭、學堂與人文自然的田野，所接受的教學法也因循著兒童身心發展的規律，注重循循善誘的引導和同儕共學，此外，在以學習新知為導向的「啟蒙」中，受教育的人不僅是兒童，更包含了未有新知儲備的所有中國人；對於知識選擇與傳遞，文本將知識的應用也導入到了實用，以及在實踐中能夠驗偽與應用的方向上。本章在既有文本分析的成果中，試圖歸納文本敘事的符號運作原則，繼而給出文本建構的教育觀念，再揭示其後的意識形態。

第一節　《啟蒙畫報》的圖文符號運作原則

本論的文本分析對象，在排版上皆以印刷的邊框線為標誌，將文本拆分為內外兩個部分。版框線之外，文字訊息多指涉文本所處的頁碼、標題、欄位。其中，頁碼的編排上，文本沒有採用阿拉伯數字編碼系統，而是沿襲古書編定的方式，以「一」、「二」、「三」的中文序列錨定文本所處的合訂本位置；對於標題，畫報也遵循傳統蒙學讀物的撰寫特色，講求規範整齊、多以四字命名為主，如題目〈祖瑩勤學〉、〈攝影教子〉、〈塾師呼氣〉、〈張傘跳樓〉等。

從版框內外的符號互動來看，版框外的主題文字常對版框內的圖文扮演預設圖像意義的功能，將文本的詮釋空間限定在直白簡易的框外標題，以此，文本降低了多義解讀的可能，也讓教育觀念以清晰簡明的方式傳遞出去。

版框內的圖像，以淺白易懂為原則。採以簡單線條畫為其表現形式，由於圖像給出的訊息常是不充足或有限的，因此讀者對文本含義的解讀需要更多倚賴文字對圖像所發揮的預設（anchorage）與情境（relay）功能，特別是情境意義功能，補充說明圖像所未能傳遞的故事細節，使文本所欲表達的意涵趨於完整。

豎版印刷的文字，在句與句之間以一個空白字符作為斷句，註釋則仿效古籍注疏，以兩行小字並置的格式，將註解放在字詞之後，如〈大港美舉〉（圖4-2-3）中，小字「畢業是已經學成了」即是對晚清新詞彙「畢業」的闡釋，〈分杏學加〉（圖 4-2-10）裡，對於循序漸進的教導方式，編輯者也在「欲開捷徑須歷迂程」之後特別註明「此數語幼童未解者父兄解使知之」。並且，文本運在文言文向白話文轉的過程中，呈現了京話白話文、文言文、外來語的雜糅狀態，比如，文本〈遊戲格致 引子〉（圖 4-1-9）中的「變法兒」，〈半日學堂〉（圖 4-2-5）中的「向來」、「眼面前」等皆是晚清北方口語用法轉入書寫的例證；而〈半日學堂〉中的「野蠻」，〈家教文明〉（4-2-24）中的「文明」則是運用了來自西方與日本的新詞彙與新概念。

值得注意的是，某些新詞彙的運用與今日的意義並不相同。譬如〈家教文明〉（圖 4-2-24）中的「細細一思想」，「文明」用詞來自和漢語，與今之意義相似，但「思想」在文本中採用的是中國古文意涵，意指「考慮」、「念頭」、「想法」，在今日它的意指已轉變成一種思維活動所產生的觀念體系（熊月之，2011）。另外，一些當時的新詞彙之運用還頗受爭議，像是〈北美女俠〉（圖 4-3-6）中的「要想個主義 幫助華將軍」，其中「主義」一詞是由日本轉譯至晚清的新詞彙，也與其他詞彙組合放在結尾做複合詞，如「人文主義」、「社會主義」、「帝國主義」、「現實主義」等（王汎森，2013），但在〈北美女俠〉的文本脈絡裡「主義」卻是作「主意」來解讀，這也許是一種誤植，但它也反映出畫報對當時湧現新詞彙的接納程度高，甚至予以大量使用。

在新詞舊語的擇取與運作下，畫報中的文字與圖像開啟了文化啟蒙與教育改良的新型論述，透過符號意義的武斷連結，文本衍生出一套普遍的敘述策略，而其中最為典型的符號運作原則之一，就是「借古喻今」。

傳統中國一直存在崇古，甚至擬古的文化，歷朝歷代的文人都相信古典經義裡有信仰的核心，貯藏著面向未來的因應之道，因此「古必有驗於今」在晚清文人間仍具有極大號召力（費正清、劉廣京，2007）。畫報在敘述策略上的「借古」仍以蒙學古籍中的故事為藍本，但在「喻今」的意指裡，故事的重心已轉入晚清的世俗化脈絡中，甚至將原本的故事內涵翻轉為結合時勢的「致用」，也就是功能性效果。

在「主題句—故事例證—觀點證成」的論述結構中，「借古」的目的是為了給當下一個反思的敘事空間，以產生新的概念或教訓，也就是「喻今」。例如，〈祖瑩勤學〉（圖 4-2-1）本是蒙學讀物《三字經》裡的典故，「瑩八歲，能詠詩。泌七歲，能賦棋」意在強調兒童的早慧。但在《啟蒙畫報》的文本裡，祖瑩的個人特質卻被弱化了，他被描述成一個勤學，但學習無章法的兒童，藉此帶出新式教育機構的重要性與功能；原本列女孝婦的典範人物符號——「孟母」、「緹縈」和「韋母」，本因教子、救父、傳經而聞名，但在文本裡，這些女子在歷史上之所有留下功業，是因為她們受過教育，賦予了她們獨特的見識，據此文本給女學開闢出一個公共輿論空間。易言之，「借古喻今」的策略並非照抄古籍，而是技巧性地借用古時候的故事來符合雜誌所欲傳遞的蒙學思想。

另一個文本中重要的符號運作模式是「以西比中」。晚清時期，為將西學新知與外國教育模式引入保守的中國北方社會，文本以類比的方式將外來教育模式視為本土的參照，作為改良教育的借鏡。在「雜俎」、「時聞」等未有具體分科的欄位中，時新的教育觀念注入到了文本，文本從知識強國、讀書改變民族命運的角度給出向歐美、日本學習的倡議。如在〈體操歌〉（圖 4-1-6）中，文本從民族風貌與保家衛國的角度提出向外洋學堂學習，注重幼兒體操；在〈幼稚園〉（圖 4-2-7）中，從全球重視基礎教育發展的視野裡，倡議清政府與民間仕紳投身新式幼兒教育以求民族崛起。

「借古喻今」與「以西比中」作為文本敘述的兩大策略，雖然從今日來看「古」與「今」、「西」與「中」不可等量齊觀，但文本通過將符號並列，在意義上作出連結，使「古」與「今」、「西」與「中」的可能差異被刻意忽略甚至弭平，從而使《啟蒙畫報》倡議的教育觀念自然化為社會發展的必然結果。於此，文本在符號的運作中建構出不同的人物形象以傳遞教育主張，而「兒童」作為《啟蒙畫報》創辦之初最欲改革與形塑的符號，貫穿文本的始終，研究者對其圖文運作系統歸納整理如下：

一、「兒童」符號的隱喻

《啟蒙畫報》文本對一些「兒童」角色給予姓名。例如，〈祖瑩勤學〉（圖4-2-1）裡的「祖瑩」是北魏大臣、文學家，〈許衡從師〉（圖 4-2-14）中的「許衡」為宋末元初的教育家、思想家，〈薛世雄〉（圖 4-1-8）則為隋代有名的軍事將領等。

同樣地，也有些外國兒童被予以姓名，像是《啟蒙畫報》的合訂本第二年三冊上、第二年三冊下及第二年四冊上中的「海國軼事」一欄，以連載版面刊登的〈法帝拿破崙軼事〉、《啟蒙畫報》合訂本第九冊海國軼事一欄呈現的瑞士博物學家「亞嘎雪士」等，他們皆是中外歷史中可考的人物形象，且在成年後，都成為社會中具有威望與影響力之人。

透過重寫古代與歐美歷史名人的兒時故事，文本將新知根植於古老的中國和先進的外國，以使文本運用新知建構的教育觀念不僅有跡可循更可增強說服力，如，跟隨多人學習終獲成就的「許衡」成為新式分科觀念的代言人，少時遊戲已有大將之風的「薛世雄」好奇心強、樂於探索的瑞士博物學家「亞嘎雪士」是鼓勵兒童遊戲的例證等，這些歷史名人的兒童事蹟，為新知的傳遞爭取了合理化發展的輿論空間。

圖 5-1 「古中國」的兒童圖像截取

資料來源：研究者整理自《啟蒙畫報》圖像

圖 5-2 「今西方」的兒童圖像截取

資料來源：研究者整理自《啟蒙畫報》圖像

進一步地，對比圖 5-1「古中國」與圖 5-2「今西方」的有姓名兒童圖像可知，圖像裡的「兒童」雖在人物所穿的服飾、髮飾等外在造型上有所差異，但中西方不同的教育文化情境被刻意淡化了，兒童無論中西，在面對師長時都保有恭敬、順從的姿態，這隱涉著文本在倡議為兒童提供相對寬鬆與自由的教育環境時，也預設了一個維護長幼有序、具有倫理規範的文化傳統。

在有姓名的兒童之外，文本同時形塑了不具名的「兒童」形象，可參見下圖 5-3。這類「兒童」具有強烈的現實指涉，如〈塾師呼氣〉（圖 4-2-15）中的兒童為新式蒙學堂的學生，〈雨氣為虹〉（圖 4-2-18）的兒童為跟隨洋人西學的代表。這類無論是進入外洋學堂學習的孩童、還是留學生（〈嘉許幼童〉圖 4-2-23），甚或勤工儉學的平民子弟（〈半日學堂〉圖 4-2-5）、卑賤階層的書童（〈書童呼氣〉圖 4-2-16）、奴婢（〈家教文明〉圖 4-2-24）等，都成為文本意欲教育的對象，在不具名「兒童」的符號指涉下，教育的行動被帶入到晚清社會生活的實際，成為教育生活化的表達。

圖 5-3　不具名的「兒童」符號

資料來源：研究者整理自《啟蒙畫報》圖像

二、「兒童」稱謂與年齡的界定

在晚清前，蒙學教材的編撰都處在「傳—授」的單向傳播情境，作為教育對象的「兒童」被設定為知識的被動接收者，鮮少在文本中獲得稱謂。但在兼具教科書與雜誌特性的《啟蒙畫報》裡，「兒童」卻以「幼兒」、「小兒」、「學生」、「小學生們」等稱呼被召喚（hail）到了文本的教育現場，透過文字對圖像發揮的意義功能，文本在虛擬的生活對話裡建構出「教—學」的互動模式。

舉例來說，〈雨氣為虹〉（圖 4-2-18）的結尾，文字以「小學生們 聽見說指了爛手的話 大家真不敢指 豈不可笑 豈不可笑」讓編者在此現身，並擔任教育「小學生們」的角色，通過糾錯傳遞新知、去除迷信思想；在文本〈塾師呼氣〉（圖 4-2-15）中，當文字代出「氣能化水」的物理觀察後並未直接揭曉其中的運作原理，反而以學生「我歸自思之」調動讀者積極思考的興趣；文本〈書童呼氣〉（圖 4-2-16）同樣在結尾以設問的方式引導讀者和學習新知的書童共同思考：為何在冬日的北方清早呼氣看得見質，正午呼氣就看不見質。這幾則文本都將「兒童」冠以「小學生」的稱謂，透過文末的評論或設問，編者試圖透過報刊文字與讀者建立起積極的互動，以調動孩子們學習的能動性，繼而培養他們的獨立思考能力。

需要留意的是，《啟蒙畫報》以「小學生」、「幼兒」等稱謂定義新式教育中的「兒童」，但「兒童」在文本裡卻是一個文化概念，而非生物概念，換句話說，文本所定義的「兒童」並不全然以生理年齡劃分。陳平原（2018）在對《啟蒙畫報》進行內容分析時曾發現，文本〈嘉許幼童〉（圖 4-2-23）將十一歲的孩童稱之為「幼童」。

其實，早在春秋戰國時期，孟子便提出人生呈循環式發展的觀念，他認為人在初生時，就有隱然成形的完整的人的影子在生命體中，因而對兒童教育的重心不是在教兒童如何做兒童，而是要教他們受用一生的原則，隨時引導兒童內心中的「大人」，使之慢慢浮現成形（余英時，1987），從這一觀念出發，教育實則是人成長的終身課題，與年齡並無直接關聯。熊秉真（1992/1998/2000）也在研究中指明，帝國晚期的中國有三種想象兒童的方式：一是從生理學意義上將兒童視為個體生命的早期階段；二是從社會地位上將處於從屬位置的人賦予「子」的稱呼；三是從哲學和美學意義上將「兒童」指向「純真」的象徵意義。

這種多元的「兒童」觀念在文本中表現在面對外來的分科觀念和循序漸進的教學法時，文本不以年齡作為參照指標安排兒童的學習計劃，不同於上海《蒙學報》對知識進行分齡、分科的編排，《啟蒙畫報》雖有分科卻不分齡，在文本〈多思傷腦〉（圖 4-2-17）中兄弟二人教授書童知識、〈泥分二質〉（圖 4-3-3）、〈分杏學加〉（圖 4-2-10）裡兄長與弟弟共學等，都暗合著不分年齡教學、同儕互助的教育優勢。

三、「兒童」身體的規範與鬆綁

「兒童」作為一個符號是眾多加值系統發生作用的場所，在這個「正在形成（becoming）」的過渡狀態裡，飽含中間性、可變性（mutability）與潛力性（potentiality）的特質，從而成為形塑文化價值的來源，也由此，成人對兒童的認知視角常常決定著教育的實施和策略（黃金麟，2001；徐蘭君、Andrew Jones, 2011；徐蘭君，2015）。

在中西方的歷史中，兒童一度被視為需要規範的，透過馴服身體才得以進化成順應社會秩序的成員，因而，兒童與成人的二元對立關係一度是社會上主流的意識形態，兒童的身體便是教育權力施展的首個實踐場域。

《啟蒙畫報》的文本在對「兒童」身體的規範上有著一反一立的特點。一方面，文本質疑體罰的教育成果，提出以因勢利導的教學法來取締教育中的體罰。如圖 5-4 的左圖與中圖所示，圖像以「跪著的兒童」和「高坐的成人」構成了不對等的師生關係，坐著的老師本是文化位階高的「文明人」，但卻有著苛責弱小兒童的「野蠻」行徑，文本用諷刺的手法，強烈批判著體罰。

另一方面，文本將歐美、日本的近代「體操」觀念引入到畫報中，以對兒童的身體進行「再」規範，這次規範與「體罰」的差異在於：「體罰」是從成人具有規範兒童的權力角度出發而為，讓兒童在可能受罰的教學環境中達到成人的期望；「體操」則立基於社會達爾文主義觀點，從關照兒童身體機能的角度提出訓練兒童身體的必要，這與古代蒙學讀物倡導兒童靜默好學的觀念截然不同。

圖 5-4 「對兒童身體的規範」

資料來源：研究者整理自《啟蒙畫報》圖像

文本對兒童身體的規範與鬆綁，同樣也表現在遊戲中。〈張傘跳樓〉（圖 4-3-4）的兒童從室內書房中解放出來，以誇張、戲劇化的形式用身體對新知進行驗偽；中圖〈遊戲格致 引子〉（圖 4-1-9）的兒童以身體探索生活中的事物，並在文字對圖像的預設功能中，使身體成為學習的媒介，讓「遊戲」與「格致」做武斷聯結，從而強調遊戲對兒童學習的正向、積極作用。但文本中的遊戲也帶有明確的教育功能，如〈張傘跳樓〉、〈遊戲格致 引子〉都將遊戲視為教育的手段，右圖〈薛世雄〉（圖 4-1-8），更將兒童遊戲帶入保家衛國的意識形態中，雖然對遊戲中教育功能的強調，有助於合理化遊戲在教育中的意義和價值，但為了教育而遊戲的做法，卻使兒童在遊戲中的自由探索被限縮，以致兒童作為學習個體，自發地內化受到輕忽。

圖 5-5 「對兒童身體的鬆綁」

資料來源：研究者整理自《啟蒙畫報》圖像

在對兒童身體進行「規範」與「鬆綁」間，文本建構了不同於傳統啟蒙教材的兒童形象。報刊中的「兒童」，在某種程度上掙脫了傳統教育的枷鎖，被期待以主動學習、甚至以遊戲的方式對生活的自然與人文世界展開探索，但這種「鬆綁」也因身體被歸入國家精神風貌與利益考量中，而有著新的規範，遺留出新的教育議題。

四、文本建構的教育擬想與模範兒童

《啟蒙畫報》誕生在局勢危殆的晚清，「兒童」被視為振衰起敝的關鍵。研究者為釐清《啟蒙畫報》給出的教育模式與科舉制時期的差別為何，結合前述古代教育體系的文獻繪製圖 5-6「科舉制時期的教育模式」，也將文本分析中的教育內容彙整至圖 5-7「《啟蒙畫報》文本的新式教育擬想」。

圖 5-6 作為舊式教育模式的呈現，在知識體系上偏重於倫理道德、歷史等人文知識的生產，儒學在知識結構中佔有決定性的份量。由於當時的幼兒教育是以家庭為核心，因而貧民子弟受困於經濟條件，不容易從農業生產中釋放勞動力以供養兒童讀書，所以真正進入民間私學體系就讀的孩子，以書香門第的家世居多（張迎春，2004）。如同彭翼仲在自傳中所述，新式教育前能夠讀書的兒童都仰賴家中父系長輩的教導和私塾先生的學識，在教材、教法、教育目的上都有著與科舉制度為目標的培育方向（徐梓，1996），因而，兒童對於知

識的掌握主要是通過記誦而達成，熟諳四書五經、學習八股詞賦則是蒙學轉入科考的必要條件。

圖 5-6　科舉制時期的教育模式

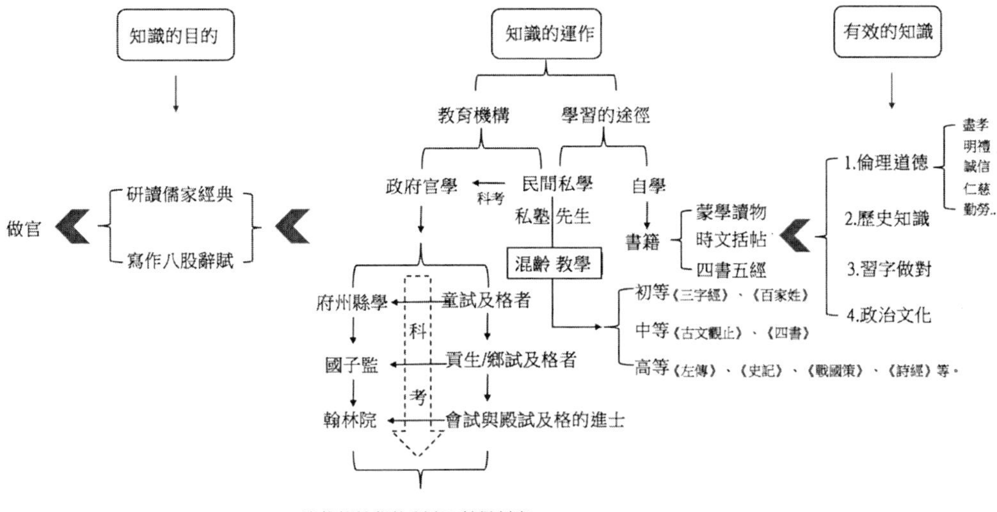

資料來源：研究者整理

圖 5-7　文本的新式教育擬想

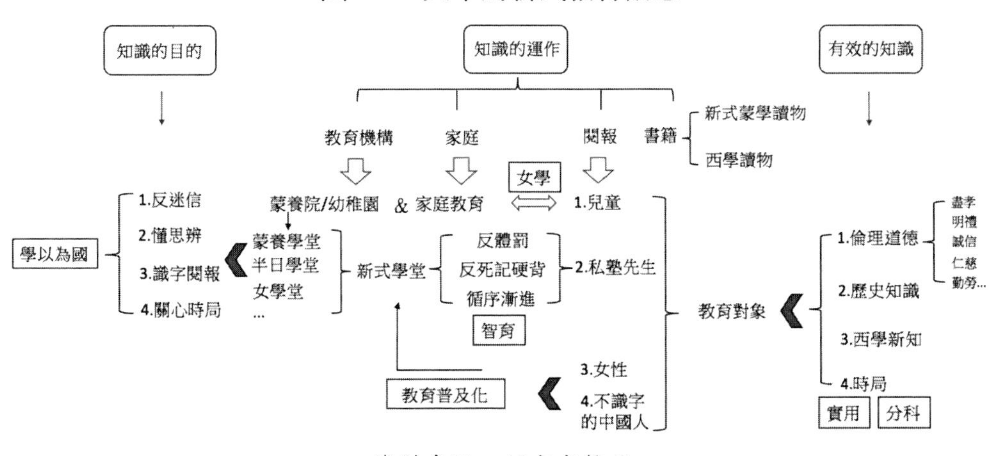

資料來源：研究者整理

《啟蒙畫報》的文本在蒙學由私入公的過渡中，對舊式教育模式做了諸多改良。單從知識編排上來說，私塾中必備的四書五經轉化為倫理、掌故兩個基本欄位，其餘知識格致、算術、生物等皆屬於教育中的新內容，同步地，伴隨時聞、雜俎中社會新聞與外國風俗的知識呈現，文本以體操、遊戲、衛生等新字彙不斷衝擊著人們視野，將文化的移風易俗與時局時事也作為有效知識的一種。

在文本的敘事，也是知識的運作中，以分欄形式呈現的分科知識被融入到古今中外的日常生活場域，知識的致用成為兒童學習的重點。由於幼兒教育不再被視為家長單方面權威可決斷的私有話題，而是關係社會發展、民族生存的國家議題，在此之下，文本給出了全民教育的擬想，並號召合眾人之力，集官府、鄉紳、家庭的良性協作共同落實新式教育建置，也改變家庭、學堂、公共場合對兒童的刻板印象。

也基於科舉制待廢後，救國的緊迫訴求，兒童作為未來社會的救亡英雄，被賦予改革時弊、強國強種的新使命。

以此，文本從讀書自強、知識救國的理性愛國出發，建構了一個模範兒童形象，以給教育徘徊期的兒童一個未來教育可能的方向，如圖 5-8。

圖 5-8　文本建構的模範兒童形象

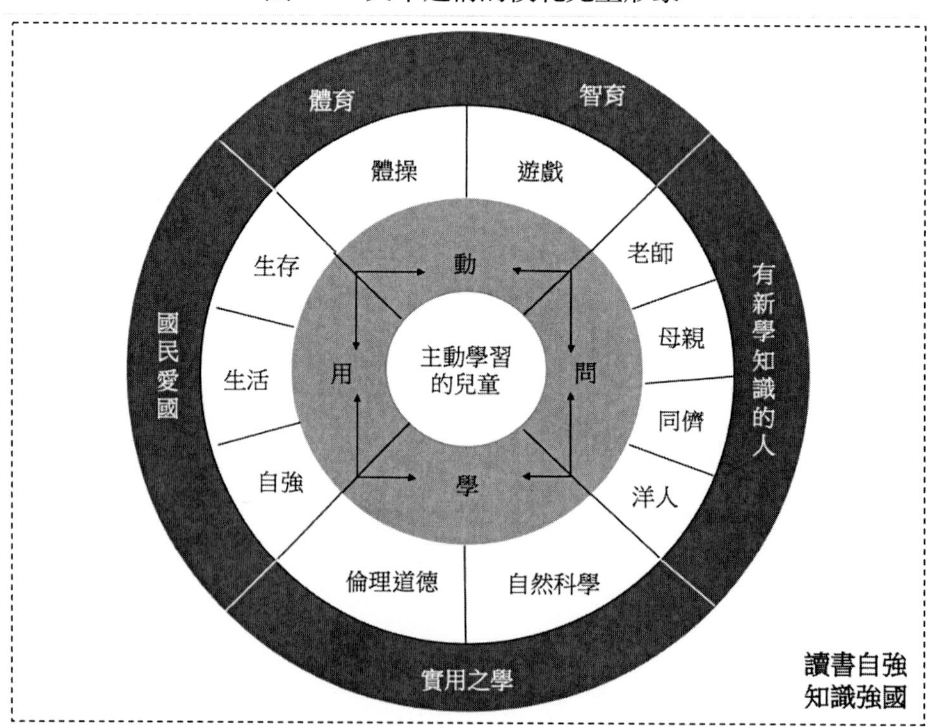

資料來源：本研究整理

在圖 5-8 的同心圓中，「兒童」被包裹在國家、社會、家庭的期待裡，且與社會局勢緊密互動著。作為核心的「兒童」，在時代的重壓下被賦予自主學習的動能，這些不受限於年齡、性別、出身階層限制的兒童需以積極求知的渴望才可盤活各種資源成就自身。

「問」、「學」、「用」、「動」所組成的主動學習螺旋，勾連著兒童與教育者、教育內容、教育目的、學習途徑的新樣貌。作為求知者的兒童，需從自然人文中主動發現問題，並以個人興趣、志趣為導向，向家庭中的母親、學堂教育中的老師、一起玩耍的同儕乃至社會中的洋人主動求教，在「學」所含有的知識圓融觀與「動」中蘊藏的智育、體育的驅動下，「兒童」的形象從靜默好學的「靜」轉入了身心的靈動上來，透過知識的「動」、「問」、「學」，文本導引出「用」的社會行動，強調著兒童依據自身所處階層的實際，將知識運用到社會生存、生活與自強中，以此成為未來社會儲備所需的基礎力量——「新國民」。

「問」、「學」、「用」、「動」的學習螺旋，以學生的主動求助取代苦讀的兒童形象。能動、要動的「兒童」新形象，為沈悶的教育帶來活知識，為社會風氣帶來了新活力，也為國家生存、民族競爭帶來了新活路。在這一「活」的教育主張中，文本從性別、階級、國族三個方面傳遞著女學、平等與愛國的教育觀念。

第二節　教育觀念之呈現：女學、平等與愛國

一、性別：重構「女學」意涵

（一）「家」中「母教」：女學知識結構之調整

女學是從性別上對教育內容做出的劃分，在封建社會裡，女學教材的編寫多側重對女子品德、孝道的規範，諸如《女孝經》、《女誡》、《女論語》等都是以教導女子如何孝敬公婆、侍奉丈夫、教育子女為內容，這些「知識」隱含著男女教育有別，且藉由建立賢妻良母之女性形象，灌輸給女子之於家庭的角色地位與行為準繩，意即：女子應學習恪守三從四德的倫理規範。

由於社會對女性學識培養的輕忽，導致晚清時期絕大多數女性都不具備基礎的讀寫能力，即便有識字能力者，她們接觸到的女學也限縮在服從父兄與丈夫的倫理教化範圍。《啟蒙畫報》創辦的早期，從「母親」的角色入手，藉此帶出新觀念的女學意義與功能。圖 5-9 是文本裡的女性形象，上梳的髮髻象徵著圖像中的女子已成年出嫁，她們與兒童的互動則預設著身為人母的女性

對於孩子的教導之責。

但鮮少識字、甚至不具備算術、格致知識的晚清婦女如何完成教育兒童的使命？文本從「母教」的「養」與「育」兩個方向展開說服。從「養」的層面而言，母親照顧兒童健康成長可說是基於人性本能而具有的文化共識。〈赤膊致疾〉（圖 4-1-7）以議論文的書寫結構，將「好母親」與「格致知識」做意義關聯，在「愛兒」心理的運用下，文本鼓勵身為人母的女性應積極學習新知，要有基礎的公共衛生觀念，以保護自己的孩子。

圖 5-9　畫報第一次改版前的女學圖景

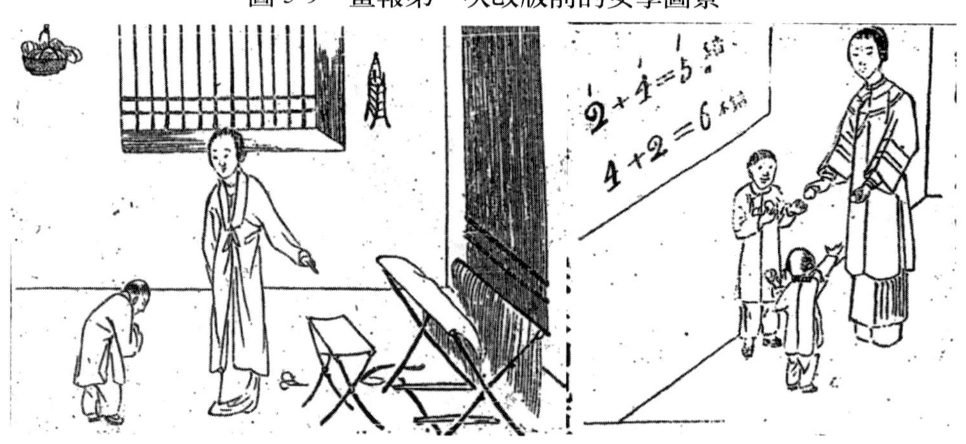

資料來源：研究者整理自《啟蒙畫報》圖像

在「育」的方面，圖 5-9 右側〈分杏學加〉的文本，以「此數語幼童未解者父兄解使知之」的小字暗示「父兄—母親—大兒—次子」的權力位階，並將「父兄」視為家庭教育中的權威。不過，「父兄」雖有知識解釋權，卻在文本的親子互動中隱身，代之以「母親」的現身，一隱一現之間，家中啟蒙兒童的責任，屬於男性的部分被弱化，女性的部分被凸顯。「母親」作為家庭教育的關鍵，不僅要在「父兄」授意下傳遞教育觀念，更要確保教育兒童的成效能夠滿足孩子的成長所需，也應服膺「夫」（家庭）與「君」（國）的期待。

當文本將學習西學新知視為母親之於孩子的「教子」義務，女學的知識結構及教育目標也隨之改變，為了讓女學的新意涵得以立論，文本〈孟母斷織〉將「母教」與古代文人求知的終極目標「聖賢」相結合，以產生說服的效果。

在古代的蒙書中，「聖賢」是近趨理想、難以企及的抽象概念，明代《小兒語》以「盤腳盤 盤三年 降龍虎 系馬猿 心如水 氣如棉 不做神仙做聖賢」

描繪「聖賢」超凡的心態，清代蒙書《弟子規》以「讀書志在聖賢，非徒科第」將「聖賢」視為遠超功利的自我實現（陳來，1995），文本〈孟母斷織〉則將「聖賢」視為可操作與實現的教育目標，在由「母子」組成的家庭親子關係裡，女性自身知識素養的高低，成為決定孩子能否成為「聖賢」的關鍵，「孔聖人後 第一大賢 是孟子 原來全是母親教成的」就將「孟子成聖人」的教育成果歸為女性接受教育的緣故，以此文本藉由「母親教導兒童」傳遞出新派文人鼓勵女性學習知識的女學新主張。

儘管這一階段的女學仍將女性角色限縮於家中「母親」的教養責任上，但原本處於家庭從屬地位的女性，因為負責下一代的教養工作而有了合理學習知識、接受教育的正當性，因此女學教育的建置與範圍得以進一步拓寬。

（二）「堂」中「女童」：改良社會陋習的女學

1903 年 3 月 28 日（光緒二十九年二月三十日），《啟蒙畫報》進行改良，這一期間，畫報對女學的關注從家庭轉入女學堂的興建，對女性形象的建構也從「母親」轉入「女童」。畫報合訂本的第十二冊小歷史整欄（共二十五則），全是宣傳女學的文本，下圖 5-10 即是此一時期畫報建構的「女童」形象。

圖 5-10　畫報第一次改良後出現的女童圖像

資料來源：研究者整理自《啟蒙畫報》圖像

圖 5-10 的「女童」形象尾隨父親，為完成父家長的心願，「女童」的智識不能侷限在閨閣之中，更要應對外來的突發狀況。左圖的女童—「緹縈」，跟隨父親淳于公從山東齊中的家鄉走到長安，需要克服「千里跋涉」的艱難，也需抓住適切的機會才能上書為父申冤；右側「韋母」從父親手中接過傳承學問的重任，歷經「背負書冊 到冀州 書樵採」的顛沛流離生活，才能完成傳習經

典的使命。

上述兩則文本共同建構著不分年齡、堅韌不拔、智勇雙全的女性角色，在樹立能擔責任的女性形象同時，為落實女學的階段性成果，《啟蒙畫報》創辦人彭翼仲也以告白的形式支持上海《女學報》（原名《女報》）的復刊，更在天津《大公報》中刊載招聘女教師與女學生的廣告。

圖 5-11 的左側是畫報於第八冊、第九冊的合訂本中登載的《女學報》廣告，廣告的內容提及上海《女學報》的出刊、售價、訂閱及投稿方式等訊息；右側則是刊登於《大公報》中招收女學生的廣告，其內容顯示，畫報辦女學的背景乃是因為女子無教育而導致社會的「貧」、「弱」兩大問題，於是，彭翼仲從女學救時除弊的視角提出招收 8 至 15 歲的女童，並要求前來就讀的女童不能纏足，對於之前纏足入學後自願放足的，可享受學費減半的優惠政策，這可說是畫報創辦人以實際行動呼應放足運動，鼓勵女子接受教育。

圖 5-11 「女學報館廣告」

啟蒙畫報

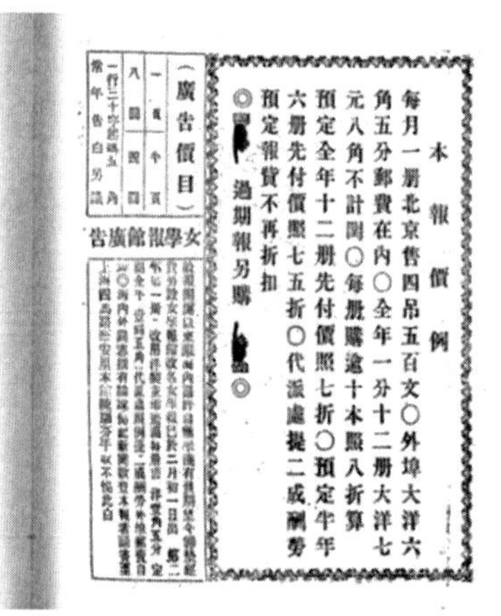

本報價例

每月一冊北京售四吊五百文〇外埠大洋六角五分郵費在內〇全年一分十二冊大洋七元八角不計閏〇每冊購逾十本照八折算預定全年十二冊先付價照七折〇預定半年六冊先付價照七五折〇代派處提二成酬勞

預定報費不再折扣

◎過期報另購◎

（廣告價目）

女學報館廣告

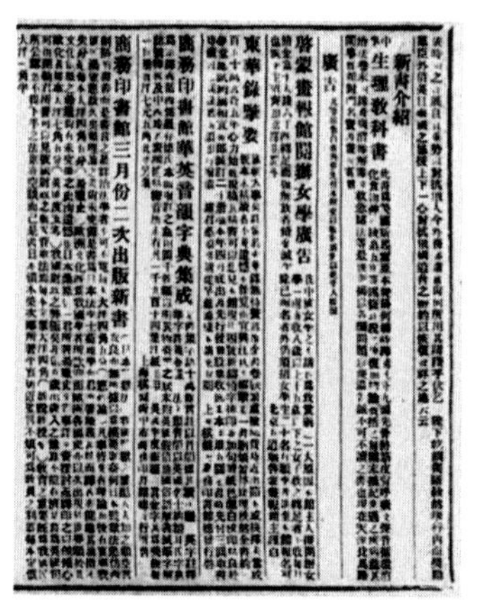

啟蒙畫報館開辦女學廣告

女學報館廣告：

敝報開辦以來蒙海內嘉許自慚學淺有期望今籌墊經費另設女學報館改名女學報已於二月初一日出 第二年第一冊 改用洋裝並添畫圖每冊售 洋壹角五分 定閱全年 壹圓五角 代派處照例提二成酬勞外埠郵費自理◎海內外同志撰有論說傳記新聞欲登本報者請寄至上海四馬路華安里本館陳擷芬手 敢不誤此白

啟蒙畫報館開辦女學廣告：

我中國女學之本講曰為致貧弱 二大原因 本館主人擬開辦女學一處 專收八歲以上十五歲以下之女子教之 纏足者不收 每日脩金當十大錢六千 既纏足而後復解放者脩金減半 除已報名者外仍須招女學生二十名 有願學者請至本館報名可 北京五道廟啟蒙畫報館主謹白（注：此段空格為研究者標注）

資料來源：圖左，《啟蒙畫報》，第 182 號，頁首；圖右，天津《大公報》，1903。

1844 年，以英國女傳教士奧特綏小姐（Miss Mary Ann Aldersey, 1797～1868）為代表的傳教士先後在寧波、廣州、福建、廈門、上海等地興辦女子學校（趙曉蘭、吳潮，2011；夏曉虹，2016），甲午戰後，以梁啟超為代表的維新派在上海積極籌辦女學堂，並借助報刊發表《倡議女學堂啟》、《女學堂試辦略章》（又名《上海新設中國女學堂章程》）等文，以引導社會對女學加以重視。1903 年，彭翼仲在《大公報》中刊登招收女學生廣告時，新派文人已達成發展女學的共識，但面對民間社會普遍存在的「養在深閨無人識」、「男女授受不親」等舊有觀念，願意將女童送入學堂的家長寥寥無幾。

《啟蒙畫報》透過「女童」、「女學堂」、「女學報」等傳遞的女學主張，可說是觀念保守的晚清北方社會，觀念先行的表率。此一時期的女學，從意義建構轉入到社會落實的具體細節，文本不僅鞏固女子接受教育的正當性，同時也從改良社會的角度鼓勵女性不纏足，從「家」邁入「學堂」以接受新式教育，基於此，女學的意涵和社會改造風潮緊密相連，女學之意義也不僅是知識的擴充，更是大膽衝破封建禮教，重新定義女性角色的新嘗試。

（三）由「家」到「國」：參與社會活動的新女性

1903 年 9 月 21 日（光緒二十九年八月初一日），畫報進行了月刊轉入半月刊的改良，這段期間，清政府頒布了癸卯學制並於 1904 年 1 月開始實施，這份由張百熙、榮慶與張之洞共同主持制定的《奏定蒙養院及家庭教育法章程》（以下簡稱《奏定》），肯定女學之於幼兒教育發展的重要，但也弔詭的寫道：

> 中國此時情形，若設女學，其間流弊甚多，斷不相宜；既不能多設女學，即不能多設幼稚園，惟有酌採外國幼稚園法式，定為蒙養院章程。（張百熙／譚承耕、李龍如校點，2008: 137）

上述這段《奏定》中的引文反映了政府在設立「蒙養院」過程中，想改進家庭教育又不想推進女學的矛盾心理。《奏定》曾以「教導之義，非僅長養愛護之謂也」宣稱「蒙養院」與外國「保育」一樣，不僅要肩負養護照料兒童成長之責，也要在蒙養階段「教導」兒童（張百熙／譚承耕、李龍如校點，2008: 137），女性作為「蒙養院」師資配備的基礎力量，也是家庭教育的主要承擔者，在幼兒教育的發展中佔據重要位置，但《奏定》卻將「蒙養院」的「保姆」一職限縮在敬節堂、育嬰堂的識字節婦範圍。

育嬰堂的乳媼和敬節堂的節婦是古代女學的忠實守護者，她們所持有的知識與觀念若沿襲倫理道德、三綱五常等舊識，便難以呼應教導兒童西學的現實之需；倘若乳媼、節婦能以積極態度接受新知的培訓，「蒙養院」嚴格的師資門檻也讓師資人數無法滿足教育建置所需。

為解決這一困境，清政府在限制本土女學的發展時，向日本展開求助。晚清第一批官辦蒙養院就有不少日本教習的身影，她們承擔著幼兒教育的管理與教學工作，比如，第一所官辦幼稚園湖北武昌蒙養院便聘請了戶野美智惠等三名日本保姆親擬《湖北幼稚園開辦章程》，京師第一蒙養院、福州幼稚園、湖北女子師範附屬小學堂幼稚園等也曾聘請日本教員任教，還有一些女子師範學堂也會聘請日本人當教員，教導文化課與專業課內容（龐釗珺、楊進紅、李玉芳，2016）。

《啟蒙畫報》以「幼稚園」對官方學前教育機構進行推介，在傳遞「蒙養院」興辦的宗旨、開設課程、教學模式等訊息後，文本鼓勵家長與鄉紳積極配合政府的學前教育機構建設，但與《奏定》中規定「女學只能限於家庭，或受母教，或受保姆之教」不同，《啟蒙畫報》在提出向日本學習時，並沒有侷限本土女學的發展，下圖 5-12 即是《啟蒙畫報》打破固著在女性身上的「母教」或「保姆」標籤，以「女學」建構女性反思與探索自身的啟蒙符號。

圖 5-12 中呈現的都是晚清女性形象。時聞一欄將女性所處的時空賦予即時性特徵，在「在地」的空間與「當下」的時間指涉下，文本建構出來的不再是傳統觀念中的貞節烈女，而是能走出閨門，進入社會活動，有勇氣與膽識的女性形象，她們在社會中或是女學生、女教師，或是即將出國留學展開自我探索的女子，無論其出身如何，即使是大戶人家的奴婢，只要能在時勢的感召下有向學之心，也是值得頌揚的女性形象。

圖 5-12　畫報第二次改良後出現的女學圖像

資料來源：研究者整理自《啟蒙畫報》圖像

透過社會參與的女性形象，文本將女學的意涵延伸至「女性價值」的討論，從而使女性的性別意識在女學意涵的延展中獲得鬆綁的空間。隨著走入社會公眾視野的女性增多，有關女性的評判標準也發生變化，是否能接受新式教育、具有識字能力等漸漸成為女性獲取他人尊重、受到主流認同的新方式，像是文本〈巾幗英雄〉（圖 4-3-5）裡不纏足、準備留學日本的秋濬卿（秋瑾）不僅受到地方官員的接待和認可，也成為文本樹立的新派女子典範；文本〈家教文明〉（圖 4-2-24）中肯定了兩位女奴婢放足、閱報、學習的行為，並將此做為文明、開化的表徵。

要而言之，《啟蒙畫報》的女學在第二次改良中，已不再支持女性以被動的方式接受命運的安排，取而代之的是鼓勵女子以接受新觀念、新思想的態度積極參與社會改良行動，成為關心時局也有利於社會建設的新女性。

二、階級：折衷的「平等」觀念

《啟蒙畫報》發刊之時，雖政治、經濟、文化、思想等諸多層面皆面臨改革，但等級森嚴的封建制度仍佔據社會體制的主流。身處封建帝制中的人們，已經在重視綱常與地位尊卑的環境中，視不平等的倫理觀念（也稱等差倫理）為理所當然的常態（魏義霞，2011），關曉紅（2013）曾以文字爬梳清代社會的等級結構，研究者將其繪製成圖 5-13。

圖 5-13　清代社會的等級結構圖

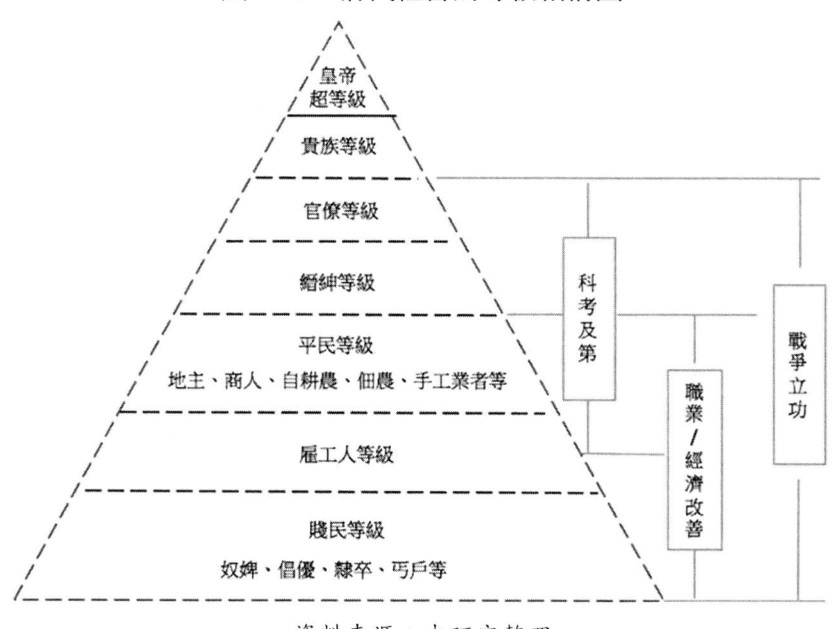

資料來源：本研究整理

從圖 5-13 的金字塔式等級結構可知，清代社會的等級權力分佈是由上至下層層施壓的關係，平民、雇工、賤民構成社會的基礎力量。為使社會穩定，官方提供了三條路徑促進社會階級流動：一是科舉、二是職業與經濟狀況，三是戰爭立功，其中，又以科舉的晉升管道最為穩固（關曉紅，2013）。但當新政時期清政府決議廢除科舉制，社會階層的流動也隨之受到衝擊，新式教育若想替代科舉成為新的階層流動，就需要在教育轉型中思考教育和既有等級制度的問題。

下圖 5-14 是《啟蒙畫報》的教育等級結構圖，圖中呈現畫報對既有封建等級制度的接納，但與科舉制進行菁英教育、從身份上限制報考者，試圖以繁瑣程序、較低的錄取率儲備為官人才不同，《啟蒙畫報》面向不同階層都提出了進入新式學堂的渠道，如圖 5-14 就有針對貧家子弟開辦的半日學堂、廟宇改建學堂等。文本在不平等的階級關係中建構起來的新式教育，其重心並不是固化既存的封建等級制度，而是讓教育資源以改良、和緩的方式走入各階層的兒童生活中，以此為下層民眾突破階層與經濟的藩籬提供啟蒙的土壤，這種折衷的平等觀念可依據文本發行與改良的時間，劃分為三個階段。

圖 5-14 《啟蒙畫報》教育等級結構圖

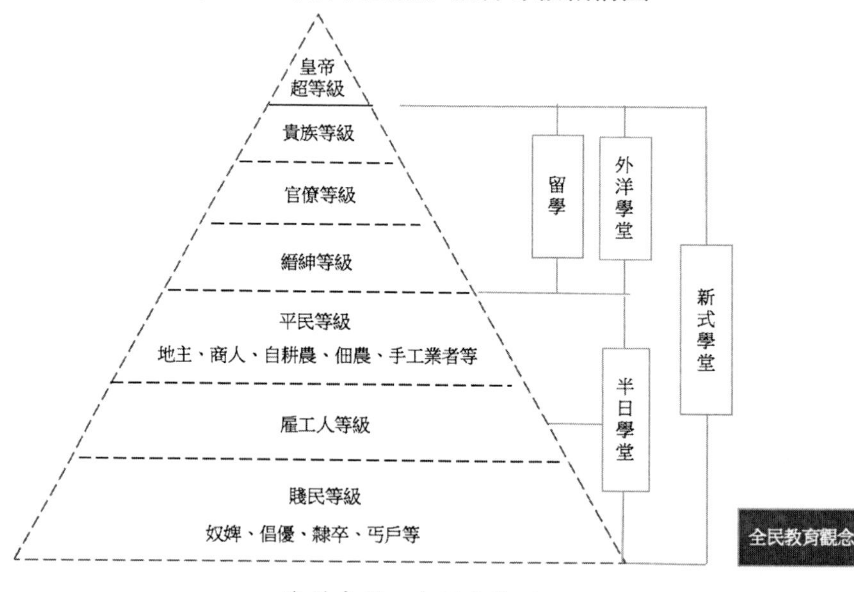

資料來源：本研究整理

（一）師與生：教與學的平等互動

《啟蒙畫報》合訂本的第一冊就有將新式教育做等級劃分，文本〈祖瑩勤學〉（圖 4-2-1）以「上等的 學專門 為國家出力 下等的 學工藝 亦足自養其身」，將視角聚焦在「學堂」，針對不同階層兒童提出不同的讀書目的，以此傳遞新知人人可學、人人能用的教育觀念。

為扭轉舊式私塾在教學法上對兒童心理、生理發展的輕忽，《啟蒙畫報》在文本中運用師生互動的圖像建構循循善誘與反體罰的教育觀念。在〈塾師呼氣〉（圖 4-2-15）與〈許衡從師〉（圖 4-2-14）中的師生互動，文本刻意隱藏象徵教育者權威的符號——「講台」，取而代之的是將教學帶入日常生活中，以對話、問答形式彰顯因材施教的教導模式。在此期間，身為教育者的蒙館先生不僅擺脫了手執書卷、教條講授知識的刻板印象，更以兒童興趣為主導，接受學生的提問和質疑，以此打破老師在學堂中的嚴肅形象。

另一方面，文本也以古往今來體罰教育的無效，倡議教育者從關注兒童心智發展的角度改進教育陋習。「體罰」作為古已有之的教學法，《禮記・學記》中便以「夏楚二物，收其威也」，將體罰器具「夏榣」與「楚荊」作為彰顯師道尊嚴的表徵（孟憲承編，1979/2003）。在私學的教育情境裡，學生常因三種情況而受處罰：一是學習不努力或成績不好；二是違反學規，如打架鬧事、對塾師不禮貌、偷盜等踰矩行為；三是嬉戲玩耍而被打罵或訓誡。

古代蒙學對待「體罰」有兩種涇渭分明的態度，一是支持體罰，認為「嚴」是教師的無上職責，責斥、甚至辱罵或體罰都是一種教師盡責的體現；另一派則對體罰持否定態度，明代王陽明從人的生長性考量，主張老師教育兒童應該從激發潛能、促進經驗的內在生長上著手，而非體罰（蔣純焦，2017）。

儘管兩派觀點在歷朝都有擁護者，但「體罰」卻是佔據教學法的主流，及至清朝，有的塾師甚至將體罰演變成一種職業習慣（關曉紅，2013；蔣純焦，2017）。蔣夢麟（1886～1964）在回憶錄中曾寫道自己童年受教育的體罰經驗：

> 如果我們背書時有些挖瘩，先生就會要我們一遍又一遍地再念，甚至念上一兩百遍。碰上先生心情不好，腦袋上就會吃栗子。天黑放學時，常常有些學生頭皮上帶著幾個大疙瘩回家。（蔣夢麟，2000: 31）

從蔣夢麟的生平來看，他的童年已處於晚清思想轉型時期，但學堂中的塾師仍讓學生被動地接收知識且不能對身體上的責罰做出任何反駁。《啟蒙畫報》在發行之初，從扭轉不對等的師生關係著手，傳遞反對體罰的教育觀念。〈強思無益〉（圖 4-2-13）、〈攝影教子〉（圖 4-2-19）從古今中外的教育案例著手，以正反兩方向論證體罰之於教育成效的失敗。

同時，為讓學堂中的「學生」獲得更多話語權，文本在教育者和學習者的身份設定上也做出調整。如文本〈書童呼氣〉、〈多思傷腦〉雖教學場所發生在學堂，但教育者卻是學堂中的學生，學生在自身掌握新知後，也能將其教導給不懂新知的人，透過同儕間建立互助共學，文本傳遞著在不平等的社會階層中構建平等的教育互動。

（二）官與民：上與下的權力均衡

《啟蒙畫報》在第一次改良前，曾以文本〈李遠大度〉倡議兒童以明理的方式看待官與民的階級關係。封建帝制中，官與民形成了嚴格的階級分界線：官員處於社會階級的上層，領取朝廷俸祿，受命於皇帝，手中亦握有權力。官員出行時，常鳴鑼開道，沿路戒嚴，百姓或是閃躲回避，或是跪地相迎，或被強行驅散（林乾，2006）。

晚清時期，伴隨歐美、日本等國在華利益的拓展，外國人也需借助清廷的官方力量維護其殖民地統治，由此使百姓受到更多欺壓。當時中國社會便普遍流傳一個民謠：「百姓怕官、官怕朝廷、朝廷怕洋人、洋人怕百姓」（李長莉，2015）。

「李遠大度」以以古喻今的方式，講述處於文化位階底層的兒童不畏官的故事，意在呼籲清朝百姓，透過讀書「明理」，以理性方式建立官與民的良性互動。

待到畫報第一次改良，文本對官與民的敘述視角已發生改變，其說服對象從下層的「民」轉入到上層「官」所代表的政府力量。文本〈秘閣讀書〉與〈記藏書樓〉就是基於完善教育資源的立場，提出將原本象徵上層權力位階的知識，釋放到下層民間社會中，以組建可供學習的公共資源改良社會文化。

人人皆可使用的公共「圖書館」（Library）作為歐美近代文明的標誌之一，在鴉片戰爭前還是文人士子未觸及的陌生名詞，直至 1867 年，官派出訪歐美的人員增多，「圖書館」才隨著參訪者的記述傳入晚清社會，王韜在寫作《漫遊隨錄》與《扶桑遊記》時，Library 還沒有通用的中文名稱，它有時依據功能被翻譯成「藏書之所」、「藏書之庫」，有時對照本土情境寫作「典籍院」、「大書院」，直至 1879 年，王韜在考察日本於 1872 年建成的「東京書籍館」後，運用「書籍館」一詞，並將開設書籍館視為達成維新目標的輔助手段，以此引發文人群體對書籍館的關注（程煥文，2004a）。

戊戌變法前後，新派文人主張擴大知識門類積極西學，新式學校、學術機構等也對藏書與用書提出新的要求，「藏書樓」由此成為替代「書籍館」的對Library的主流表述。早期維新派代表宋恕（1892／胡玉珠，1993: 147～148）、改良派思想家鄭觀應（1893／夏東元，2013: 26）、維新派代表康有為（1908／李希沁、張椒華，1982: 88～89）等均發文或上奏，強調「藏書樓」輔助教育之功能〔註1〕。

《啟蒙畫報》有關藏書樓的兩則文本〈秘閣讀書〉與〈記藏書樓〉分處於畫報發行的早期與第一次改良之後。兩則文本從敘事的時間（古今）、空間（中西）、視角（個人與集體）產生對比，但皆傳遞興辦藏書樓對於個人智識及社會發展之重要。具體來說，新政時期，〈秘閣讀書〉雖未提及「藏書樓」的概念，但卻透過以古喻今的策略，引用李邕讀書的典故，強調「藏書樓」培育人才的功能；〈記藏書樓〉則從歐美文化進步的視角，將「藏書樓」的功能與晚清「開通民智」、「強國利民」和「增進文明」的社會意義相連，以此呼籲處於社會階層上層的政府與鄉紳積極興辦藏書樓，以提供給民眾學習場所，讓知識可以普及，當教育資源以「藏書樓」的形式取得均衡之時，全民識字率與文明素質的提升也成為指日可待的社會改良成果。

（三）主與僕：尊與卑的求知對等

《啟蒙畫報》的文本在改良的幾個階段都曾針對不同階層的人提出教育的可能。早期的文本〈書童呼氣〉、〈多思傷腦〉建構了向兄弟二人求知的「書童」。作為下等的「僕人」，「書童」不但能得到小主人的友善對待，更因好學、好問、好思考而獲得學塾先生的認可；第二次改良後，文本將接受教育的對象從下階層的「書童」擴大到不計年齡，中低階層出身的女奴婢。

丫鬟作為社會最低階層之一，屬賤民之列，她們常被視為商品賣入或抵押給大戶人家，以解決原生家庭的經濟壓力。進入深門宅院後，丫鬟在僱主的規

〔註1〕宋恕在《六字課齋卑議》曾介紹圖書館「日本及白種諸國莫不廣置大小圖書館，藏古今佳圖書，任民男女縱覽」也倡議晚清開辦「京師及各商口、各名城皆置大館，其圖書任國民縱覽；則十年後，通人之多必萬倍於今日矣！」此部分內容可參見胡珠生編《宋恕集》（北京：中華書局，1993，頁147～148）；鄭觀應也提及晚清圖書館建置落後於泰西各國，希望能增加圖書館的公共資源，細節可參見夏東元編《鄭觀應集·盛世危言（上）》（北京：中華書局，2013，頁26、81、83）；康有為在〈上清帝請開便殿，廣陳圖書書〉（光緒二十一年閏五月初八日）上書皇帝「請大開便殿，廣陳圖書」，此部分內容可從李希沁、張椒華編《中國古代藏書與近代圖書館史料（春秋至五四前後）》（北京：中華書局，1982，頁88～89）。

約下，不但沒有人權與自由，更常在生活習性中受制於主人。在文本〈家教文明〉裡，丫鬟沒有纏足還能識字閱報，有相對寬鬆的時間去琉璃廠採購文化用品，這在晚清丫鬟群體間非同尋常，於是文本特別將其書寫出來作為「文明」的例證，意在傳遞：身份位階較高的人不但能教導階層較低者識字，更可積極承擔起摒除封建文化的陋習，帶動社會進步。

在這同時，文本也鼓勵上層社會的家長能夠打破「父母在 不遠遊」的舊觀念，從促進兒童成才的角度，支持孩子留洋發展。文本〈嘉許幼童〉發行的1903年底，距離清政府提出幼童赴美（1872～1875）政策已過去近三十年，雖然三十年間政府斷續地提供兒童留學的機會，以促進中西知識與文化的交融，但不同於觀念開化較早的沿海一帶，以北京為首的北方地區，在西學有關的事務上仍面臨著觀念滯後的諸多阻力，以上海廣方言館與京師同文館來說，兩者創辦的時間雖接近，但西學的成效卻有著迥然不同的反響。

北京作為政治、文化中心的首善之區，有著強烈的文化象徵意義，但即使遭列強侵略，皇室卻依然軟弱，不思改革，瀰漫守舊風氣，與沿海重視商業發展的西化城市，在接受西學的程度以及新派教育的發展上，已有相當大的差異。熊月之（2011）在研究中曾列舉北京士大夫郭嵩燾在接任出使大臣職務時被罵為漢奸；倭仁墜馬裝病，拒絕到總理衙門上班；徐桐繞道行走，厭惡看到西洋建築等史料，以證成北京在推進西學中所遭遇的阻力之巨。

在不利西學傳播的風氣下，文本〈嘉許幼童〉刻意引去社會觀念的干擾，轉而把兒童能否成才歸因到家長對兒童是否「姑息」，這一責任多寡的偏倚，讓家長是否具備開化的教育觀念成為兒童成才的關鍵，在這一意涵下，兒童「留學」的奔波跋涉與作為開明家長的選擇被視為有助於兒童長足發展的人才培養模式。「父母在 不遠遊」的傳統觀念遠比支持兒童「留學」更佔據思想的主流，加上晚清中國還沒有脫離古代社會的格局，實際的交通條件也限制著人們出門的機會（張儀倩，1998）。

誠然，我們也需注意到，在文本建構的折衷的平等關係裡，有著對帝制等級觀念的妥協，〈嘉許幼童〉的上層階級兒童可在父母支持下選擇留學；〈書童呼氣〉的書童卻只能在學堂外聽課，由好心小主人講授才能學習新知；〈家教文明〉的兩個女奴婢更是幸運地得到開明主人的教導才能識字、放足與閱報。

面對封建等級制度對悲苦奴婢、書童所應有的獨立人格之抹殺，文本未予以批判，甚至在一定程度上肯定了不平等的階級關係，從鼓勵上層階級對下層民眾的教化與啟蒙中，弱化主人與奴僕間的階級對立，這可說是時代與《啟蒙畫報》編者所具有的侷限所在，但文本在階級尊卑與風氣開化間做出的折衷選擇，也使教與學的關係、教育資源、教育權等不斷釋出或下移，從而為打破階級、建立平等教育觀提供可能，在對階層不高的奴婢、書童等發出新式教育啟蒙的邀約時，文本也打造了新知人人可學、人人容易掌握、處處可被運用的平等教育觀念。

三、國族：「學以救國」的愛國主張

《論語》曾以「古之學者為己，今之學者為人」闡明學問之於己身的功用，「為己之學」與「為人之學」作為人從事學問的內在導向，揭露了兩種不同的教育目的：「為己」意在凸顯教育對自身修養與德行的提升，成就自身人格進而創造社會價值；「為人之學」則是以功利為導向學習最易被社會認可的學問，面對兩種教育觀念，孔子建議人們要在成為「某種人」前先成為「人」，亦即「學以為己」（李弘祺，2012）。

儘管孔子開創的儒家思想在封建帝制中佔據知識的主流，但經西漢董仲舒的改造，加上明清科舉制度與學校教育制度、選官制度的緊密綁縛，「學以為己」的思想早已式微，「學以為人」、「學以為官」的應試教育觀念反而佔據著晚清教育的主流。

《啟蒙畫報》創刊之際，科舉制廢除的定局讓「學以為何」成為面向未來的教育轉型議題，同時，將兒童的學習納入官方教育體制中也牽涉著如何看待過去的蒙學。創刊號的文本〈小英雄歌〉，將「兒童」置於古今、中西的時代變局中，透過「小英雄」社會身份的建構，讓「兒童」完成了由「家」入「國」的蛻變，也由此為《啟蒙畫報》的「新蒙學」定位，使「兒童」成為禦侮外敵、實現國家愛自強的「救世」符號，這份在〈小英雄歌〉中流露的愛國教育觀念可說貫穿畫報發行的始終，只是在不同階段，側重表達的愛國面向有所不同。

（一）選擇：家與國、個人與集體之權衡

《啟蒙畫報》發行之初，為扭轉以家庭、宗族為核心發展起來的蒙學，文本從國家危亡的角度建構著家與國、個人與集體之於幼兒教育的關係。文本〈體操歌〉以「無事」居家，「有事」當敵，將兒童身體上升為國家的資源，並運用保家衛國的立場鼓勵兒童加強體能訓練以愛國；〈小兒怨〉則將兒童進入新式學堂求學視為社會協力的成果，具體來說，蒙學不再是父家長能全權決

定之事，兒童的意願，加上家庭、學校、政府、社會的多方支持與配合，都是影響著新式教育能否順利進行的關鍵，在外侮頻仍的緊迫時局下，「兒童」進入新式學堂的目的也與救亡圖存產生關聯，蒙學由私入公作為「家國一體」的觀念實踐，自然地表述成晚清擺脫弱國命運的必由出路。

甲午戰敗後，晚清的文人士子在總結中國緣何落敗於列強時，曾將原因歸結到國人只關心家庭或家族，沒有對於國家、民族的公德。為此，以嚴復、梁啟超為代表的文人士子以「合眾人之力求整體生存的思想」，希望人們能在愛國的感召下「合群」以愛國（梁啟超，1989/1902/2011）。

文本〈愛惜同類〉正是透過借古說今，在「公心」的符號運作下，將「兒童」對「乞丐」施以的恩惠行動，與「同類」概念做意義連結，傳遞著「合群」意涵。「乞丐」在清代雖說是官方認可的職業，但他們的階層卻屬於賤民行列，處於社會等級的最底端。晚清時期，隨著天災人禍增多，乞丐、流民在數目上的急遽攀升給社會穩定帶來隱憂，「設立粥廠」、「收養貧民，教以工藝」等官方行為雖有意資助，但只是杯水車薪，無法解決底層人生活無以為繼的困境（王宏偉，2007）。文本〈愛惜同類〉從「同宗同源」的「人」的類屬角度，弱化等級社會中尊卑貴賤有別的階級衝突，號召人們以「合群」觀念消解社會中既存的階級邊界，以此為社會提供了一個以內部團結合力的方式解決社會矛盾與民族危機的策略。

可以說，《啟蒙畫報》初期的愛國觀念側重於「家國一體」的表達，進入第二次改良後，因著日俄戰爭前地方小規模衝突的爆發，文本在〈日童知恥〉與〈北美女俠〉中，建構了以國家集體利益為導向，選擇不受敵人之果或是為本國元勳提供食物的「兒童」，以此傳遞著國家利益大於個人利益的愛國主張。

（二）路徑：反迷信與辯真偽

義和團運動（1899 年 11 月 2 日～1901 年 9 月 7 日）可說是誘發《啟蒙畫報》創辦的動因之一（1913／姜緯堂、彭望寧、彭望克，1996: 109），作為二十世紀初，文人士子啟蒙大眾時的負面典型教材，義和團飽受詬病的就是以神靈崇拜為要義，鼓吹刀槍不入、諸神附體、畫符吞咒等迷信思想，在「魔法神力，任何洋槍洋砲都不在話下」的宣傳下，越來越多的人信以為真，全社會的迷信氛圍達到頂點並催生出盲目排外與野蠻放縱的社會問題（Preston, 2000）。

晚清文人士子對因迷信引致的八國聯軍浩劫備感恥辱，也創痛深鉅，陳平原在整理相關畫報研究中稱其為「不堪回首的過去」、「中國人永遠的痛」（陳平原，2018: 40），《啟蒙畫報》在發行期間也以「記拳匪」為題目，寫就 26 則文本用以警醒世人。1909 年，上海《圖畫日報》不惜以七十八幅「庚子國恥紀念畫」開設專欄，以讓國人記取教訓〔註 2〕。

義和團運動所帶來的社會反思在新政時期直接體現在對大眾的開智運動中。1902 年，梁啟超在《新民叢報》發表「蓋世界之舞臺，夙已旋轉。迷信之時代疾去，科學的智識之時代方來」，傳遞以科學取代迷信的主張〔註 3〕。《啟蒙畫報》的文本〈念賢明理〉也以借古喻今的方式，將「反對迷信、實踐理性」具象化為兒童可以理解的小故事，透過否定宿命論，文本對傳統文化做了去蕪存菁的處理，以傳遞用科學公理抑制迷信思想的社會意涵。

〈雨氣為虹〉從「格致」角度直接點出「彩虹」作為一種自然現象在以訛傳訛中所造成的文化誤讀，以此，文本在主張學習格致同時，也導引出看事物的方式，即以經驗為基礎，藉由自然觀察，用理性的方法揭示真相。類似的文本〈張策辨鼎〉，塑造了能運用知識辨真偽的兒童形象，通過將知識引入生活，文本在突出新知的實用面向時，也潛藏著新知可抵禦迷信蠱惑的社會意涵。

（三）行動：對時事的關注和政策的響應

《啟蒙畫報》第二次改良後，對愛國教育觀念的輸出不再側重於新知學習，而是轉入對時事的關注，倡導對政府政策的積極響應。文本〈和尚維新〉中即反映了當時社會中「廟產興學」的熱議事件。

古中國的統治者常有推崇佛法、廣修寺院的行為，甚至給寺廟享受免稅、田地等特權，加上民間一直有上香拜佛、祈求時運的慣習，信眾也常以施捨、捐助等不同形式為廟宇貢獻財力、物力，以促使其財富的累積。但到了甲午戰爭後，巨額的賠付款讓清廷的財務捉襟見肘，戊戌變法提出興辦新式學堂後，政府隨即就面臨著場地與經費的雙重難題，1898 年，張之洞於《勸學篇．外篇．設學第三》中提出「廟產興學」的主張，也就是將寺廟、道觀、淫祠雜寺等改做學堂以解決辦學場地與經費稀缺的現實（苑書義、孫華峰、李秉新，1998）。新政之時，《奏定初等學堂章程》的「屋場圖書器具章第五」中第十一節指出：

〔註 2〕〈回鑾後重覩昇平之幸福〉，《圖畫日報》，第 228 號，頁 3，宣統 2 年 2 月 30 日（1910 年 4 月 9 日）。

〔註 3〕梁啟超：〈保教非所以尊孔論〉，《新民叢報》第 2 號，1902 年 2 月 22 日。

> 初等小學堂現甫創辦，可借公所寺觀等處為之，但須增改修葺，少求合格；講堂體操場尤宜注意。（張百熙，1904／譚承耕、李龍如校點，2008: 156）

在官方的帶動下各界積極促成廟產興學，但卻引發浙江一些佛教徒的不滿，1904 年，法雨寺、天童寺等三十余座大寺的方丈聯合派人到日本投靠真宗，希望借助日本宗教的力量護產衛教（歐陽楠，張偉然，2010）。

《啟蒙畫報》以「和尚維新」為題，「維新」二字源自日本的「明治維新」，作為開啟日本現代化的重要事件，文本引用「維新」，試圖以日本改革模式的成功合理化晚清的「廟產興學」。與此同時，文本將日本和尚在維新中「立功業」的事蹟視為晚清和尚進行行為選擇的參照，透過賦予支持新式學堂改建者「開通」的文化肯定，文本說服廟裡和尚能夠從國家發展、社會建設的大局出發，支持廟產興學的落實。

在落實新式學堂之際，文本〈北美女俠〉、〈巾幗英雄〉也建構了愛國的女英雄形象，但需注意的是，北美的女童之所以有給總統送雞蛋的義舉，是建立在她對美國時事的訊息掌握；〈巾幗英雄〉的秋濬卿（秋瑾）之所以有留學日本的想法也與她積極關注時事發展、社會變化相關，在關切時局的教育觀念下，一味沉溺於書本學習知識的人已難以達成報國之用，只有具備新知、肯思辨，也能將知識與時務連動的人，才是未來社會所需要的愛國人才。

第三節　社會達爾文主義下的教育競爭力

社會達爾文主義是影響晚清近代思想轉型的重要思想，也是主導蒙學由私入公的輿論基礎。社會進化論源於歐洲達爾文（Charles Darwin, 1809～1882）的進化論，它認為包括人類在內的物種生成和演變都是自然發展的過程，這一思想瓦解了西方神學的信仰基礎，把上帝創世還原為神話，也同時為理性主義的自然史觀奠定了科學的根基。十九世紀末，想透過改革實現富國強兵的日本政治家、思想家福澤諭吉，將這一觀念予以在地轉化，形成了文明、進化的理念。

在福澤諭吉看來，人類普遍進化的歷史是以文明為軸心，經由野蠻到半開化，再至文明的進化歷程（鄭匡民，2009: 63），以此為根基，他有導向地引入西學蒙書，通過培養兒童希望建設一個擺脫殖民危機、進入先進國家的新日本。在幼兒讀本的編寫上，福澤諭吉重視實用與科學，「兒童」被要求以觀察和追問的方式學習物理、地理等西學知識，以此從掌握日本的地位與格局中把握世界體系，進而產生全球視野。

1897 年 1 月 3 日至 3 月 3 日，受福澤諭吉思想影響的梁啟超，在《時務報》中陸續發表〈論學校五 變法通義三之五 論幼學〉，文章開篇便對國內外教育現狀進行比對，以揭示晚清贏弱的根源乃是教育體制的僵化與知識的固守沈痾，為改善落後的教育觀念，實現興學育才的目的，梁啟超以「人生百年，立於幼學」強調幼兒教育乃是教育之根本，並以「中國之積弱，至今日極矣，欲強國本，比儲人才，欲植人才，必開幼學」說明教育的目的乃是培養強國的實用人才。

為重現帝國以往的輝煌，梁啟超為幼兒教育建構了綱領性藍圖：他期待「兒童」的身心能具備武能衛國，心能愛國的素質，在智識上既有西方的科學常識，也能熟諳經學、史學、子學等傳統蒙學經典，只有德才兼備、博聞強記才能擔起晚清救亡圖存的大業。

與梁啟超幼兒教育理念相呼應的，是影響晚清文人士子思想轉變甚深的《天演論》。1897 年，嚴復（1854～1921）為挽救清朝的危亡局勢，將充滿張力的兩種社會達爾文主義，斯賓塞（Herbert Spencer, 1820～1903）「適者生存」的自然主義「進化史觀」和赫胥黎（Thomas Henry Huxley, 1825～1895）「人定勝天」的擇天理論，融匯到 1896 年至 1898 年寫就的《天演論》（原著赫胥黎《進化論與倫理學》）譯著中，以此宣傳自己的觀點：一方面，他不同意赫胥黎所認為的人類倫理與自然進化無關的說法，但卻贊成人應努力奮鬥不能被動接受自然進化；另一方面，他贊同斯賓塞的觀點，認為自然進化是普遍規律，但卻反對「任人為治」的弱肉強食態度。在有選擇的知識重組裡，嚴復將進化論的哲學源頭置入中國「易」的宇宙模式之中，以此引出適於當時社會變革所需與民族自保的價值論證（段煉，2015）。

在嚴復主張的社會達爾文主義之影響下，文人士子以「物競天擇」解釋民族危機，也透過肯定人類社會歷史是不斷向前、單線發展的，而打破中國傳統的歷史循環說，1902 年在北京發行的《啟蒙畫報》，即融合了梁啟超的幼兒教育理論與嚴復的進化論觀點，生發出教育可以創造競爭力的觀點。

《啟蒙畫報》將教育兒童視為推動社會向前，促使國家命運由弱轉強的必經之路，「兒童」作為救世的「小英雄」，承載著時代與民族的使命，也暗合著教育從「過去—現在」不斷向前的社會進化論述。

與福澤諭吉和梁啟超的幼兒教育主張有所區別的是，《啟蒙畫報》在知識排序上與梁啟超一樣，肯定道德倫理教育的價值，但與梁啟超側重文學的選材，在內容上大量保留經史子集的原典不同，《啟蒙畫報》沒有引述經典，代之以「借古喻今」和「以西比中」的敘述策略，將中西知識加以融通，進而說服人們學習實用的學問。同樣在社會達爾文主義的影響下，《啟蒙畫報》為讓晚清能於萬國競爭中求得生存，將「合群」、「實用」、「時聞」三大思想注入到幼兒教育中，以此重構的「蒙學」之意涵。

從「合群」思想來說，晚清之前，家與宗族是社會結構的基礎，也是蒙學的主導力量，傳統蒙學讀物中就不乏《顏氏家訓》、《司馬溫公家範》等家訓讀本。家訓作為蒙學的重要一環，本就凝聚著家族意識，再加上封建帝制對孝德教育的推崇，使「家」、「氏族」成為多數人在面臨利益抉擇時優先考量的要素（徐梓，1996）。

晚清抵禦外敵的失敗與改革的接連挫敗，讓新派知識份子從日本民族主義、國家主義（Statism）的概念中體悟「合群」的重要（王柯，2015）。作為擺脫內憂外患的解套策略，合群思想將社會既存的性別、階級矛盾安置於民族危機之後，「救國」漸成人人有責的全民義務，為擴大教育救國的基數，新派文人在新政時期面向下層民眾開啟一系列啟蒙活動，在教育資源下放的過程中，為弱化中西政治、文化上的衝突，辦報文人常採行「中體西用」、「西學中源」的觀念，將西學知識納入到「實用」之學的範疇中。

「中體西用」思想可說是在晚清改革中漸次形成。自 1861 年洋務運動時期，馮桂芬就曾提出「以中國之倫常名教為原本，輔以諸國富強之術」的方式學習西學。1895 年 4 月，沈毓桂在《萬國公報》上刊登《匡時策》，以「夫中西學問，本自互有得失，為華人計，宜以中學為體，西學為用」給出「中體西用」的四字概念，後經張之洞在《勸學篇》中的討論而使其思想影響增廣。但所謂「體」、「用」本是中國傳統哲學的一對命題，其內涵不僅涉及到學問的主次、內容與形式，也關聯到根本原則與具體方法等多種解釋，即便同為「中體西用」的擁護者，在中、西知識的選擇上也可能大相徑庭，以致傳遞出的教育觀念也是迥異。

張之洞將「中體西用」釋義為「四書、五經、中國史事、政書、地圖為舊學；西政、西藝、西史為新學，舊學為體，新學為用」（苑書義、孫華峰、李秉新，1998: 9470），他從線性的歷史觀角度，將中西知識在時間上劃分成不相衝突的新與舊之承繼關係，並以「體」、「用」的清晰界線規避中西觀念可能遭遇的問題；同一時期的康有為則將「中體西用」置入托古改制的論述中，將中西視為一體兩面的關係，主張中國文學為內，外國科學為外，內與外作為人才的培養模式，因著對內修身（有用之才）和對外實用（通方之學）而能融匯並進〔註4〕。

《啟蒙畫報》作為在此之後出現的童蒙刊物，將「中體西用」的理解落實到知識編寫的細節，並以「致用」的形式表達出來。面向「倫理」、「掌故」、「格致」、「遊藝」、「植物」等學問，《啟蒙畫報》既沒有區分「體」、「用」的界線，也沒有以「內」、「外」劃分知識的功能，在文本的意義建構中，但凡與日常生活相關的未知事物都可視為學習的範疇，是可供學習者觀察、思辨，繼而加以運用的知識。概而言之，《啟蒙畫報》的「中體西用」是以知識的學習者為主導所展開的探索歷程，在這一過程中，中、西知識的屬性並不是討論的核心，它們以生活的樣態融貫到教育的各個場合，在「致用」的教育導向下，「學—用」釋放出來的討論空間使「學以救國」被正當、合理地作為幼兒教育的目標。

與「中體西用」相並行的，還有「西學中源」的策略運用。「西學中源說」早在明清之際就出現，但在晚清時期才愈發盛行，它的核心觀點是：西方的科學技術是源於中國，因而學習西學並不是肯認西方文化與思想，而是恢復本民族自己的舊物（熊月之，2011）。晚清時期，文人士子面對西學的態度是複雜難解的：一方面，帝國主義列強使晚清陷入了政治、經濟、文化、思想的危局，另一方面，他們又不得不從「天朝上國」的美夢中清醒過來，虛心學習西學、甚至學習經由日本轉譯過來的東學以實現復興的夢想，為緩和向西方學習的矛盾心理，「西學中源」一度成為宣傳或抵制西學的共同選擇。

但這一學說發展到新政時期，新派文人已對「西學中源」有了相對客觀的認識，他們認識到西學、儒學分屬不同的文化境脈，但面對保守的官紳與未開蒙的下層民眾，「西學中源」仍可作為說服人們西學的有效策略：一方面他可調和儒學與西學的矛盾，減少引進西學的阻力，另一方面又不致損傷民族自信心。

〔註4〕托古改制出自1898年夏曆四月間康有為撰寫的一份奏摺《請廢八股試帖楷法試士致用策論折》，後收錄於《戊戌奏稿》中，奏摺提出：此內講中國文學，以研經義、國聞、掌故、名物，則為有用之才；外講各國科學，以研工藝、物理、政教、法律，則為通方之學。

《啟蒙畫報》在傳遞西學時借鑑了西學中源的思想，將西學置入中國古已有之的學問裡，但經由文本符號運作所呈現出的「西學中源」，並不是遮蔽恥於向西方學習的文化心理，而是在默認晚清與歐美的文化落差中，召喚兒童讀書以「自強」。

最後，為了達成救國、強國的教育目的，《啟蒙畫報》也將「時聞」視為與萬國競爭的必備，作為立足當下，「開眼看世界」的知識類型，「時聞」貫穿著合群思想，也為學問的實用提供方向。

在由「合群」、「實用」、「時聞」編織而成的教育競爭觀裡，《啟蒙畫報》運用「借古喻今」與「以西比中」的符號運作原則，經由「兒童」符號建構了一個主動學習的兒童形象和活的教育環境。在蒙學由私入公的意義世界裡，教育觀念及意識形態潛藏於知識的選擇、傳遞與運用中，在「性別」、「階級」與「國族」三個方面中呈現。

（一）教育平權

「女學」作為教育觀念之一，是晚清教育轉型中最具爭議的話題。1878 年《萬國公報》在〈中國女學〉中將「女學」視為救國的路徑。為幫助「女學」立論，報刊不惜挑戰社會文化中「女子無才便是德」的主流觀念，以「女子居萬民之半，男女各半，皆應受學」，從性別分佈均等、教育也應平權的論述中為女子爭取獲得教育的機會〔註 5〕。戊戌變法時，梁啟超於《時務報》中連載《變法通議》一書中的〈女學〉與〈幼學〉，用以彰顯女性與兒童之於「開民智」的重要性：

> 西人分教學童之事為百課，而由母教者居七十焉，孩提之童，母親於父，其性情嗜好，惟婦人能因勢而利導之，以故母教善者，其子之成立也易。不善者，其子之成立也難。……故治天下之大本二：曰正人心，廣人才。而二者之本，必自蒙養始。蒙養之本，必自母教始。母教之本，必自婦學始，故婦學實天下存亡強弱之大原也。
> （梁啟超，1897／張品興，1999: 32）

梁啟超用「母親」在家庭、社會中的職責為「女學」論辯。當女性的貢獻不只是在家中相夫教子，也需為社會培養人才時，「女學」便獲得了從家庭私領域轉入社會公領域的討論空間，成為「母親」作為晚清多數女子的必然選擇，

〔註 5〕〈中國女學〉，《萬國公報》，1878 年第 500 期，第 688 頁。

使新派文人從救國角度支持女子接受教育，因為只有學有所長才才能更好地啟迪童蒙，完成國家富強的使命。

為此，文人士子在女學中注入了應時之需的新知，也讓「良母」、「賢母」的標準不僅是對兒童的養護，更包括家庭教學，作為積極學習算術、格致等知識以肩負起家庭教育才能為國家培育未來社會所需的人才。在家庭中的重要凸顯興女學的意義。角色而凸顯認為「婦人不學」才是中國衰弱的根源，只有在這一脈絡下，積極主張變法圖強的維新派人士在上海籌辦女學堂，同時也利用報刊從國族、母教、生計、道德等角度為女學立論，如發表在維新刊物中的《倡議女學堂啟》、《女學堂試辦略章》（又名《上海新設中國女學堂章程》）等文（夏曉虹，2016）。參照著南方沿海一帶的女學發展進程，風氣保守的北京在推進女學時常遭受阻礙（秦方，2019）。

《啟蒙畫報》做為在北方宣傳女學的刊物之一，在文本中建構了巾幗英雄、女俠等許多正面的女性形象，以凸顯女性之於家庭、社會的意義和價值。儘管這種論述方式並未逃離男性菁英主導的救亡圖存的意識形態框架，女性的主體性也並不是晚清女學關注的核心，但在男性文人士子的輿論引導下，女性被建構成幼兒教育發展的主力之時，也潛藏著教育在性別上平權觀念。

為解決蒙養院女教習、女保姆的師資緊缺問題，在新式學制落實之初遏止女學發展的清政府，不得不在 1907 年頒佈《女子師範學堂章程》，以填補蒙學由私入公中師資的不足。以此，晚清教育轉型中的女學，讓女性不但在社會的公共舞台中露面，也使教育平權漸成社會改良、國家富強的進步體現。

「女學」在晚清正當、合理發展的歷程，不僅觸及教育的性別，也關聯著教育階級的變化，《啟蒙畫報》以折衷的平等教育觀念傳遞著全民教育的意識形態。

（二）全民教育

新政之前，奉行千年的科舉制在報考條件中都以階級身份為門檻，限制著官方教育對象的範圍，清朝時，賤民的子孫作為社會的底層不具有應試資格，同時，由於清朝科舉在應試程序上繁瑣，需消耗考生大量時間與精力，這又排除了無法解決生存問題、獲得經濟支援的寒門子弟；最為關鍵的，即便能夠順利應試，但面對只有千分之一到千分之二左右的錄取率，教育所帶來的階層流動仍舊有限，科舉制之下的官學教育更多導向的是培養為官的菁英（周愚文，2014）。

《啟蒙畫報》發行時，晚清社會已掀起了「開民智」的風潮。面向對下層民眾的啟蒙，畫報最先聚焦於對兒童所處教育環境的改良，在家庭與社會幼兒教育機構的角色分工、師資人力的編排、教學活動的組織等議題裡，「兒童」與父家長、學堂塾師不對等的關係受到關注。

在新式學制前的私學體系裡，塾師與父兄不但對子女有絕對權威，且有打罵子女和對女子的送審權與不完全的殺子權，在不平等地位的影響下，對兒童的教育常有著統治與被統治的關係（關曉紅，2013）。清朝時期，「體罰」隨著歐美幼兒教育模式的引入和本土蒙學的反思，受到文人士子的反對。由傳教士開辦的胎教院、育嬰院、慈幼院等機構，傳遞著對兒童身心發展的關懷；方瀏生纂寫的《蒙師箴言》檢討體罰對兒童造成的身心靈傷害；談論家塾教學的《父師善誘法》也運用陽明之學，傳遞戒體罰、重誘導的教學觀念（熊秉真，2019）。

這些反對「體罰」的具體行動，在《啟蒙畫報》中落入到了家庭和學堂的「教」與「學」之活動現場，表現在母親、私塾先生乃至社會人士對兒童心智狀態、興趣、言論的尊重與包容，在知識傳遞中，文本潛藏著成人與兒童在教育互動中就學問展開的平等溝通的意識。

當《啟蒙畫報》透過「教」與「學」的平等建構兒童與成人的階級平等時，教育的對象也由上至下有著折衷的平等觀，並以此發展出全民教育的意識形態。對於晚清等級森嚴的社會，平民以上的人對賤民蔑視屬於常態，清律更規定，奴隸、雇工人在法律上被視作主人的子孫，犯案按照子孫謀害家長罪懲治，但奴婢與雇工人卻沒有子孫的任何權力（關曉紅，2013），《啟蒙畫報》在這一環境下，將「合群」思想作為說服策略，呼籲上層階級的人對下層階級的人予以關照和尊重，更主張在上下階層的文化、教育資源落差間建立起教與學的互助模式，鼓勵上階層的人將學習的心知、先進的生活習性帶入到對下階層的啟蒙活動中，以此，《啟蒙畫報》擴大了「蒙學」的教育對象和社會意涵，使「蒙學」具有全民教育的意義與價值。

為使全民教育融入到新式學制的推行裡，《啟蒙畫報》號召政府與鄉紳合力針對不同階層的兒童興辦不同性質的蒙學機構。比如針對貧民子弟創設的半日學堂，針對女學開辦的女子學堂，針對小和尚改建的新式學堂等，同時，《啟蒙畫報》也從增進文明的角度出發，對執政者提出要求，希望政府能將知識視為可被分享與運用的公共資源，通過藏書樓的建設而不斷完善民間教育資源的配置。

在各階層合力之下，《啟蒙畫報》與晚清社會形成的「合群」思想若合符節，在「合眾人之力求整體生存的思想」中，全民教育也走入新派文人的論域，成為以教育帶動新社會建設的必然（梁啟超，1989/1902/2011）。

（三）民族國家

新政時期，晚清教育思想轉型所面臨的國際局勢對原本的知識體系衝擊是深刻且複雜的。在民族危機愈發深化的緊迫時局中，傳統觀念的歷史循環說已無法起到救世除弊的快速效果，《啟蒙畫報》的創辦人彭翼仲呼應著嚴復的《天演論》、梁啟超的《論幼學》，在社會達爾文主義的影響下強調中國人開眼看世界、求知以自強的愛國思想。

自創刊號〈小英雄歌〉開始，《啟蒙畫報》始終貫徹著古今中外的知識對個人生存與生活、民族存續與富強的實用價值。這一理性愛國的主張，之於1901 年義和拳宣稱的迷信盲目的愛國行為，可謂是深刻的對抗、檢視與反思。

新政時期，時代中堅的文人士子已深刻認識到晚清在政治、經濟、文化等全方面落後於歐美與日本的現實。在飽受欺侮仍要向歐美虛心求教的矛盾心理中，晚清文人士子所面臨的殖民與霸權不僅是外在的政治、軍事、經濟上的社會器物革新，更是內在的文化思想之震盪，西學與東學以概念上的新名詞湧入辦報與閱報的文人視野，衝擊著傳統文化匯聚的心靈世界，透過觀念、意識形態的爭鋒和博弈，固有的知識系統鬆動、轉化，牽動著教育思想的底層。

以彭翼仲為代表的文化菁英，從小接受的是道德倫理教育，學習的是人文領域知識，晚清社會轉型之際，面對國幾不國的處境，他們寄希望於變動中的未來，透過閱報或辦報重新學習西學新知與新式教育觀念，進而開展對下層民眾的啟蒙。為了克服語言不通的障礙，從未走出國門的文人士子借助翻譯書籍自學，以擴增視野形成萬國格局。

值得注意的是，當時文人對「世界」的理解主要是以籠統的「西方」為藍本的觀念形態，「西方」在這裡已不是地理概念的指涉，更多是指向那些先進、發達的國家，比如位於亞洲的日本，因為學習西方獲致成果，就意指而言，也籠統地稱為「西方」，這意味著晚清時期的知識與教育制度轉型，在知識系統上不僅涉及西學，也有為救亡便利性而引入的東學，即現代化的日本學。

為在競爭的格局中獲取國家生存、富強的空間，《啟蒙畫報》將國家利益置於個人利益之前，並以民族國家的集體意識形態建構新式教育，這一側重「救亡」的表達，不可避免地讓「兒童」作為獨立個體的面向受到壓抑，也使兒童的主體性隱匿在「救國」的時代重任下，以此形成的《啟蒙畫報》在文本呈現上雖關注兒童，但仍以嚴肅的教育內容為主，鮮少關注兒童文學、審美旨趣的打造。下圖是研究者繪製的《啟蒙畫報》的教育圖景：

圖 5-15 「學以救國」的教育圖景

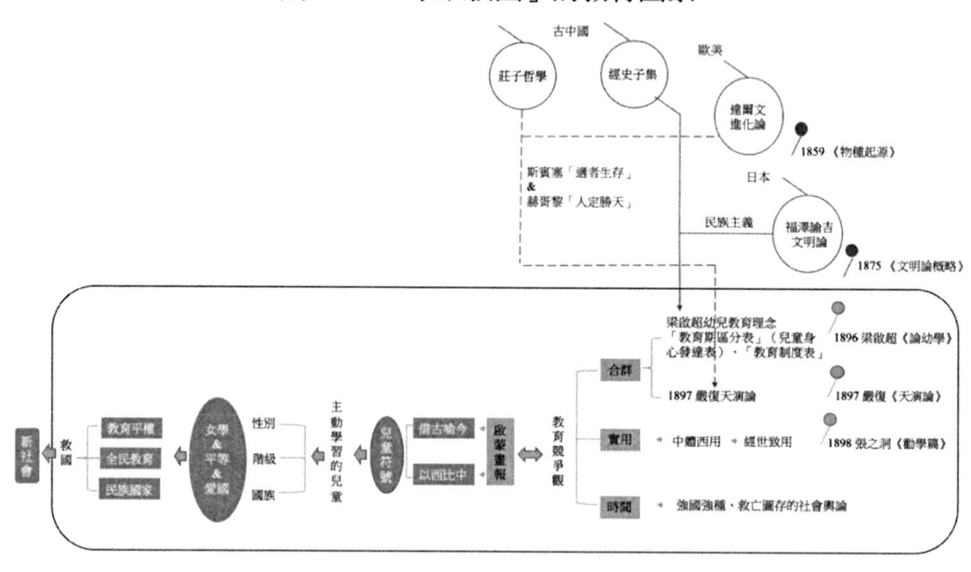

資料來源：本研究整理

借助圖 5-15，我們可以看到《啟蒙畫報》的教育競爭觀受著社會達爾文進化論的深刻影響，在融合主流的「合群」、「實用」、「時聞」觀念下，文本透過圖文符號運作將教育觀念從性別、階級、國族三方面呈現出來，並潛藏「教育平權」、「全民教育」、「民族國家」的意識形態，在「救國」的時代召喚下，《啟蒙畫報》緊隨時勢給出紮根本土的教育擬想圖景。

簡而言之，《啟蒙畫報》雖有社會主流的維新觀點，但卻沒有採用梁啟超偏重政治選材、強調儒學經義與西學原典翻譯的知識結構，它以北方兒童的生活、文化情境為教育題材，以京話白話文為書寫文體，綜合了西書、東書、中國古今的蒙學讀物，甚至涉獵其他報刊中的帶有教育意義的素材與時聞，經由編者的改寫，文本傳遞著實學救國的教育理念，期間，更有將「遊戲」與「格致」大膽結合，以讓新式教育觀念在地化落實的嘗試。

《啟蒙畫報》在建構教育觀念、傳遞意識形態過程中，對既有蒙學做出的調整和轉化，並非單純移植外國的知識和制度，無論是被後世質疑以「文化誤讀」方式在晚清傳播的嚴復《天演論》，還是梁啟超提出的幼兒教育理念，都有著畫報編者經由思辨而將儒學、東學、西學與當時文化情境相調和的過程，這使《啟蒙畫報》深具本土、在地特色的同時，也不會流於一家之言。

從《啟蒙畫報》的發刊歷程來看，創刊號〈小英雄歌〉可說為整個文本定立了「學以救國」的教育宗旨。在愛國救亡的版圖裡，文本不斷注入新式教育理念以使教育之下的「兒童」能夠達成教育目標，在第二次改版之後《啟蒙畫報》的文字版面不斷遞增，知識的難度也隨之加深，加上日俄戰爭在當時已有地方性的小規模衝突，文本在愛國思想的傳遞上愈加濃烈。

下圖 5-16 可視為《啟蒙畫報》後期表述「學以救國」的代表。由於版面過長本論未將「學生愛國」（共計十版）與「苦學生」（共計二十五版）的分析呈現。概述而言，這兩則文本皆圍繞著晚清留學生境況展開，「學生愛國」側重描繪了中國留學生雖在外勤勉好學、舉止得體，但因晚清政府在國際地位上的式微而處處受欺，甚至無法得到外國同儕的尊重，在符號意指從「國」的不平等轉為「人」的不對等關係後，文本召喚留學生應以臥薪嘗膽的忍辱態度，加倍求知以改變未來的國運；另一系列的「苦學生」則為出國留學生在外謀生提供了職業參考，文本著重介紹有哪些勤工儉學的方式可讓留學生既能維繫生存也能保有文化自尊心。

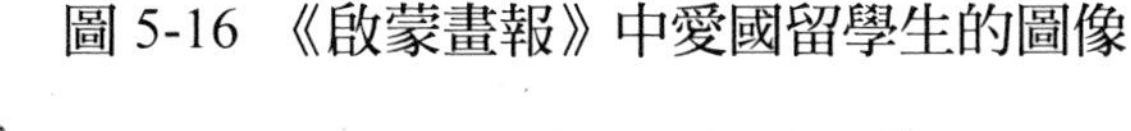
圖 5-16　《啟蒙畫報》中愛國留學生的圖像

資料來源：研究者整理自《啟蒙畫報》圖像

「學生愛國」與「苦學生」發行之時距離創刊號〈小英雄歌〉的出刊僅僅一年半的時間，在這短短時間裡，文本形塑的兒童形象已發生了巨大變化。如果說〈小英雄歌〉建立的是一個還未進入新式教育環境中求學的擬想兒童形象，那麼，〈學生愛國〉與〈苦學生〉已經關照到求學兒童的真實教育處境；如果說，〈小英雄歌〉視「兒童」為本國救世的英雄，是未來社會的表徵，那麼，在〈學生愛國〉與〈苦學生〉中，「兒童」則成為面向先進國家（歐美）展開求知的「學生」。

在「兒童」從本土的新式學堂走入到異國他鄉後，萬國競爭的視野隨即展開。經由「個人—國家」的符號緊密扣連，「國」成為學生走出國門，與外國人交流的新的符號表徵。

從「小英雄救國」到「國家代表學生」的意義轉換，讓個體所代表的個人利益與國家代表的集體利益，成為交互影響與作用的有機體，換言之，個人與集體並不是二元對立的互斥關係，二者在共同協作、此消彼長中促成了人的生存與國家社會的共通發展，只是，「國」作為萬國競爭中讓個人獲得他國人尊重的基礎，其地位與層級在內涵上遠勝於個己的價值。

蒙學發展之初，《禮記．大學》曾以「修身、齊家、治國、平天下」八條目概要呈現了人在教育中的自我追求；晚清教育轉型時，梁啟超在《少年中國說》中將蒙學視為國家的未來：

> 故今日之責任，不在他人，而全在我少年。少年智則國智，少年富則國富；少年強則國強，少年獨立則國獨立；少年自由則國自由；少年進步則國進步；少年勝於歐洲，則國勝於歐洲；少年雄於地球，則國雄於地球（梁啟超，1900／沈雲龍，1986）

「少年」作為與「老年」相區隔的表述，指涉著未來興盛的國家，在「少年強則國強」的寄語中，幼兒教育的提升成為文人士子認定的強國之路。自此，與兒童相關的教育資源配置、教學法、教育目標等都成為社會重視的議題。在蒙學由私入公的轉變中，如果說私學體系中的蒙學是文化發展的產物，那麼，進入新式學制後的蒙學則是政治的產物，在「先國後己」的「學以救國」論述中，政治作為影響蒙學走向的強力誘因，在媒介輿論的宣導下，重構了蒙學的內涵與本質。

第六章　結　論

教育的傳承與變革，是一個不斷發現、選擇與創作的過程，作為與人類社會相伴生的活動，社會在變化，教育就需面臨改革。若從人的成長中反思教育，一百二十年前處於思想轉型中的兒童雜誌所建構的教育觀念，為今日的我們呈現了一份有關如何理解「蒙」與啟「蒙」的思考答卷。

基於此，本章立基於今日的教育問題，試圖透過《啟蒙畫報》的研究成果，與百年前的教育文本展開對話，經由何謂啟「蒙」的討論，試圖激發教育本質的深思；進一步地，兒童雜誌承載著特定時空裡古今中外的教育觀念，若從橫向的地域與縱向的歷史展開對話，引入不同國家和古往今來的教育發展脈絡，或能輔助我們釐清幼兒教育行至當下所面臨的問題，繼而推估未來幼兒教育改革的可能；最後，本章也將從論文寫作的既有成果出發進行學術反思，提出論文存在的局限性與未來可供續寫的建議和方向。

第一節　何謂啟「蒙」

中國最早的書籍《易經》中有一卦謂之曰「蒙」，它位於天地開始（乾坤卦），萬物生長（屯卦）之後，序文「物生必蒙，故受之以蒙，蒙者物之稚也」道明了事物生長初期的蒙昧樣態，所以才有「匪我求童蒙，童蒙求我」的卦語，以示意處於蒙昧狀態的人，應主動求師問學，透過教育而開「蒙」。

「兒童」作為人類繁衍與生命循環歷程中最年輕的成員，一直被視為需要接受教育的對象，與之相關的著述與教育機構作為啟「蒙」開展的方式，連接著形而上的觀念與形而下的日常生活實踐。

由於兒童的身心處於發展未完全的狀態，啟「蒙」就需仰賴有社會經驗的家長或師長協助完成，但面向兒童傳遞知識和技能的時候，始終存在一個教育的兩難：一方面，從過來人的成人立場看，以訓導、宣告的方式灌輸知識，有助於兒童服膺大人掌握的秩序；另一方面，成長中的孩子作為獨立個體，他們所接觸的環境並不是上一世代的復刻，為適應持續變動的社會，教育需要激發兒童的潛能、探索新知，才能抵禦未知世界帶來的挑戰，建立適時的新秩序。

面對教育活動中隱然存在的教學衝突，教育應「灌輸」還是「引導」？注重知識的記誦還是思維的養成？以成人還是以兒童為中心制定教育目標等，這些環繞在教育活動中的實際問題都關聯著教育的本質，即，我們在教育中應如何定義「人」。

今天，人們對教育活動中的「人」的理解多受歐洲啟蒙運動精神的影響。在這場以「人權」挑戰「神權」，主張科學、理性的哲學及文化運動中，近現代教育體制作為啟蒙運動的成果之一，伴隨殖民擴張席捲全球，成為今日教育系統建立的觀念根基。

啟蒙運動強調著「人」的意義和價值，也使教育對象的「主體性」受到重視。十八世紀，盧梭在個人主義盛行的時代背景下，提出「瞭解兒童」的口號，呼籲社會重視「兒童」的個人人格發展，並主張以自然引導的方式教育、認識兒童（John, 2014）；十九世紀，伴隨民族主義興起，公民訓練又成為歐洲教育的核心議題，斐斯塔洛齊融合盧梭的教育思想，將偏鄉視為兒童教育的實驗場，提出國民教育觀念與循序漸進的教學主張（Elliott and Daniels, 2006）；這之後，受盧梭教育精神啟發又在斐斯塔洛齊學校有著教育實務經驗的福祿貝爾，將前人的教育理念與自身的兒童教育經驗相融合，提出教育也可以像其他自然科學一樣，經由日常生活的參與、累積經驗，從而導引出理論或思想的認識，就像礦物晶體學（crystallography）一樣，教育深藏規律性，兒童通過有系統的活動，可經由「內」、「外」合一的歷程完成「人」的教育工作。

由盧梭到福祿貝爾的歐洲近代教育家以兒童為主導，將兒童的個性與心理視為「人固有的天性」，借助心理學的研究成果，教育兒童的模式從教條的課本教學轉入如何培養兒童的官能（faculties），激發兒童學習的自主性、創造性等問題。

1826 年，作為教育工作實踐者的福祿貝爾從教育活動中展開哲學思索，將自然、漸進、和諧的教育模式編入《人的教育》（*Die Menschenerziehung, die*

Erziehungs-, Unterrichts- und Lehrkunst）一書，通過教學理論和教學法的書寫，福祿貝爾改變了歐洲學校的面貌，也開創幼兒教育的新紀元（Best, 2016）。作為德國近代教育思想的集大成者，福祿貝爾於 1837 年在布蘭肯堡（Blankenburg）的圖林根（Thuringian）小鎮為三到八歲的幼兒創辦了一所名為 Kleinkinderbeschäftigungsanstalt 的學校〔註 6〕，「幼稚園」作為對 kindergarten 的翻譯，經由歐美在殖民擴張中的文化輸出，經日本輾轉走入晚清文人的幼兒教育建構視野（黃迺毓、簡淑真，1988；趙玉岩，2017）。

晚清時期的文人士子在社會達爾文主義影響下，形成教育進化觀念，結合著歐美、日本的幼兒教育成果，清政府積極仿效外國教育模式建立新式學制。為讓教育增強國家競爭力，使中國擺脫被外國殖民的危機，新式學制在建立蒙養院、幼稚園等教育機構的同時，也主張仿效發達國家的教育模式科學地培養兒童，依照兒童的年齡和心智進行分齡與分科的教學。

在外來教育觀念與本土教育觀念持續的碰撞中，希望打倒舊風俗、全面擁抱西學的激進知識分子，於五四時期將「傳統」一詞做了意識形態化的處理，使原本指涉血緣上的傳續或是傳某人之統，如，王位、技藝等的「傳統」放置在「現代」的對立面，從而讓與過去社會相關的文化、宗教、習俗等都被整合到「傳統」的系統裡，成為一個陳腐、邪惡、保守、落後的代名詞，而這種做法不僅讓中古時期以降，原本彼此有著區隔的觀念，都劃入到不被討論的「傳統」範疇，也讓象徵科學、文明、進步的「現代」以排他性的方式，在發展中失去了與「傳統」平等對話的空間（沈國威，2013）。

在這一表述下，「以兒童為中心」的現代教育立場，成為彰顯教育對象主體性的代名詞，獲得了「文明」、「進步」的價值評判，而傳統蒙學的啟「蒙」觀念，因被歸入到從成人立場上對兒童進行規範、塑造與教導的「野蠻」模式，受到冷落。但撇除政治意識形態的操控，我們可以從歷史中察覺，傳統蒙學的教育觀念不只有家長和師長主張的訓文、教導力量，也包含幼科醫者主張兒童進行體力活動，雕繪者鼓勵兒童活潑好動、遊戲的童年觀等，這都與靜默好學相共生的啟蒙想法也是傳統啟「蒙」的組成部分（熊秉真，1992: 15），但當社會武斷地將傳統蒙學劃入到與現代幼兒教育相衝突、對立的立場，不僅啟「蒙」的多元、複雜脈絡被切割、忽略，「蒙」的內涵也在歷史演化中斷裂，以致有

〔註 6〕Klein，幼小的；Kinder，兒童的；beschäftigung，活動；Anstalt，學校；Kleinkinderbeschäftigungsanstalt 可翻譯為幼小兒童活動的學校。

關教育本質的討論無法從歷史的縫隙中汲取養分，為今日及未來教育提供反思與參照的可能。

英國人類學者古迪（Jack Goody, 1919～2015）在跨文化分析中曾批判性地指出以歐洲或西方為中心、以西方事物或概念為標準，遮蔽多元歷史的危害（Goody, 2006）。古迪從文化發展的深層脈絡中倡議學者拋卻西方中心論的偏誤，重新檢視本土歷史的價值。以此，當我們從本土幼兒觀念的假設中思考傳統蒙學的內在價值，即可發現，從歷史循環觀中生發出來「蒙」與進化論下教育競爭觀中的「蒙」，蘊藏著兩種不同理解「人」的視角。

傳統蒙學誕生於「長者為上」的文化環境，彼時的教育對象——「童」，不僅可指代年齡低幼的孩子，也指涉一種永葆天真的心態。兒童與成人經驗在文化面向上被認為是連續的統一體，誠如孟子在性善論及四端說中給出的假設：人在出生的時候，內心中就隱然存在著一個完整的大人的影子，所以兒童與成人之間的關係不是年齡上的分界，而是外在身體與內在心靈共生共融，在不斷交錯、連續與流動的過程中，「蒙」既指涉著成人對兒童身體的「生育」和「養育」，也包含對未經社會化的兒童進行心智「教育」，以此，傳統蒙學從成人的立場，以適應社會秩序為方向，倡導對兒童進行倫理道德和生活習性的教化，在此之上，對兒童提出學問、智識的要求。

在古代的宋明理學中，「靜」（安靜不動）、「敬」（對事物懷有敬意）、「誠」（誠懇的做事態度）是啟「蒙」試圖達到的教育兒童之目標。但由於古代農業社會的耕種家庭，需要兒童提供勞動力或創造經濟價值，識字、背書很多時候不是家長教導兒童的必須，為了家庭生計考量，有的父母送孩子學習技藝，更有將兒童作為資產賣為奴隸或是捐給教會的行為（陳信宏譯，2017: 73～80）。這些對待兒童過度冷漠，甚或無情的態度，卻也讓兒童在成人的輕視中獲得了大量可自主管理的時間，古代兒童能在田野中奔跑，也能混際於成人之間看戲、聽歌與玩耍以自由探索、豐富自己的生活經驗（熊秉真，1992）。

相較古代，今天處於「幼兒至上」觀念下的「兒童」，受到了社會、家庭、學校的多重關注。社會上持續的教育改革，高舉「給孩子一個快樂的童年」、「讓孩子快樂學習」的標語，為在學校體制中接受教育的孩子預設了一個無憂無慮、純真快樂的童年；家庭中，家長不惜一擲千金為兒童提供充足的物質支持，用無限的愛細心照料與呵護兒童的成長。可弔詭的是，對兒童的特別重視也同樣帶來諸多教育問題：對兒童時間的過度規劃，限縮了兒童自主探索新世界的可能；被過度保護的兒童在成年後遇到無法適應社會的困難；學校體系中重智輕德、重知輕德、重養輕教等現象導致走向社會的兒童難符其用等。

古今啟「蒙」的教育成效揭示出：成人立場的啟蒙，雖不盡如人意，但也未必忽略兒童的主體性；兒童立場的學校教育制度雖強調以兒童為中心，但也無法保證以兒童為導向地尊重兒童的主體性。「蒙」作為鑲嵌於社會文化底層的觀念，始終有著教育主體的內在需求與社會外在干預的交鋒、碰撞，如何調和教育互動中「內」與「外」隱然存在的衝突和矛盾是每一個時代的啟「蒙」議題，因而，「蒙」的內涵雖在某一時間段內具有暫時的穩定性，但其本質卻是一個鬆動且無法固化的教育觀念。

當「蒙」在文化觀念的穩定中漸成一種教育定見，「蒙」與社會發展相伴生的持續討論空間受到壓制，「蒙」背後的人本關懷也隨著外在教育目標的強調而漸漸發生偏離。

1904 年，新式學制的實施揭開了幼兒教育嶄新的一幕，在歐美理性啟蒙的觀念影響下，最終形成了家長把兒童送進學校接受教育的大勢，可自詡進步的現代幼兒教育卻將「蒙」的內涵在教育功利主義中不斷窄化：學校教師以分科、分齡形式將知識切割給兒童，兒童將讀寫算視為學習的目標，以此針對兒童所進行的啟蒙教育更多關注的是知識本身的傳遞，傳統的「蒙」中，有關道德引導與生活教化在今日的幼兒教育中已日漸式微。

「蒙」作為身份或心態的界定，其定義本身即有著文化價值上的判準。「蒙」與「開蒙」的過度間，呈現的是一個社會、一個時代如何定義和理解「人」的問題。晚清思想轉型時期，「啟蒙」與「蒙學」作為時下熱門的議題，受到晚清文人士子的注意，當幼兒教育與國家富強的目標武斷聯結在一起，有關「蒙」的內涵，就從本土的文化源流轉入到萬國競爭的時局中，《啟蒙畫報》統合著歐美的理性啟蒙和儒學正統對「童」的理解，建構了一個中西與古今可融通的啟「蒙」觀。

首先，《啟蒙畫報》將「蒙」的教育對象從「兒童」的範圍擴大至「國民」，以此為全民教育的發展奠定基礎。當晚清啟「蒙」的格局從維護社會既有秩序轉變為為未來社會建立新秩序，「蒙」的意涵即從過去被動地接受教育規範的主張，轉變成主動接觸新事物、發展新概念、創造新世界的能動。為解決國幾不國的危局，《啟蒙畫報》開啟了在地化的西學嘗試，根據萬國時局的轉變，創辦人彭翼仲展開了用教育創造競爭力，從而實現國之自強的擬想，由此建構的「蒙」統合著東學、西學與儒學，動員著一切可能的社會力量，而教育的對象也從「未社會化的兒童」轉入「未接受新知教育的人」，當蒙學的目標從宗族裡的「兒童」變為「國家」的「國民」，教育與政治意識形態在新式教育體制中再次結盟。

其二，因著「蒙」的教育對象調整，《啟蒙畫報》設定的「教」與「學」關係也不再限定為成人教導兒童，「新知」作為畫報啟「蒙」的知識範疇，讓「具備新知的人」教導「不具備新知的人」組成了新的教育互動。透過新知的有無，教育者與學習者的身份位階被重新界定，晚清社會既存的等級觀念與文化階級被弱化，甚至取代了傳統教育中的知識權威者。比如，原本位於文化位階較低的兒童或下層奴婢，因學習新知之故，甚至還可以成為知識傳遞者，保守的士大夫如若拒斥新知的學習，即便在舊有知識階層中身處高位，但在沒有掌握新知的狀況下，也將納入需要啟「蒙」的對象，以此，《啟蒙畫報》對教與學關係的重建，讓「人」在教育角色的互換與流動中，以更為民主與平權的方式展開教育觀念的建構與探尋。

最後，從「蒙」的知識結構上來看，《啟蒙畫報》調和的知識不僅有傳統教育中的道德倫理與歷史人文，也容納了西學、東學中的自然知識和為求民族生存與富強的時聞，這種將知識著眼於改良社會的當下，也放諸於國家建設、社會福祉的未來，讓《啟蒙畫報》的教育視野能夠紮根本土教育實踐，也能超越分科、分齡的固化學制，在結合過去、現在與未來的啟「蒙」觀念裡，畫報提出生活與學問一體，個人生存與國家自強並進的教育改革策略。

概述而言，近代學制建立前後，有關「蒙」的理解交融著歷史、教育與傳播三大領域，在歷史裡，「蒙」從幼醫的記錄、蒙書等資料考證中，從文人回憶錄、自述、書信等檔案中，以過去兒童所經驗的童年搭建著多元、豐富的啟「蒙」內涵；在教育領域中，有關啟「蒙」的思想從哲學家的教育理論，或是教育學者在工作實踐中對教育活動進行哲學思辨；傳播則從媒介建構「兒童」的角度傳遞教育觀念，進行啟「蒙」的輿論宣傳。

《啟蒙畫報》作為一個歷史教育文本，串連起三個學術領域中有關「蒙」的思考，並帶出一個殊途同歸的「活」的人本關懷，以讓研究成果得以從跨領域的發現中找尋到跨時空對話的價值。面對「蒙」，《啟蒙畫報》融合著古今中外的教育洞見，從本土的教育實踐中，創辦人彭翼仲強調著經驗學習的重要，這既扣連著十九世紀歐美教育家對兒童官能的培養，也呼應著明朝王陽明的知行合一說，在建構「主動學習的兒童」中，畫報激發著兒童的主體性，也讓我們看到啟「蒙」由「家」至「國」中，受到關注的「人」。

「人的教育」本是一個複雜難解的議題。從個人的成長來看，啟「蒙」的教育目標應是多元與因材施教的結果，若秉持著「學以為己」的教育理想，家長與師長應遵循兒童內在的志趣，引導幼兒潛在的思考；但人作為社會中的一員，個人的生存、生活，無法與他人、社會相脫節，在「學以為官」或「學以為國」的外力導向下，啟「蒙」的課程、教材、教法、教育目標又有著相對一致性，以便政府部門對教育成果進行統管與評量。

在個人生命成長的內與外、社會文化生成的個體與集體間，教育如何在觀念與現實中找尋「人」的位置，給出「蒙」的意涵，牽涉到教育觀念與政治意識形態的互動中如何擺放「人」，教育實踐中如何落實「人」，媒介建構中如何調動「人」。《啟蒙畫報》在提出教育觀念的論述時，除了彭翼仲自身開辦蒙養學堂的教育實踐經驗，也結合當時風行的教育理論，以此讓理論思索與實務經驗得以在文本中兩相兼備，透過《啟蒙畫報》的研究，我們可以從「問題—改良」的思想轉型中進入啟「蒙」之後，如何看待「人」的脈絡，以讓文本中的晚清教育思潮為今日、未來教育工作者改革當下教育環境提供省思和借鏡。

第二節　《啟蒙畫報》觸發的教育省思

一、歷史中的「人性」

從《啟蒙畫報》發行的時代、社會背景裡，我們已然瞭解對於晚清文人士子來說，彼時「教育何為」的討論其實是一場與民族存亡不可二分的大哉問。身處世紀之交、主動或被動地投入社會改革的知識群體，已深刻感知到他們在傳統教育中所習得的經驗與智識，很難再應對外敵入侵後所帶來的種種新挑戰：面對西方物質文明的進步，特別是機器、科學在西方社會運用後所造成的經濟、政治格局差異，促使文人士子不得不在接連改革中加快對儒學道統的省思力度，並深化對西方器物的求知，以為在「中」與「西」、「古」與「今」的十字路口中尋求自身文化、民族，乃至未來的社會定位。

彭翼仲帶著愛國、救國意識，在社會達爾文主義的影響下生發的教育競爭觀念，反映著近代學制初建之時，如何將政治與教育再次相交疊的過往。彼時，福祿貝爾設計的教學法與教育理論在中國與日本皆留下痕跡。但無論是想「富國強兵」的日本還是想「救亡圖存」的晚清，都將福祿貝爾提供的培養兒童自主性的內容替換為愛國思想灌輸和行為規範的課程（劉彥華，2010），這些對課表、課綱、講求制度化管理教育模式的追求，成為近代學制教育的章程藍本。

對政治導向的過度強度，在二十一世紀已受到學者的檢視與反思。日本歷史學者田中指出，日本在近代化的發展中，受社會達爾文主義「進步論」、「適者生存」的思維影響，兒童的身體與智能的發展不但成為一個民族的現代化指標，教育也因與政治需求的緊密綑綁而產生功能化的導向（Tanaka, 1997）；安德魯瓊斯（Jones, 2002）在討論民國時期「兒童」的修辭與話語建構時，同樣發現「兒童」在被修辭化為新社會、新國民的象徵時，讓兒童本位的呼籲難以在民族主義的話語的建構中受到重視，即便是當時倡議兒童文學的周作人、呼籲「救救孩子」的魯迅，也是將「兒童」嵌套在大人對未來主人翁的想像中，這種想像的背後其實是民國文人期望構築一個符合「科學」、「進化」理念，透過培養高素質兒童而組成有中國特色的公民社會，進而擺脫半殖民地的困境，走上富強的道路。

田中與瓊斯的研究成果將矛頭直指政治意識形態對教育觀念本身的侵害。將教育觀念與政治意識形態緊密捆綁，讓晚清擁有社會話語權、輿論引導權的文人士子、政府官員們在形塑「新兒童」、表達教育觀念時難以脫離政治認同的干擾。但誠如阿圖塞道明，只要有社會存在就有意識形態。弗雷勒（Freire, 1968／方永泉譯，2003）也從近代教育體制的設立過程揭示：世界上沒有「中立」的教育系統，任何教育都充滿著意識形態的引導，透過官方強制力量發展起來的近代教育體制更難以脫離政治行動的干預、實現教育與政治的分離。

弗雷勒對近代教育的批判與尼采對教育機構的質疑都指向著政治意識形態對教育觀念的涉入。在教育活動中，他們都察覺到由於政治意識形態的影響，現代教育已有著權力即知識（power is knowledge）、教育為職業、為國家利益服務等背離現代教育發展初衷的現象，而針對學校變成意識形態製造工廠的事實，他們皆積極反思「教育何為」的問題。

尼采將教育體制的改革重任賦予有先見之明的權威角色，他號召上層階級應抱持更長遠的眼光，透過自上而下地引導讓教育回到啟蒙運動的精神傳統，從而解除政治意識形態對教育活動的不良影響。但在弗雷勒看來，這種不為政治服務的意識形態也是另一種意識形態的宣導，因為從根本上來說，「教育無中立」。

為此，弗雷勒對教育何為的關注並不是如何摒除政治意識形態，而是如何建立新型的教育關係，透過對教學活動的關注，弗雷勒從批判教育學（critical pedagogy）的觀點提出：現代教學的師生多是壓迫者對學習者的權力關係，有著「為了」（for）的單向施壓，而教育改革的關鍵，就是打破這種權力結構，透過老師對學生的引導，讓師生間的互動由對立走入協力的模式，以實現更為平等的「與」（with）的轉變，透過學生、教師與社會間新型關係的建立，教育成為引導學習者自主轉化，從而對既有的社會不平等和不正義加以行動、以達成「人的解放」（human liberation）以及「社會轉化」(social transformation)的目的（Freire, 1968／方永泉譯，2003: 84）。

以此，再回到田中與瓊斯的研究成果，我們繼續追問的或許不是教育如何擺脫政治意識心態的干預，而是當教育不得不受政治意識形態影響時，教育關注的主體——「人」的「人性」是否受到重視？「兒童」的主體性在教育活動中所佔的比例如何？

從這一視角檢視《啟蒙畫報》的教育觀念可發現，兒童的主體性並沒有因教育與政治的聯姻而消亡，反而在「兒童」之於社會、國家的意義強調下，使教育關注到了兒童心理、心智的發展規律。從教學法的改良上看，《啟蒙畫報》已關注到兒童的智育、體育、德育等均衡發展的問題。透過破除書桌、學堂的制式化教育，畫報支持教育者對兒童興趣的培養，並希望兒童能對日常生活進行觀察、體驗和探索，以此激發自身的學習能動性，運用感官、在生活中發展對事物的認識。這種經驗教育模式與盧梭、斐斯塔洛齊、福祿貝爾的教育主張，甚至是二十世紀二十年代才傳入中國的杜威的實用主義教育都有著不謀而合之處。

除此之外，教育與政治目標的統合也關照到了兒童作為教育對象的主體性。《啟蒙畫報》從生存需求與社會需求兩個層面為新式教育立論。「生存」作為教育的首要需求，在畫報中建構為使人能經濟獨立以實現「自養」，在此之上，才有社會貢獻己力的建設新社會的期待。「兒童」根據自身所處的身份位階與個人能力，可適時選擇接受新式教育的途徑和目的，經由「個人—社會—國家」的由內至外的教育目標遞進，「個己」、「家」、「國」三者之間組成了相互聯動的、近似同心圓的發展有機體，這與歐洲傳統社會中對公領域、私領域的二分呈現著迥然不同的文化思維（呂友仁、呂詠梅譯注，2008）。

正是從同心圓式的人文精神出發，《啟蒙畫報》將教育中的「人性」發展與社會集體的目標相契合。當服從、固化著思維的科舉制已無法滿足急遽變動的社會需求時，畫報以新式教育觀念對舊有思維模式進行鬆綁，使兒童的身心靈獲得解放與再規範的可能。在這期間，傳統蒙學中的體罰與記誦式的填鴨教學受到批判，循序漸進、由淺入深的教學法獲得媒介的輿論支持，相應地，為讓幼兒教育能夠達成救國的目標，《啟蒙畫報》也在傳遞體操觀、衛生觀等新式教育觀念時融入了愛國的意識形態。

作為從傳統私學中過度而來，又與現代教育體制相區隔的教育文本，《啟蒙畫報》在發刊之初就呈現出家庭、學堂、社會間的三方橫向連動，透過假定的教育對象——「兒童」，畫報將讀者群輻射至家庭中的女子、學堂的老師、社會的鄉紳等群體；同時，畫報在縱向的發行歷程中經歷了兩次改版，在女學復刊和日俄戰爭小規模爆發的影響下，《啟蒙畫報》的建構焦點從新式教育的建置，拓展到教育的性別、階級與國族，並最後形成面向全民的教育普及和教育民主觀點。

整體而言，《啟蒙畫報》在教育與政治建立意義連結的過程中，將「人性」的思考轉化為具體的因材施教、注重兒童官能、解放個性、發展兒童主體性等教育主張，在同心圓式的人文精神中，「人」的內在與外在，個己與集體在社會、文化、政治和經濟等因素的共同作用下，始終處於循環發展、可供調和的狀態。

但在現行的中國教育體制裡，「人」在教育中的彈性正在流失：中考、高考作為選拔人才近乎唯一的管道，加大了升學的壓力與難度，也讓教育中的人不求知識的理解，只求標準答案的記誦，在用「成績排名」、「文憑學歷」框限「人」的自我潛能中，教育目標以本末倒置的形式讓教育初衷與社會福祉丟失在功利導向的洪流中，以致教育改革始終難獲其效。

在古今中外的啟蒙觀念裡，教育家對知識的學習有著相似的共識：知道答案並不代表學習者真的知道了什麼，真正的學習是需要透過不斷地自我提問，觸動思考而產生探索與創造，對於人類和社會的發展來說，啟「蒙」的目的是希望學習者能夠跳脫既有的傳統框架，重視以實證經驗為主的探索與學習，並藉此發掘自身的潛能，從而創造社會價值。

誠如古希臘哲學家蘇格拉底在提出接生法時給出的一個基本假設：人都具有自主學習的能力，而教育者的職責並不是告訴他自身知道的知識，而是透過提問喚起學生自主學習的能力，透過問題，教育者得以引導學生學習求證的途徑，這是被蘇格拉底稱之為啟蒙的過程，也是十八世紀的啟蒙運動代表康德，基於理性目的，鼓勵人們勇於認識，運用自己的認知能力擺脫未成熟狀態實現自我超越的期待。

但當以啟「蒙」為口號的教育理想在不同文化、地域間遭逢多元意識形態的衝擊，如何在「教育觀念」、「政治意識形態」和「人性」中規避矛盾，求得協同發展的可能以建立互惠的有機關係，則成為歷史演化、社會發展中需持續思考的議題，而「人本」作為教育誕生的原初關懷，應被置放在所有教育目標的最前端，成為教育的歷史中一以貫之的主動脈。

二、教育關懷之「人本」

晚清的人們身處在「本土」與「外來」、「傳統」與「現在」的歷史接榫點，雖然新式學制的出台已標誌著科舉制度的大勢已去，但舊有的教育觀念仍在民間有著穩固的根基，容閎作為第一位在美國著名大學獲得學士學位的中國人，在回來之後因沒有科舉的資歷而好幾年不得志（容閎，2005）。由於晚清進行全面教育改革的條件未盡成熟，新式教育觀念、教育制度要在社會中落實就需在教育的過去、現在與未來中建立起溝通、可供調和的橋樑，適時而出的溫和的改良，相較固守傳統的頑固派、激進的革命派，更能釋放多元意識形態的對話空間，這讓晚清維護清朝統治的體制內教育改革，在推動社會發展的意義上絲毫不遜於體制外的革命。

《啟蒙畫報》的發行受到清政府、文人士子與民間讀者各階層的認可，即是它多方教育觀念、意識形態相協調的結果。畫報立足於當下的教育情境，以西學中源、中體西用緩解民間對外來學問的排斥心理，繼而滲入西學與東學的教育觀念。鄭觀應曾在《盛世危言．道器》中寫道：「自《大學》亡《格致》一篇，《周禮》缺《考工》一冊，古人名物象數之學，流徙而入泰西」，以強調「格致」、「算術」知識在中國的源流，以此保護中國文人的文化自尊，《啟蒙畫報》的創刊號「小英雄歌」中也有著類似言論，「大學格致五章亡 西人得之能自強 百學權輿從算始 天元原本借根方」也在用西學中源的書寫方式，但此時的《啟蒙畫報》則意在愛國的觀念導入下說服兒童行動起來，積極學習西學新知。

對新知抱持的能動性，在《啟蒙畫報》中也不是全然的盲目，在給知識所處的欄位命名時，畫報面對物理、生物、化學等自然科學知識，選擇用「格致」而不是「科學」來指代。但事實上，十九世紀八十年代，日本已將「科學」（science）釋義為狹義的有系統的「分科之學」和廣義的對自然展開研究的自然科學（郭建佑，2012），1901年，嚴復在譯著《計學》中，將「科學」視為追求事實公例的客觀之學，並指明「科學」與主觀上的倫理道德無涉，也與「道學」並行不悖（桑兵，2013: 36）。

《啟蒙畫報》用「格致」二字為欄目命名，一是遵從傳統的知識系統，強調「窮知事理」之「學」，二來則為傳遞歐美的自然科學知識，也就是以「格致」之名傳「自然科學」之實，這種命名方式在晚清文人士子間本無特出之處，但後來新文化運動時期（1915～1923）則過度誇大了科學的功用，科學作為西學知識的統稱，不僅與傳統對立起來，也在全盤西化的觀念影響下將「科學」提升到「科學主義」（scientism）的意識形態層面，而晚清時期的《啟蒙畫報》，僅將蘊含「科學」的「格致」視為知識的一種，它與「倫理」、「掌故」、「地輿」、「動物名」等中西學知識並置，是兒童在道德倫理的學習中需要兼顧的學科之一。

可以說，面對外來的西學，《啟蒙畫報》既不像後來新文化運動與五四時期的激進，也不像同期官方出台的新式學制那般保守。在《奏定蒙養章程》裡，蒙養學堂的課目表規定：

> 修身第一、讀經第二、作文第三、習字第四、史學第五、輿地第六、算學第七、體操第八。（譚承耕、李龍如校點，2008: 134）

「修身」、「讀經」、「習字」、「作文」、「史學」作為傳統教學內容被沿襲下來並佔據知識體系的主流與核心，「輿地」、「算數」、「體操」作為西學東漸中引入的知識以次級學問的形式被納入到章程裡，但在《啟蒙畫報》中，知識結構的編排在整體類目上試圖找尋中西學的平衡，諸如「格致」、「教育精神」、「衛生術」、「遊戲格致」等不同門類的西學新知都被納入學生的學習範疇，而對古代傳統教育的內容，如「讀經」、「習字」、「作文」等皆未被視為學習的重點，取而代之的是「倫理」、「掌故」中的道德倫理教化，這些知識在「借古喻今」與「以西比中」的敘事策略裡，以實用性為考量被揀選與編排。

《啟蒙畫報》的溫和改良方案，讓文本在面對「本土」與「外來」的學問時，率先考慮的並不是朝野內外上層知識群體爭論的「中」、「西」多寡與從屬問題，文本集中體現的是在局勢危殆的時務救國觀念下，要如何借由「西學中源說」、「中體西用」的庇護規避人們因被列強欺侮而排斥西學的心理，在保護著中國人文化上的自尊心與自信心的基礎上，《啟蒙畫報》實際傳遞著知識可兼容並蓄的觀念。正如中國古代思想在發展中不斷融會儒、釋、道等各派觀點一樣，從孟子的「道一而已」、莊子於〈齊物論〉中提出的「道通為一」乃至晚清時期陳熾（1855～1900）對中西思想提出的「同軌同倫」、康有為（1858～1927）提出的「人理至公」等，這些延續上千年的思維慣習都証實中國古代生命哲學的思維脈絡裡是中西不分、古今不分的一體適用。但在五四運動前後，對於全盤西化的倡導卻讓「本土」與「外來」在「東西」、「中外」、「古今」的分化下有著價值評判的導向，在「不塞不流，不止不行」的觀念中，「現代」與「傳統」也走上了斷裂之路。

相比新文化時期對「傳統」的污名化處理，《啟蒙畫報》抱持著更為審慎的態度平衡著「傳統」與當下的「現在」可能有的衝突，一方面，文本在教育觀念中有著對明清之際經世致用思想的改良與沿襲，另一方面，面對西學東漸的湧入，文本也對外來思想做出因時因勢制宜的省思和內化。在《啟蒙畫報》裡，「人」、「事」、「物」、「境」的「萬象」都是知識生發的源頭，有關知識的判斷並非是「對」、「錯」的二元對立，而是以「錯」、「不錯」等的圓融觀念來區隔（圖 4-2-10〈分杏學加〉）。

《啟蒙畫報》告誡我們，「本土」與「外來」、「傳統」與「現在」不過是時間、空間的差異，並不存在著本質的對立，即便是對兒童探索自然、體驗自然的倡導，也並不是主張征服自然，而是在瞭解自然規律的基礎上，尋求與自然的和諧共生，易言之，文本所體現的教育改革關鍵並不是儒學還是西學、本土還是外來、傳統還是現代的立場選擇，而是在多元觀念崛起的過程之中，如何讓不同意識形態下建構的知識體系能夠在相互協作中凸顯「人本」的關懷，以此推動社會發展，甚至是民族復興。

在教育產生的任何一個時代，都不存在用來理解事物的永恆不變的方法、概念或原理，但「人」作為歷史、教育與傳播關懷的核心，其生命樣貌的早期——「兒童」的不成熟狀態卻是一個生理事實，如何讓教育發揮其意義和價值，其關鍵在於我們能否從固著的社會結構與教育體系中跳脫出來，以人的生命成長、人與自然、人與社會的多元關係，從「人本」的視角看到教育的多重可能，而這，也將是我們聯結過去、立足當下、展望未來的一個教育新契機。

三、媒介編織的「人網」

1902年到1904年，新式學制經歷了「擬寫—頒布—未落實—重擬—頒布—落實」的波折期，雖然時任管學大臣張百熙主持擬定的《欽定學堂章程》(壬寅學制)，詳細規定了各級各類學堂的目標、性質、年限、入學條件、課程設置及相互銜接的關係，但直至1904年1月，張百熙與榮慶、張之洞重新主持制定的《奏定學堂章程》(癸卯學制，以下簡稱《奏定》)才讓朝堂達成一致意見，現代學制才有了落實的可能（黃士嘉，2006)，值此徘徊期發行的《啟蒙畫報》，讓愛國文人彭翼仲得以在官方教育體系外，對未來教育形制提出自身洞見。

在近代史學者馬勇（2013）來看，彭翼仲是輩份稍遜嚴復、梁啟超、汪康年的第二代報人。之所以下定這樣的論斷，既與他進入報界的時間有關，也和晚清啟蒙的次序相連。不同於在列強入侵中率先感知時勢危局，主動倡議西學和變法的沿海士大夫文人與維新派人士，甲午戰後的彭翼仲仍是明哲保身、遠離政治改革之人，直至義和團盲目且暴力的愛國行徑引發八國聯軍進京和東西兩宮出逃，親臨生死劫難的彭翼仲方才萌生開智的宏願。

儘管彭翼仲辦報的時間晚於梁啟超、汪康年等第一代報人，在西學資料的獲取上也因沒有英文或日文的語言能力而在新知獲取上只能限於傳教士書籍和翻譯資料，但與第一代報人辦報主要面向文人士子內部的啟蒙不同，第二代報人在啟蒙與救亡的加速變奏中，將視角下移到了更為廣闊的下層民眾間，彭翼仲為實現其教育救國的目的，透過《啟蒙畫報》文本內的編撰與文本外的演說，媒介建構出家庭、學校與社會緊密相扣且不斷連動的教育有機體。

《啟蒙畫報》將教育改革視為家庭、社會各個層面共同協作的結果。這種協作一方面表現在對教育者、學習者、官員、鄉紳等人各司其職與各盡其力的期待。比如，政府提供政策支援以讓官員在地方主導新式教育開展；官紳、鄉紳等響應號召予以經費支持創辦新式學堂；從新式學堂畢業返鄉的學生透過祠堂改建推動新的教育觀念；義塾、家塾等教書先生有意識地轉變教學方式、改變教育內容；家庭內部的父兄、母親主動學習新的育兒觀念等等。另一方面，畫報也倡議家庭、學堂、社會力量間的溝通與配合，以「問題—改良」的論述模式推動新式教育觀念與教育機構在民間的落實。

卞冬磊(2015)將晚清報刊中的內容訊息視為古典書籍之外的另一種知識形態，其內容以「致用」和「現在」為特性，建構了「讀書博古，讀報通今」

的認知框架，在此期間，利用印刷技術帶來的便利，身兼辦報與閱報角色的報人，開闢出自我意見表達的空間，在民間辦報獲得政府支持的背景下，兒童教育刊物《啟蒙畫報》讓「教育」、「兒童」從舊有模式中解放出來，在辦報人的輿論引導下，新式教育的「網」在編織中展開與擴散。

彭翼仲作為《啟蒙畫報》的創辦人，也是蒙養學堂的興辦者，在報刊內外都是新式教育的推手，在實際生活中，他積極推動北京的戲曲改良、茶館演說、設立講報亭等以傳遞新知；在報刊編寫中，他也將現場教學經驗寫入如何授課、如何與學生互動的文本，以使《啟蒙畫報》兼具雜誌、教科書、教案講綱等多重實用功能。

在教育轉型時期，文人士子彭翼仲的救世之道就是在實踐行程中艱苦地進行自我革新，在與他過去習得的知識、所熟識的世界進行持續反思時，彭翼仲已化身成為新式教育的問題解決者，透過時聞，他毅然揭示晚清教育觀念與制度轉型中遭逢的現況，並在對時局、現象報導後，提出以行動者的姿態找尋解決困難的辦法，從而導引出新式教育觀念如何落地生根的對策，以使現實日趨接近那個更新的時代。以此，連接辦報、教學實務與社會關懷的彭翼仲，在《啟蒙畫報》中不僅開啟了另一種啟蒙的知識型態，也以兼容並蓄的開放心態，從本土的思考中深化家庭、學堂與公共場域的聯結，編織出的教育行動之網。

「教育」是與時代互動，與家庭、學堂、公共場域等多重力量牽涉的複雜而廣博的議題，《啟蒙畫報》建構了一份全民共學的「活」的教育環境，人人既是教育者也是學習者，既是教育資源受益者也是教育責任承擔者。但在今天的教育媒體裡，教育者與學習者的角色不僅相對固定，且在家庭、學校、社會的教育版圖裡，教育都有一種閉門造車的封閉狀態，譬如，家長將孩子養育到一定年齡送到學校老師手中似乎就完成了父母之責，學校用漂亮的分數和排名將學生送往下一個教育梯次似乎就完成了為人師的使命，社會對於教育的關注也多環繞在可看得見的財力、物力上，媒體更在市場、官方的雙重影響下只關注何種議題能夠引發點擊率，對於社會中屢屢浮現的教育問題，編者將其職責放置在報導與倡議的表層，對於如何解決則處在評論視角。

家庭、學校、公共場域各自為政或偶爾的連結雖然讓教育行政工作可以有條不紊地行進，但因教育資源間缺乏了內在的深層互動而使教育的活力不斷流失，教育的生命力也由此無法彰顯。比照百年前，官方興辦學前教育之初，並不是為了將教育兒童的責任從家庭父母手中脫離，而是因家庭中女子識字率較低，政府擔心家庭教育的發展受限，所以開設「蒙養院」以讓家庭教育向有組織的社會教育過渡，從而提出「蒙學家教合一」，也就是說，蒙養院、幼稚園等官方教育機構並不是家庭教育的替代，而是與家庭教育相輔相成，是幼兒教育發展的一體兩面。

此外，晚清時期興辦新式教育機構、改良舊私塾，雖是在強國強種、救亡圖存的目標下，但統一目標下的教育樣貌卻不全然一致，而是根據學生的階層、生存條件等有著靈活、機動的彈性選擇，像是〈半日學堂〉就是依照貧家子弟的教育需求所開設的蒙學機構，它意在為兒童未來生活提供實用的基礎知識；面對能夠給兒童提供更多財力、物力支持的兒童，畫報則主張兒童可進入外洋學堂或出國深造，以便接受更全面更系統的西學教育，這種教育分化，在當時的社會情境裡，不但增進了教育的實用性、推動教育的世俗化發展，也讓家庭能夠依照自身所需，在多元的教育模式中獲得一定範圍的自主選擇權。

但隨著現代教育體制的日臻完善，進入規定的學校接受九年義務教育已是兒童普遍的成長模式，「平等」在此被理解為教育模式、教材、評量形式上的標準一致，但整齊劃一的培養模式卻助長學校以成績、排名看教育成效，職場設立文憑門檻，以所在學校、所學專業為參照，為人的未來發展設限。

如何培育「人才」，是政府、學校、家長、媒體共同關注的話題，但對於人才觀念的過度強調是否進一步催生升學主義、滿分級迷思？是否讓家庭、學校、社會都忽略了對教育底層——「人」的思考？「人」與「人才」雖僅一字之差，但相比於「人」的本質層面，「人才」更強調教育的社會功能與功用，在今日的社會中，受教育水平不斷提升但為何社會問題層出不窮？在大學生、研究生等高材生倍出的當下，為何「人才」仍乏善可陳、不堪其用？萬丈高樓平地起，當我們僅以功利導向思考兒童如何用的時候，便忽略了兒童在智識、學問之下，作為「人」，其品格、德行養成的重要，因而，教育觀念的內涵是人的教育而非人才的教育。

回觀二十世紀中國的近代教育所走過的艱辛征途，報刊承擔了社會啟蒙「人」的重責。在晚清報刊出現以前，知識觀念都是趨於保守，從老子提出「絕聖棄知，民利百倍」、「民多智慧，而邪事滋起」，孔子主張「民可使由之，不可使知之」等反智論來看，「教育」的霸權長期握在上層社會菁英的手中，一般民眾在愚民政策的影響下既不關心生存之外的人文素養，也不關心與生存無涉的時局，即便科舉制曾為封建帝制的階級流通提供著某些可能，但這種對知識的學習與掌握不是為了發展知識的內在邏輯、拼湊知識的多元面貌，而是為表達社會規範，以培育服膺主流意識形態的「順民」與「忠臣」。

晚清的開智運動中，看到了救國使命之下「人」受教育的重要。《啟蒙畫報》將識字不多、閱讀有困難的貧民、市井商販、婦女、兒童等下層民眾視為啟蒙目標，透過圖文並呈的敘事手法和京話白話文的運用向文言文佔領的文化權威發起挑戰，加上講報、宣講、演說等免費閱報形式，《啟蒙畫報》在古典書籍與現代報刊間形成了一種過渡文類的特色。

為啟蒙更多的人，報刊透過文體與文法的改革，帶動了教育權力的解放。新政時期報刊雜誌已從文言文轉成介於文言文和白話文之間的新體文言文，梁啟超稱其為「新民體」，它既有對文言文解放的成分，但又與新文化運動的白話文有所距離；在語意層面，晚清報刊雜誌運用了大量轉介日文的西學詞彙，討論的話題也從追古溯源的考據轉入到未來國家、社會的形式、新社會裡兒童的培育方向和目標等議題，雖然這與今日講求生動活潑、輕鬆有趣的教育類刊物相比具有著嚴肅教育的特質，但這一文類上的過渡特性，使《啟蒙畫報》得以不受媒介體式思維的框限，最大程度地承擔起晚清文化普及與大眾啟蒙的重任。

作為兼具教科書與雜誌的兒童教育類刊物，《啟蒙畫報》以新的概念系統、新的語言方式和新的知識結構，向更廣大基層民眾輸出智慧和學識，希望用教育降低文盲率。在「崇古守常」到「古為今用」的觀念轉換中，報刊雜誌的編者一方面以閱報者的能力為考量，不斷降低閱讀門檻，另一方面編者對於自身身份的認定並不是恪守古義的抄書人，而是帶著時代未解的疑問，從啟蒙者與社會行動者的視角追尋：如何改革教育？如何發展幼兒教育？如何推進女學等問題，正是在未有答案的探索中，畫報建構了一個起於教育但不止於教育的，具有人文關懷的，能夠聯動、整合各種資源的啟蒙新世界。

但在今日報刊、雜誌、電視網絡等多元媒體組成的媒介生態圈裡，人們雖每日接收著大量知識、嘗試拓展不同種教育形式，但媒體人對教育體系的反思，對固有教育思維的衝擊和探索卻十分有限，相比歷史中的晚清，今日的報刊雜誌已難在家庭、學校、公共領域間整合教育資源，以讓教育議題藉由不同領域的討論成為促進教育發展的有機體。

由於中國主流媒體皆有政府的意識形態管控，使得教育議題的拓展受制於官方的接受度與包容度，另一方面，在媒體商業化營運體制的深化中，消費市場的需求，廣告主的投放都成為編者在發想教育議題時不得不考慮的因素。以此，教育內容的淺薄，讓教育類的報章雜誌只能作為意見的反映者，追趕、迎合社會的主流意見，媒介與官方教育、商業利益在合謀中成為一種結構化、權力化的文化傳遞工具。

在這一處境下，媒介如何保有啟蒙的角色與功能？編者如何提供既有教育觀念之外的洞見？相比《啟蒙畫報》不以年齡為限，對兒童、家長、老師、社會人士展開的全民教育觀，今日教育類雜誌是如何看待需要接受教育的人群？是不是文化程度的提升意味著需要教育的只有兒童呢？而兒童在今日的教育讀物中又是如何被界定的呢？他們是以年齡為框限的劃分，還是以識字程度、個人素質的發展被靈活地看待？在今日的教育發展中，有多少傳遞著教育觀念的編者自身也需要啟蒙？

媒介承載著觀念，也形塑文化並奠定了我們思忖現在、放眼未來的教育視角，當媒介只著眼於生計，利用給定的教育資源自我設限的發展時，媒介之於教育就失去了啟蒙的位置和價值。勒龐（Le Bon, 1895／吳松林譯，2017: 74）曾說「觀念並不是像擲骰子一樣全靠運氣，而是早就深深地蘊藏於過去的時光中」，它們之所以能夠最終結出果實，是因為時間為其做好了鋪墊，因為，一切受教育者所需要的教育，就是我們的前輩所理解的教育」。

《啟蒙畫報》發刊於晚清中國近代教育轉型的初期，但文本中反映的教育問題，不論是家庭教育、學校教學還是社會公共領域的面向，在百餘年後的今天仍面臨著不曾根除、甚至回落的跡象。如果近代教育是一場以「人」為宗旨的探索旅程，那麼，時至今日我們仍在「啟蒙」的路途中，在這場教育觀念的轉型中，承擔「啟蒙」重任的不僅是學校的老師、家庭中的母親，也包括社會中的每個個體，與此同時，作為「未被啟蒙」與「有待啟蒙」的「學生」，它所指向的也不僅是家庭、學校中以年齡劃分的兒童，更是尚未發展完備的每一個生命。

在啟「蒙」的進行式中，教育仍有著諸多可改善與強化的面向，兒童學習的主體尚需重被認識與重視，大人的教育觀念、老師的教學法更需在「活」的人本關懷中改造，作為教育者也是學習者的媒體人，更應透過自主地學習與思辯，重建家庭、學校與公共領域的聯結，並以教育家的思維與格局讓教育能夠望向更遠的未來。一言以蔽之，教育作為一種理解，我們對其理解的深度與廣度事實上決定了未來生命成長的樣貌與社會發展的趨向，在有限的生命歷程中，透過教育的實踐與觀念的傳遞，我們可從現在感知未曾觸及的未來，也能從教育豐碩的成果中預見生命的無限可能與精彩，而這，即是教育的魅力所在。

第三節　研究限制與建議

本論以晚清發行於北京的教育類兒童雜誌《啟蒙畫報》為文本，運用符號學文本分析法，試圖揭示意識形態如何影響晚清兒童教育雜誌在多元情境中，選擇與建構新式教育觀念。藉由文本分析的成果，研究者從破除西方中心論的觀點，對同一時空不同地域的教育觀念起源進行橫向的跨文化比較，以此給出晚清近代教育觀念轉型的一個本土化思考的視角；其二，透過晚清與五四，這兩個中國近代教育思想轉型時期的教育觀念縱向比較，本論呈現出新式教育觀念定型前後意識形態演變的脈絡，從而為今日教育的檢視與反思提供參照；最後，從媒介的角度來說，晚清時期的報刊在晚清文人士子的推廣中，成為啟「蒙」的利器，兒童雜誌在思想轉型與教育活動中所扮演的功能與角色，也為今日媒體人重新定位自身，拓展人文關懷可資借鑒。

作為一份有關歷史教育文本的初探性研究，本論仍有諸多侷限與不足。首先，晚清思想轉型時期其實有著政治、社會、文化上盤根錯節的脈絡與糾葛，這使得形勢危急中萌生的新式教育觀念，在未受到官方意識形態過多干預時，無論是教育機構的建置、還是教學模式的拓展、教材的擇取等都有著地域性的特色，但在本論的背景資料爬梳中，更為關注的是《啟蒙畫報》發刊前後，創辦人彭翼仲在北方所經歷的政治、文化、思想衝擊，對於同期其他地域的陳述仍舊有限，與此同時，本文也沒有特別著墨說明外來人士對晚清教育轉型的意義，但其實，歐美教會與日本的教育理念對教育觀念的轉型都有著不可忽略的研究價值。

在本論彙整歷史資料時已發現：一方面，《小孩月報》的傳教士與《蒙學報》日本教科書的翻譯古城貞吉都透過報刊編輯而積極宣傳外來教育觀念，另一方面，教會與日本學前教育機構的建置也帶動新式教育的落實，比如，十九世紀八十年代在福州、寧波等沿海一帶發展起來的「小孩察物學堂」，雖因注重洋化教育而被定性為教會辦的歐美式或教會式的幼稚園，但強調著作業活動（包括恩物、美術、工藝）、戶外遊戲、音樂（律動、節奏）、故事（兒歌、故事表演）等有別於傳統私塾和家庭教育的教育內容與教育方法，已讓當時的人有機會親眼所見與所感教育的另一種可能。

與之並進地，新政時期，為在設備、教材、師資緊缺的狀況下落實蒙養院制度，不少日本教習承擔起中國學前教育的教學與管理工作，中國第一個官辦幼稚園湖北武昌蒙養院即是在日本師資、日本教育章程下發展起來的學前教育機構（霍力岩、李敏誼，2010；龐釗珺、楊進紅、李玉芳，2016）。這些有關晚清教育轉型的更多支流雖已在教育史、報刊史、學前教育史等著述中提及，但對相關歷史細節的呈現仍舊有限，這或可成為研究者後續深入與挖掘的議題。

第二，本論以《啟蒙畫報》為探究晚清教育轉型的一個文本，從文本的發現中我們瞭解，歐美與晚清對於兒童報刊的社會功能與意義有著不盡相同的政治、文化、社會的誕生脈絡，當歐美兒童刊物以年齡、性別、階級為劃分依據開拓多元消費市場的時候，晚清兒童雜誌正面臨著救亡圖存、強國強種的嚴肅話題，為此，「兒童」、「教育觀念」的重新建構與形塑皆有著與歐美有別的政治、文化意涵。事實上，《啟蒙畫報》對「教育觀念」的理解不僅涉及兒童、課堂、教材、教育機構等教育活動，更牽涉著社會風氣改良、文明開化、文體變革等更為寬泛的本土化社會革新，由於本論以與「兒童」有關的圖文為主要分析對象，而使有關纏足、女子的社會角色、衛生觀念、愛國教育等資料未予充分體現，這是也是有待後繼研究者繼續填補的不足。

第三，本論所用的文本分析資料多倚賴中國國家圖書館的《中文縮微文獻數據庫》，縮微影像的《啟蒙畫報》與真本之間仍存在著不小差距，例如，真本在兩次改良中都有版式大小的調整、但微縮影像中難以直觀看到差別；真本在封面、封底及春節、皇帝壽辰等重要節日上都採用彩色套印技術，但黑白的縮微影像卻讓研究者少了這層直觀體驗。但本論之所以選擇縮微影像資料，一是源於《啟蒙畫報》的真本僅在北京、上海兩處，對於身在台灣的研究者來說有著獲取資料的地域和經費限制；二來，研究者曾在北京中國國家圖書館借閱《啟蒙畫報》，發現現存的畫報相對縮微影像已有資料不完整的缺憾。為此，本論採用縮微影像作為文本分析的資料，因側重文本中的知識內容，而對封面、封底的文本分析不足，但其實封面、封底不僅是晚清印刷技術的體現，也是兒童刊物裡教育觀念的表達，這是本論未能單列出來予以分析的缺失。

第四，從研究方法上看，本論以符號學為取徑進行文本分析，對晚清文化、社會的關注多環繞文本給出的知識脈絡，這使得本論在晚清教育轉型的歷史呈現上有其侷限性，與此同時，將研究焦點定位於報刊媒介如何建構「兒童」，而未與晚清兒童的社會生活做充分對照，這讓《啟蒙畫報》所產生的教育觀念是否適應社會需求、獲得社會支持缺乏晚清史料的佐證，而這也間接影響到《啟蒙畫報》的研究成果之於現代教育觀念的對話更多停留在觀念、理論的參照上。

概括而言，透過《啟蒙畫報》文本所揭開的一角，不過是晚清思想轉型時期，近代教育觀念在更迭與翻新中萌發出的多元可能之一，如果我們將近代教育視為一場沒有標準答案的探索，那麼，歷史教育文本作為讓觀念得以保存的媒介形式，《啟蒙畫報》文本中折射出的社會風貌與意識形態，不過是眾多教育觀念的一隅。而符號學作為本論的文本分析法，雖讓文本在晚清教育觀念的整體性推估中受限，但作為深入探究意識形態的工具，符號學在《啟蒙畫報》中的有益嘗試卻為同類教育雜誌提供了深入探究意識形態的參考框架，透過深入語言結構，文本所揭示的教育觀念與意識形態，不但可印證或補足當時的教育演變細節，更可透過從歷史文本的深層揭露，萃取與不同時空對話與交流的可能。

在未來建議上，首先，作為以晚清文人士子為核心發展起來的近代報刊史、思想史與閱讀史等領域，本論雖未將其視為理論發展的核心，但《啟蒙畫報》的創辦人彭翼仲，作為晚清文人士子中推動下層民眾啟蒙的中堅力量，卻是晚清集體心靈中不可或缺的一環，換言之，在整個思想轉型的過程中，像彭翼仲一樣在傳統教育中成長卻中途遭逢時代巨變，在既沒有機會留學、也沒有辦法掌握外語的限制下，只能從有限的書籍報刊中透過自學掌握新知，轉變觀念以傳遞西學的文人，反而是近代思想轉型中知識群體的大多數。透過對晚清基層文人士子的心理變化或著述的探尋，後續研究者或可從觀念如何紮根與推廣，進而進入到更基層的百姓生活中的角度，拓展近代報刊史、思想史與閱讀史的研究視野。

第二，透過《啟蒙畫報》的文本分析嘗試，我們可以看到結構主義符號學之於報刊史、思想史研究方法上的貢獻，對兒童報刊的持續關注與教育觀念的持續討論，後繼研究者或許可梳理出晚清至五四再到建國以來的，兒童報刊中的教育觀念、知識分配、運作與使用等一套演變的歷史脈絡。與此同時，就晚清的教育類刊物而言，《啟蒙畫報》之外，也有南方沿海地帶的兒童刊物可從符號學文本分析的方式進行深入探究。比如，在福州、廣州、上海三地幾乎同時出現的以《小孩月報》為名的、由傳教士創辦的中國最早的、被視為中國近代畫報萌芽的《小孩月報》（葛柏熙，1985；吳果中，2010/2017）；在上海由中國蒙學公會創辦的機關刊物《蒙學報》，由愛國學社創辦的《童子世界》等，這些和《啟蒙畫報》處於同一時代卻受不同政治意識形態影響的兒童刊物，借助符號學的文本分析，將不斷豐富晚清教育觀念轉型之於歷史和現代教育反思的意義，也為後繼研究者從整體上歸納和把握意識形態和教育觀念的關聯提供更多思辯的空間。

第三，本論雖強調文本中的意識形態與教育觀念，但其實教育研究不能單獨地被看待為是教育的問題，更不能企求以技術的方式來解決。傳播學門作為銜接社會、文化、政治、經濟等因素的紐帶，可從媒介的視角展現出教育研究的跨領域關懷，誠如二十世紀法國理論家列斐伏爾（Lefebvre, 1991）認為空間總是社會性的空間，也就是說，社會空間會以一定的意識形態、組織機構或規章制度作為支撐，並約束與規範著特定空間中主體的思想與言行。對於在特定空間中萌生的教育觀念來說，它不僅規範和改造著兒童的日常生活空間，也透過教科書、課外讀物重塑人們的生活，因而，對於媒介已深入日常生活的當下，當媒介素養、AI 課程成為教育中備受關注的議題，研究者更需批判教育學觀點不斷反思自身，以讓教育回歸到「人」本身。

第四，也是最為關鍵的，《啟蒙畫報》的研究成果中已讓我們看到「傳統」作為曾經被污名化的語彙，遮蔽了我們對於中國古代生命哲學在教育研究上的探索和應用，而作為中國教育發展中不可或缺的源流，古代生命哲學其實有著極為複雜與廣博的內涵，僅憑藉一份《啟蒙畫報》的文本無法為其證成全貌，當研究者能夠摒除西方中心論對中國本土文化、教育上的偏見，另一條路也由此鋪展：在重尋本土教育的根基，展開教育觀念探索上，研究者並不是將古代教育家的教育觀念拼接回現代教育中，而是結合當下我們教育所處的空間特性，從人的培育、社會發展的角度，從歷史中給出未來教育的可能。

參考文獻

1. 丁守和主編（1999）。《中國近代啟蒙思潮》。上海：社會科學文獻出版社。
2. 于治中（2013）。《意識型態的幽靈》。台北：行人出版社。
3. 于曉等譯（2008）。《新教倫理與資本主義精神》。新北：左岸文化。（原書 Max Weber [1905]. *Die protestantische Ethik und der Geist des Kapitalismus.* Sozialwissenschaften und Sozialpolitik.）
4. 小川嘉子（1958）。〈清代に於ける義學設立の基盤〉，收入林友春主編：《近世中國教育史研究》。東京：國土社。
5. 卞冬磊（2015）。《古典心靈的現實轉向：晚清報刊閱讀史》。北京：社會科學文獻出版社。
6. 戈公振（2003）。《中國報學史》。上海：上海古籍出版社。
7. 方永泉、張珍瑋（2020）。《受壓迫者教育學：五十週年版》。台北：巨流圖書公司。（原書 Freire., P. [1970]. *Pedagogy of the Oppressed: 50th Anniversary Edition*. Bloomsbury Academic.）
8. 王汎森（2007）。《中國近代思想史的轉型時代》。台北：聯經出版社。
9. 王汎森（2013）。〈「主義時代」的來臨——中國近代思想史的一個關鍵發展〉，《東亞觀念史集刊》，4: 3～88。
10. 王汎森（2020）。《啟蒙是連續的嗎？》。香港：香港城市大學。
11. 王宏偉（2007）。〈晚清北京社會救濟制度研究〉。北京首都師範大學博士論文。
12. 王柯（2015）。《民族主義與近代中日關係：「民族國家」、「邊疆」與歷史認識》。香港：香港中文大學出版社。

13. 王銳、吳展良、汪榮祖、周質平、柯惠鈴、段煉等（2019）。《重構傳統·再造文明：知識分子與五四新文化運動》。台北：秀威資訊。
14. 田景正（2005）。〈中國幼兒師範教育的世紀回顧與前瞻〉，《學前教育研究》，7（8）：58～60。
15. 中華明譯（2016）。《西方兒童史（上卷）：自 18 世紀迄今》。上海：商務印書館。（原書 Becchi, E. & Julia, D. [1998]. *Histoire de l'enfance en Occident*. Du XVIIIe siècle à nos jours (1). French: Seuil.）
16. 白文剛（2008）。《應變與困境：清末新政時期的意識形態控制》。北京：中國傳媒大學出版社。
17. 朱自強（2015）。《日本兒童文學導論》。湖南：湖南少年兒童出版社。
18. 朱孟庭（2012）。〈清末民初經典白話譯注的興起與開展——以教育政策的興革為論〉，《興大人文學報》，48: 157～186。
19. 余英時（1987）。〈意識形態與學術思想〉，《中國知識人之史的考察》，4: 160～211。
20. 吳松林譯（2017）。《烏烏合之眾：大眾心理研究》。台北：華志文化。（原書 Le Bon, G.[1895]. *Psychologie des Foules*. Paris: Édition Félix Alcan.）
21. 吳果中（2010）。〈圖說中國近代知識普及化傳播——以《啟蒙畫報》為中心的視覺解讀〉，《新聞與傳播研究》，4（8）：78～84。
22. 吳果中（2017）。《左圖右史與畫中有話：中國近現代畫報研究（1874～1949）》。北京：北京大學出版社。
23. 吳剛（2002）。《知識演化與社會控制——中國教育知識史的比較社會學分析》。北京：教育科學出版社。
24. 吳敬梓（2013）。《儒林外史》。台北：五南出版社。
25. 呂友仁、呂詠梅譯注（2008）。《禮記·王制》。貴陽：貴州人民出版社。
26. 宋恕（1892/1993）。〈圖書章第二十九〉，《六字課齋卑議》，收入胡珠生編：《宋恕集》。北京：中華書局。
27. 李中文譯（2019）。《人的教育：教育、教學和教導的技藝》。台北：暖暖書屋。（原書 F. Fröbel [1826]. *Die Menschenerziehung, die Erziehungs-w, Unterrichts-und Lehrkunst*.）
28. 李仁淵（2013）。《晚清的新式傳播媒體與知識分子——以報刊出版為中心的討論》。台北：稻鄉。

29. 李弘祺（2012）。《學以為己：傳統中國的教育》。香港：香港中文大學。
30. 李孝悌（1992）。《清末的下層社會啟蒙運動：1901～1911》。石家莊：河北教育出版社。
31. 李佩師（2017）。〈晚清基督教中文報刊《小孩月報》所建構的兒童形象及意涵〉，《逢甲人文社會學報》，35: 127～142。
32. 李長莉（2015）。〈福州開埠：傳教士「闖入」與民眾反應〉，《福建論壇·人文社會科學版》，3：72～79。
33. 李喜所（2000）。《近代中國的留美教育》。天津：天津古籍出版社。
34. 李焱勝（2005）。《中國報刊圖史》。武漢：湖北人民出版社。
35. 杜學元（1995）。《中國女子教育通史》。貴陽：貴州教育。
36. 杜賽男（2019）。〈打撈塵封的光影：發現晚清《啟蒙畫報》中的「兒童」〉，《幼兒教育》，328: 77～92。
37. 沈國威（2012）。〈「野蠻」考源〉，《東亞觀念史集刊》，3: 383～403。
38. 沈國威（2013）。〈近代關鍵詞考源：傳統、近代、現代〉，《東亞觀念史集刊》，6: 417～437。
39. 沈雲龍主編（1986）。《清議報全編卷一》。台北：文海出版社。
40. 沈葆楨（2017）。《清末民初文獻叢刊——沈文肅公政書》。北京：朝華出版社。
41. 谷勝軍（2013）。〈日俄戰爭與《滿洲日日新聞》的創刊〉，《日本問題研究》，27（3）：53～58。
42. 周利成（2011）。《中國老畫報——北京老畫報》。天津：古籍出版社。
43. 周國平譯（2019）。《教育何為》。北京：十月文藝出版社。（原書 Nietzsche [1872]. *Uber Die Zukunft Unserer Bildungs-Anstalten.*）
44. 周愚文（2001）。《中國教育史綱》。新北：正中。
45. 周愚文（2014）。《教育史學研究》。台北：國立台灣師範大學出版中心。
46. 孟憲承編（1979/2003）。《中國古代教育文選》。北京：人民教育出版社。
47. 林世明（1980）。《義和團事變期間東南互保運動之研究》。台北：台灣商務印書館。
48. 林安梧（2016）。《「血緣性縱貫軸」：解開帝制·重建儒學》。台北：台灣學生書局。
49. 林乾（2006）。《清代衙門圖說》。北京：中華書局。

50. 林毓生（1998）。《熱烈與冷靜》。上海：上海文藝出版社。
51. 沼胡（1903 年 8 月 23 日）。〈教育私議〉，《江蘇》（蘇州），第 5 期，頁 845。
52. 金觀濤、劉青峰（2008）。《觀念史研究：中國現代重要政治術語的形成》。香港：香港中文大學當代中國文化研究中心。
53. 雨塵子（1903 年 3 月 27 日）。〈近世歐人之三大主義〉，《新民叢報》（日本橫濱），第 28 號，頁 28。
54. 姜緯堂（1985）。〈啟蒙畫報五考〉，《新聞研究資料》，1（3）：191～203。
55. 姜緯堂、彭望寧、彭望克（1996）。《維新志士、愛國報人彭翼仲》。大連：大連出版社。
56. 段煉（2012）。〈世俗時代的價值轉型——以晚清中國道德變革為中心的考察〉，《東吳歷史學報》，27：43～98。
57. 段煉（2015）。《世俗時代的意義探詢——五四啟蒙思想中的新道德觀研究》。上海：上海人民出版社。
58. 胡從經（1982）。《晚清兒童文學鉤沉》。北京：少年兒童出版社。
59. 苑書義、孫華峰、李秉新主編（1998）。《張之洞全集》。石家莊：河北人民出版社。
60. 英斂之（1907 年 11 月 27 日）。〈北京視察識小錄〉，《大公報》。
61. 夏東元編（1893/2013）。《鄭觀應集．盛世危言（上）》。北京：中華書局。
62. 夏曉虹（2011）。《晚清女性與近代中國》。香港：香港中和出版社。
63. 夏曉虹（2015）。《晚清白話文與啟蒙讀物》。香港：三聯書店。
64. 夏曉虹（2016）。《晚清女子國民常識的建構》。北京：北京大學出版社。
65. 孫秀蕙、陳儀芬（2011）。《結構符號學與傳播文本：理論與研究實例》。新北：正中書局。
66. 孫秀蕙、陳儀芬（2017）。〈臺灣日治時期商業廣告中的「戰爭」符號研究：以《臺灣日日新報》為例〉，《新聞學研究》，1: 1～47。
67. 容閎（2005）。《容閎自傳．我在中國和美國的生活》。台北：團結出版社。
68. 徐梓（1996）。《蒙學讀物的歷史透視》。武漢：湖北教育出版社。
69. 徐揚傑（1995）。《宋明家族制度史論》。北京：中華書局。
70. 徐禎苓（2015）。〈《小孩月報》醫事敘述之探討〉，《中正歷史學刊》，18: 133～160。

71. 徐鳳石、惲鐵樵譯（2021）。《西學東漸記》。上海：商務出版社。（原書 Yung Wing [1909/2007]. *My Life in China and America*. Earnshaw Books.）
72. 徐蘭君（2015）。《兒童與戰爭：國族、教育及大眾文化》。北京：北京大學出版社。
73. 徐蘭君、Andrew Jones（2011）。《兒童的發現——現代中國文學及文化中的兒童問題》。北京：北京大學出版社。
74. 桑兵（2013）。《近代中國的知識與制度轉型》。北京：經濟科學出版社。
75. 桑兵（2016）。《歷史的本色：晚清民國的政治、社會與文化》，廣西：廣西師範大學出版社。
76. 秦方（2019）。《女界之興起 晚清天津女子教育與女性形象建構》。北京：中華書局。
77. 馬勇（2013）。《晚清二十年》。台北：五南。
78. 康有為（1901/2012）。《康有為大同論二種》。上海：百家出版社。
79. 康有為（1908/1982）。〈上清帝請開便殿，廣陳圖書書〉，光緒二十一年閏五月初八日，收入李希泌、張椒華編：《中國古代藏書與近代圖書館史料（春秋至五四前後）》。北京：中華書局。
80. 張法（2000）。《中國美學史》。上海：上海人民出版社。
81. 張迎春（2004）。〈中國古代童蒙養成教育中的德育思想〉，《晉陽學刊》，1：106～108。
82. 張倩儀（1998）。《另一種童年的告別》。台北：台灣商務。
83. 張梅（2016）。《晚清五四時期兒童讀物上的圖像敘事》。北京：中國社會科學出版社。
84. 張景智譯（1992）。《索緒爾》，臺北市：桂冠。（原書 Culler. J. [1986]. *Ferdinand de Saussure, Ithaca*, NY: Cornell University.）
85. 張曉麗（2009）。〈康有為《日本書目志》的目錄學成就〉，《學術界》，3：237～241。
86. 張灝（2004）。《時代的探索》。台北：聯經出版公司。
87. 梁啟超（1902 年 2 月 22 日）。〈保教非所以尊孔論〉，《新民叢報》，第 2 號。
88. 梁啟超（1989/1902/2011）。《飲冰室合集．文集之一》。北京：中華書局。
89. 梁漱溟（1990/2014）。〈我的自學小史〉，收入《梁漱溟全集》，第 2 卷。山東：人民出版社。

90. 梁漱溟（2015）。《憶往談舊錄》。上海：上海人民出版社。
91. 梁綢（2005）。〈傳統年畫概況及清末民初改良年畫的出現〉，《北京理工大學學報（社會科學版）》，7 卷，第 2 期。
92. 梅家玲（2001）。〈發現少年，想像中國——梁啟超「少年中國說」的現代性、啟蒙論述與國族想像〉，《漢學研究》，19（1）：249～276。
93. 梅家玲（2011）。〈晚清童蒙教育中的文化傳譯、知識結構與表述方式——以《蒙學報》與《啟蒙畫報》為中心〉，徐蘭君，安德魯．瓊斯主編《兒童的發現——現代中國文學及文化中的兒童問題》，頁：35～73。北京：北京大學出版社。
94. 郭建佑（2012）。〈從晚清譯書書目的分類體系論晚清士人對西學類目的解讀與應對〉，《圖書資訊學研究》，6（2）：139～181。
95. 郭齊家（2011）。《文明薪火賴傳承：儒家文化與中國古代教育》。濟南：山東教育出版社。
96. 陳文團（1999）。《意識型態教育的貧困》。台北：師大書院。
97. 陳平原（2018）。《左圖右史與西學東漸——晚清畫報研究》。北京：生活．讀書．新知三聯書店。
98. 陳伯璋（1988）。《意識型態與教育》。台北：師大書院。
99. 陳來（1995）。《蒙學與世俗儒家倫理》，收入袁行霈主編《國學研究》第三卷，北京：北京大學出版社，頁 27～60。
100. 陳信宏譯（2017）。《童年人類學》。台北：貓頭鷹。（原書：David F. Lancy [2008]. *The Anthropology of Childhood: Cherubs, Chattel, Changlings*. UK: Cambridge University Press）
101. 陳恩黎（2012）。〈顛覆還是綿延？——再論《小孩月報》與中國兒童文化的「現代啟蒙之路」〉，《文藝爭鳴》，6: 103～108。
102. 陳琦（2008）。《刀刻聖手與繪畫巨匠：20 世紀前中西版畫型態比較研究》。南京：江蘇美術出版社。
103. 喻岳衡主編（2005）。《傳統蒙學叢書》。長沙：岳麓書社。
104. 彭翼仲（1913）。《彭翼仲五十年歷史》，收入《維新志士、愛國報人彭翼仲》（1996），頁 55～184。大連：大連出版社。
105. 彭蘇望（2013）。《北京報界先聲——20 世紀初的彭翼仲與〈京話日報〉》。北京：北京商務印書館。

106. 程煥文（2004a）。〈晚清中國人對西方圖書館的考察（上）〉，《圖書館理論與實踐》，3: 87～91。
107. 程煥文（2004b）。〈晚清中國人對西方圖書館的考察（下）〉，《圖書館理論與實踐》，5: 74～77。
108. 費正清、劉廣京（2007）。《1800～1911 年劍橋中國晚清史》。北京：中國社會科學出版社。（中國社會科學院歷史研究所編譯室）
109. 賀聖鼐、張靜廬輯注（1957）。《三十五年來中國之印刷術》。北京：中華書局。
110. 馮立君（2020）。〈李淵與隋唐之際遼東關聯史事考論〉，《陝西師範大學學報（哲學社會科學版）》，49（4）：86～94。
111. 黃士嘉（2006）。《晚清教育政策演變史（1862～1911）》。台北：心理出版社。
112. 黃金麟（2001）。《歷史、身體、國家：近代中國的身體形成》。台北：聯經出版社。
113. 黃迺毓、簡淑真（1988）。〈幼兒教育理論基礎〉，《教育資料集刊》，3: 1～26。
114. 楊鴻烈（1964）。《中國法律思想史》。台北：商務印書館。
115. 葛柏熙（1985）。〈《小孩月報》考證〉，《新聞研究資料》（31 輯），頁：170。北京：中國社會科學出版社。
116. 熊月之（2011）。《西學東漸與晚清社會》。北京：中國人民大學出版社。
117. 熊秉真（1992）。〈好的開始：近世士人子弟的幼年教育〉，《近世家族與政治比較歷史論文集（上）》，222～230。
118. 熊秉真（1998）。〈近世中國兒童論述的浮現〉，郝延平、魏秀梅主編《近世中國之傳統與蛻變：劉廣京院士七十五歲祝壽論文集》，頁 148。臺北：中研院近史所。
119. 熊秉真（2000）。《童年憶往：中國孩子的歷史》。台北：麥田出版股份有限公司。
120. 熊秉真（2018）。《幼醫與幼蒙：近世中國社會的緜延之道》。台北：聯經出版社。
121. 熊秉真（2019）。〈童年與幼蒙：清代之變遷與轉換〉，收入倪鳴香編：《童年沃野的變遷與創化：社會文化場域中的幼兒教育》，頁：14～50。台北：

國立政治大學幼兒教育研究所。

122. 趙玉岩（2017）。《中國傳統兒童教育研究》。南昌：江西人民出版社。
123. 趙京華譯（2006）。《日本現代文學的起源》，北京：生活·讀書·新知三聯書店。(原書：柄谷行人（1980）。《日本現代文學の起源》，東京：講談社。)
124. 趙曉蘭、吳潮（2011）。《傳教士中文報刊史》。上海：復旦大學出版社。
125. 劉小楓（1998）。《現代性社會理論緒論》。上海：上海三聯書店。
126. 劉先飛（2015）。《深嵌的面具：創始期中日兒童文學比較研究》。北京：人民出版社。
127. 劉彥華（2010）。《中國學前教育史》。北京：光明日報出版社。
128. 劉毓慶，楊文娟（2014）。《詩經講讀》。台北：龍視界。
129. 劉錦藻（2000）。《清朝續文獻通考》。杭州：浙江古籍出版社。
130. 歐陽楠，張偉然（2010）。〈清末至民國時期江南地區廟產興學的時空分析〉，《歷史地理》，24: 148～160。
131. 蔣純焦（2017）。《中國私塾史》。太原：山西教育出版社。
132. 蔣夢麟（2000）。《西潮·新潮》。湖南：岳麓書社。
133. 鄭文惠（2013）。〈近代中國知識轉型與概念變遷／觀念形塑——觀念史／概念史視域與方法〉，《東亞觀念史集刊》，4: 223～302。
134. 鄭文惠、邱偉雲（2016）。〈從「概念」到「概念群」:《新民叢報》「國家」與「教育」觀念的互動與形塑〉，《東亞觀念史集刊》，10: 37～102。
135. 鄭匡民（2009）。《梁啟超啟蒙思想的東學背景》。上海：上海書店。
136. 鄭雪玫（1989）。〈中美兒童雜誌介說〉，《圖書資訊學刊》，11: 93～113。
137. 蕭怡萱（2020）。《報刊·圖像·啟蒙:〈蒙學報〉(1897～1899）的圖說呈現與童蒙教育》。政治大學國文教學碩士在職專班。
138. 閻克文、江紅譯（2006）。《公共輿論》。上海：上海人民出版社。(原書 Lippman, W. [1922]. *Public Opinion*. United States: Harcourt, Brace & Co.)
139. 霍力岩、李敏誼（2010）。〈從模仿到創新的百年探索旅程——中國學前教育改革進入新的戰略調整期〉，《教育資料集刊》，3: 59～80。
140. 簡敏如（2014）。〈晚清《啟蒙畫報》中的域外知識〉。國立台灣師範大學歷史學系碩士論文。
141. 薩空了（1985）。《香港淪陷日記》。北京：三聯書店。

142. 魏義霞（2011）。《平等與啟蒙——聰明清之際到五四運動》。北京：中華書局。
143. 魏肇基譯(2013)。《愛彌爾》。台北：台灣商務。(原書 Rousseau, J., J. [1762]. *Émile: ou de l'éducation.*)
144. 懷宇（2016）。《論法國符號學》。南京：南開大學出版社。
145. 譚承耕、李龍如校點（2008）。《張百熙集》。湖南：岳麓書社。
146. 關文運譯（1959）。《人類理解論》。北京：商務印書館。(原書：Locke, J. [1689]. *An Essay Concerning Human Understanding*. London: Thomas Basset.)
147. 關曉紅(2013)。《科舉停廢與近代中國社會》。北京：社會科學文獻出版社。
148. 龐釗珺、楊進紅、李玉芳（2016）。《學前教育簡史》。成都：西南財經大學出版社。
149. Lulu Bao（2013）。〈鏡頭後的老靈魂〉，《收藏》，18: 1～2。
150. Althusser, L. (1971). *Ideology and Ideological State Apparatus*. (Ben Brewster, Trans.). New York: Lenin and Philosophy and Other Essays, Monthly Review Press.
151. Althusser, L. (1974/1990). *Philosophy and the Spontaneous Philosophy of the Scientists& Other Essays*. (Gregory Elliott & Ben Brewster et al., Trans.). London: Verso.
152. Barthes, R. (1957/2009). *Mythologies*. (Annette Lavers, Trans.). UK: Vintage Classics.
153. Barthes, R. (1964/1986). *Elements of Semiology*. (Jonathan Cape, Trans.). US: Eleventh.
154. Barthes, R. (1971/1986). *From work to text*. (Farrar, Straus & Giroux, Trans.). CA: Collins Publishers.
155. Barthes, R. (1977/1997). *Image Music Text* (Stephen Heath, Trans.). London: Fontana.
156. Barthes, R. (1984/1986). *The Rustle of Language*. (Richard Howard, Trans.). NY: Hill and Wang.
157. Bernstein, B. (2009). *Class, Codes and. Control (vol. 4): The Structuring of Pedagogic Discourse*. London, UK: Routledge.

158. Best, R. (2016). Exploring the spiritual in the pedagogy of Friedrich Froebel, *International Journal of Children's Spirituality*, 21(3-4), 272～282.

159. Chen, S. W. S.(2019). “Instructive and Amusing”: Xiao Hai Yue Bao (The Child’s Paper, 1875～1915) and *Childhood, Children's Literature and Transnational Knowledge in Modern China*,73～108.

160. Douglas, R. (1993). *The Xin Zheng Revolution and Japan, Council on East Asian Studies*. US: Harvard University.

161. Elliott, P., & Daniels, S. (2006). Pestalozzi, Fellenberg and British nineteenth-century geographical education, *Journal of Historical Geography*, 32(4), 752～774.

162. Entwistle, H. (1979). *Antonio Gramsci*. London: Routledge & Kegan Paul.

163. Ferrone, V. (2017). *The Enlightenment: History of an Idea - Updated Edition*. Princeton University Press.

164. Gombrich, E.H. (1982/1994). *The Image and the Eye: Further Studies in the Psychology of Pictorial representation*. US: Phaidon Press.

165. Gramsci, A. (1971). *Hegemony*. New York: International Publishers.

166. Hawkes, T. (2003). *Structuralism and Semiotics*. London: Routledge.

167. Heywood, C. (2001). *A History of Childhood: Children and Childhood in the West from Medieval to Modern Times*. US: Blackwell.

168. Jakobson, R. (1971). *Selected Writings: Word and Language*. Berlin: De Gruyter Mouton.

169. John, T. S. (2014). The Illustrative Education of Rousseau's Emile, *American Political Science Review,* 108(3), 533～546.

170. Jones, F. A. (2002). *The Child as History in Republican China: A Discourse on Development*. Duke University Press.10 (3): 695～727.

171. Lefebrve, H. (1991). *The Production of Space*. Oxford: Black-well.

172. Lotman, J. (1977). *The Structure of the Artistic Text*. (Gail Lenhoff &Ronald Vroon., Trans.). Ann Arbor: University of Michigan.

173. Mitchell, W.J.T. (1980). *The language of Images*. Chicago: University of Chicago Press.

174. Plato (2017). *The Allegory of the Cave*. (Jowett, B., Trans.). US: Createspace

Independent.

175. Postman, N. (1982/1994). *The Disappearance of Childhood.* UK: Vintage.

176. Preston, D. (2000). *The Boxer Rebellion: The Dramatic Story of China's War on Foreigners That Shook the World in the Summer of 1900.* New York: Walker and Company.

177. Prior, W., J. (2019). *Socrates.* Polity Press.

178. Resnick, S. & Richard, W. (1996). The New Marxian Political Economy and the Contribution of Althusser. In A. Callari and D. F. Ruccio (Eds.), *Postmodern Materialism and the Future of Marxist Theory: Essays in the Althusserian Tradition* (pp.167 ～ 192), Hanover and London: Wesleyan University.

179. Ricoeur, P. (1975/1978). *The Rule of Metaphor: Multi-Disciplinary Studies of the Creation of Meaning in Language.* (Robert Czerny & Kathleen McLaughlin & John Costello, S. J., Trans.). London: Routledge and Kegan Paul.

180. Tanaka, S. (1997). *Childhood: Naturalization of Development into a Japanese Space*, US: University of Michigan.

181. Todorov, T. (1981). *Introduction to Poetics.* US: University of Minnesota Press. University of Chicago.

182. Williams, R. (1983). *Keywords: A Vocabulary of Culture and Society.* New York: Oxford University.